Hans-Christian Beck / Christian Singer (Hrsg.)

Entscheiden – Führen – Verantworten

Soldatsein im 21. Jahrhundert

AF287805

Entscheiden – Führen – Verantworten

Soldatsein im 21. Jahrhundert

Hans-Christian Beck / Christian Singer (Hrsg.)

2011

Carola Hartmann Miles – Verlag Berlin

CIP-Kurztitelaufnahme der Deutschen Bibliothek

Hans-Christian Beck / Christian Singer (Hrsg.), Entscheiden – Führen – Verantworten. Soldatsein im 21. Jahrhundert

Carola Hartmann Miles – Verlag
ISBN 978-3-937885-42-1

Titelbild / Bildnachweis: Informations- und Medienzentrale der Bundeswehr, Sankt Augustin
Herstellung: Books on Demand GmbH, Norderstedt

© Carola Hartmann Miles – Verlag,
(www.miles-verlag.jimdo.com; email: UHWHartmann@aol.com)

ISBN 978-3-937885-42-1

Inhalt

I. Historie der Konzeption der Inneren Führung

II. Die aktuelle Situation der Inneren Führung in der Bundeswehr

III. Anforderungen an eine zeitgemäße Führungsphilosophie für die Bundeswehr im 21. Jahrhundert

IV. Innere Führung in der militärischen Praxis im Einsatz

Vorwort
Entscheiden – Führen – Verantworten

In kaum einem anderen Beruf erleben Menschen bereits in jungen Jahren die mit den Begriffen „Entscheiden – Führen – Verantworten" verbundenen Aufgaben und Konsequenzen so unmittelbar wie in der Bundeswehr. Dienst in der Bundeswehr zu leisten, steht für die Bereitschaft und den Willen, für die Sicherheit unseres Landes und den Schutz unserer Bürger notfalls mit dem eigenen Leben einzustehen – nicht nur weil es gefordert ist, sondern aus Überzeugung. Vieles hat sich seit Gründung der Bundeswehr vor über fünf Jahrzehnten nicht verändert.

Grundlegend verändert haben sich hingegen mit dem friedlichen Fall der Mauer und der glücklichen Wiedervereinigung unseres Vaterlandes vor mehr als 20 Jahren viele sicherheitspolitische Rahmenbedingungen. Der Ost-West-Gegensatz war statisch, Risiken und Bedrohungen sind heute dynamisch. Internationaler Terrorismus, fragile und zerfallene Staaten, Proliferation von Massenvernichtungswaffen und Hochtechnologie, Organisierte Kriminalität, Bedrohungen aus dem Cyberspace sowie regionale Instabilitäten, zunehmende Konkurrenz um Rohstoffe und Ressourcen wie auch regionale und globale Machtverschiebungen sind heute und auf absehbare Zeit die Herausforderungen für unsere Sicherheit.

Soldatsein im 21. Jahrhundert bedeutet in oft unsicherer und unübersichtlicher Situation den Mut zu haben zu Entscheidungen, zur Führung anvertrauter Menschen durch eigenes Beispiel, durch Persönlichkeit, Charakter und Vorbild. Und es bedeutet den Mut zu haben, diese Entscheidungen zu verantworten. Dies ist nicht neu. Wenn aber in den heutigen Einsatzszenarien die Unterscheidung zwischen unschuldigen Zivilisten und heimtückischen Gegnern in Zivilkleidung zunehmend schwerer fällt, wenn klare Grenzen zwischen Konfliktparteien verschwimmen und sowohl Nicht-Handeln wie Handeln Schuld nach sich ziehen kann, dann ist das Ausdruck der immer größer werdenden Komplexität des Dreiklangs „Entscheiden – Führen – Verantworten".

In den Einsätzen stehen unsere Soldatinnen und Soldaten vor Gefahren und Herausforderungen, die in der Heimat oft nur schwer vermittelbar sind. Sie erleben Leid, Verwundung und Tod in ihrer engsten Umgebung, bei ihren Kameraden und Freunden.

In Afghanistan gehört auch der Kampf zum Alltag des Einsatzes. Nicht umsonst sprechen wir dort offen von Zuständen wie im Krieg oder von kriegsähnlichen Zuständen. Unsere Soldaten werden heute im Einsatz auf vielfältige Weise gefordert. Gerade unter diesen Bedingungen baut die Bundeswehr fest auf die Prinzipien der Inneren Führung und das Konzept des Staatsbürgers in Uniform. Entscheiden, Führen und Verantworten unter den besonderen Bedingungen des Einsatzes erfordern ein stabiles ethisches Grundgerüst.

Die Innere Führung und das Führen mit Auftrag als Führungsphilosophie der Bundeswehr bleiben Kompass und Richtschnur für die Bundeswehr. Die Innere Führung verbindet die Bundeswehr zusätzlich fest mit der Gesellschaft – auch nach Aussetzung der Verpflichtung zum Grundwehrdienst.

Unser Land ist geachtet in der Welt. Unser Engagement für Sicherheit und Stabilität, unsere Unterstützung in Notlagen und bei Katastrophen werden international anerkannt und respektiert. Dies ist mit ein Verdienst der mehr als 300.000 Soldatinnen und Soldaten, die in den zurück liegenden Jahrzehnten im Einsatz für den Frieden in vielen Regionen der Welt standen und heute stehen. Die Bundeswehr bleibt Garant für den Frieden und die Sicherheit Deutschlands. Sie leistet einen unverzichtbaren Beitrag für den Schutz und die Freiheit der Bürger unseres Landes – heute und in Zukunft. Sich dies in Erinnerung zu rufen und die Debatte über die Bundeswehr in der Gesellschaft über Auftrag, Aufgaben und Selbstverständnis zu vertiefen, zählt zu den Zielen dieses Buches.

Dr. Thomas de Maizière
Bundesminister der Verteidigung

Innere Führung und Einsatz. Geleitwort des Kommandeurs Zentrum Innere Führung

Innere Führung steht nicht nur für eine seit 55 Jahren erfolgreiche Unternehmenskultur und für eine gelungene Integration der Soldaten in unsere Gesellschaft, sondern auch für eine seit zwei Jahrzehnten unter Einsatzbedingungen bewährte Führungsphilosophie. Sie stellt den Soldaten* als Mensch in den Mittelpunkt aller Überlegungen, ohne die Auftragserfüllung aus den Augen zu verlieren. Ihre Leitfigur ist der freie, mündige Staatsbürger, der bereit und fähig ist, für unsere Grundwerte und Interessen seinen Beitrag unter Einsatz menschlichen Lebens zu leisten.

Ziel der Inneren Führung sind motivierte, verantwortungsbewusste und einsatzfähige Soldaten, die wissen und verstehen, wofür sie ausgebildet und eingesetzt werden. Ohne Rücksicht auf ihren Dienstgrad sollten alle Soldaten und möglichst auch alle politischen Entscheidungsträger und zivilen Mitarbeiter* gemeinsame Grundauffassungen über Werte, Ziele, Interessen, Pflichten, Rechte, Grundsätze und Verantwortung haben. Der Erfolg unserer Führungskultur steht und fällt letztlich damit, wie alle – Soldaten, zivile Mitarbeiter und politische Entscheidungsträger – sie mit Leben füllen.

Jeder Soldat – gerade in riskanten Einsätzen – soll überzeugt sein, dass sein Auftrag politisch gewollt, militärisch leistbar sowie rechtlich und ethisch begründet ist. Jeder Soldat hat daher Anspruch darauf, dass der Deutsche Bundestag als sein Auftraggeber ihm nachvollziehbare Einsatzbegründungen für erfüllbare Aufträge liefert. Sind Soldaten von der Sinnhaftigkeit ihrer Aufträge und ihrer militärischen Leistungsfähigkeit überzeugt, dann ertragen sie hohe Belastungen und stehen auch bei Risiko für das eigene Leben. Zugleich kann jeder Soldat, insbesondere jeder militärische Führer, sein Handeln im übergeordneten Zusammenhang einordnen und Verantwortung übernehmen. Die Basis für verantwortungsvolles Entscheiden und Führen ist damit sichergestellt.

Um eine bessere Lesbarkeit zu gewährleisten, spricht der Autor generell nur von Soldaten bzw. Mitarbeitern. Dies schließt selbstverständlich auch alle Soldatinnen / zivile Mitarbeiterinnen ein.

Innere Führung erfordert also eine breite gesellschaftliche Debatte über Ziele, Interessen und Grundzüge deutscher Sicherheits- und Verteidigungspolitik, an der sich Soldaten als verantwortungsbewusste „Staatsbürger in Uniform" beteiligen sollten. Ziel dieses Diskurses muss es sein, einen breiten gesellschaftlichen Konsens, wenn möglich eine nationale Sicherheitsstrategie über Konfliktvorsorge, Krisenbewältigung und -nachsorge zu entwickeln, die über tagesaktuelle Ereignisse hinaus Bestand haben. Ein solcher Ansatz sichert darüber hinaus Soldaten und ihren Familien den erforderlichen Respekt und die Rückendeckung, die gerade bei gefährlichen Einsätzen geboten sind.

Die Weiterentwicklung der Konzeption Innere Führung, vor allem ihrer Gestaltungsfelder, muss die Veränderungen der sicherheitspolitischen, gesellschaftlichen, technologischen und wirtschaftlichen Rahmenbedingungen ebenso berücksichtigen wie die militärischen Entwicklungen und Herausforderungen im Einsatz. Tragfähige Antworten für eine den Risiken entsprechende Einsatzvorbereitung, rechtlich sicheres Handeln im Scheinwerferlicht, umsichtige Führung in unübersichtlichen Lagen, Agieren im multikulturellen Umfeld, zweckmäßiger Umgang mit Belastungen, Verwundung und Tod oder Betreuung der Familien müssen gegeben werden.

Soldaten der „neuen" Bundeswehr werden sicherlich an mehr Einsätzen – auch unter Kriegsbedingungen oder kriegsähnlichen Verhältnissen – teilnehmen als heutige Soldaten. Klassische Formen kämpferischer Auseinandersetzungen lösen sich immer mehr auf. Handeln in unklaren Lagen oder in Dilemma-Situationen wird zunehmender Bestandteil des militärischen Alltags. Folglich werden sich Streitkräfte – aber auch die Gesellschaft als Ganzes – mehr als bisher mit Themen wie Tod und Verwundung, Umgang mit PTBS, Verantwortung eines „Strategic Corporal" und Legitimation von Einsätzen befassen müssen. Auch der Umgang mit Hinterbliebenen und Veteranen wird einen höheren Stellenwert erfordern.

Die Persönlichkeitsbildung für Soldaten, insbesondere für militärische Führer, wird eine neue Dimension erhalten, die neben dem Beherrschen des militärischen Handwerks und militärischer Fitness vor allem moralische und politische Urteilsfähigkeit, rechtliche Handlungssicherheit, interkulturelle Kompetenz, Initiativkraft und Führungswillen erfordert. Mit anderen Worten: Wer künftig als Führungskraft politische Bildung, ethische Grundlagen, rechtliche und kulturelle Aspekte sowie die damit verbundene Persönlichkeitsbildung vernachlässigt, wird mit seinem Verband, Einheit oder Zug/Patrouille im Einsatz scheitern, zumindest aber seinen Auftrag nicht umfassend erfüllen.

Es lohnt sich also neben dem rein militärischen Handwerk in die anderen Ausbildungsgebiete vorausschauend zu investieren. Diese Themen erfordern nicht nur eine intensive Beschäftigung im Zuge der Einsatzvor- und -nachbereitung, sondern müssen steter Bestandteil von Führung, Ausbildung und Erziehung im normalen Truppenalltag sein sowie Berücksichtigung finden bei Nachwuchsgewinnung, Personalauswahl und -entwicklung.

Die Komplexität von heutigen Einsatzaufträgen und die damit verbundene Rollenerwartung an einen Soldaten – Kämpfer, Schützer, Retter, Schlichter – sind nur mit mitdenkenden und selbstständig handelnden „Staatsbürgern in Uniform" zu bewältigen. Im Einsatz muss bereits auf unterer Führungsebene Verantwortung für Entscheidungen übernommen werden, die unter Umständen in Deutschland erhebliche politische und gesellschaftliche Diskussionen auslösen können. Unsere Soldaten im Einsatz – gerade in Krisen- und Gefechtslagen – benötigen das Vertrauen, dass sich ihre Vorgesetzten wie auch die politisch Verantwortlichen bei Kritik, auch medialer, vor sie stellen.

Führen mit Auftrag verlangt eigenständiges, auch risikobehaftetes Handeln im Sinne der übergeordneten Absicht bzw. des Gesamtzieles. Von Führungskräften erfordert dies vor allem ein sicheres Urteilsvermögen, um die Lage – auch unter Stress und Beschuss – richtig erfassen, bewerten, entscheiden und zweckmäßige Befehle geben zu können. Die gesamte militärische Ausbildung und natürlich auch die Lehre am Zentrum Innere Führung tragen diesem Umstand ausreichend Rechnung.

Wir brauchen eine Ethik des Führens, in der Vorbild, Vertrauen und Verantwortung eine zentrale Rolle spielen. Dies bedingt, dass militärische Führer die Umsetzung bewährter Führungsgrundsätze als Verpflichtung für ihr tägliches Handeln begreifen. Dies verlangt, dass Vorgesetzte die gemeinsame Grundauffassung beispielhaft vorleben. Feste Wertmaßstäbe, klare Zielvorgaben, sinnstiftende erfüllbare Aufträge, intensive persönliche Kommunikation, frühzeitige Mitbeteiligung, Betreuung im Sinne des „sich Kümmerns um" und Kameradschaft sind heute wie morgen die Schlüsselfaktoren für Motivation, Leistungsfähigkeit und Führungserfolg.

Der Soldatenberuf ist unverändert kein Beruf wie jeder andere. Von Soldaten wird Tapferkeit unter Einsatz ihres Lebens gefordert. Folglich haben Soldaten Anspruch auf gesellschaftliche Anerkennung und angemessene Rahmenbedingungen für ihren Dienst. Dies und auch der Umgang mit gefallenen, verwundeten und traumatisierten Soldaten sind eine Nagelprobe für ein funktionierendes Miteinander von Staat, Gesellschaft und Streitkräften. Eine unveränderbare, wesentliche Zielsetzung der Inneren Führung ist es, dieses Miteinander (diese Integration) immer wieder einzufordern und zu gestalten.

Vom angemessenen Umgang von Staat, Politik und Gesellschaft mit ihrer Bundeswehr und ihren Soldaten hängen im Kern nichts Geringeres als die Motivation und letztlich die Einsatzbereitschaft ab. Es ist eine der vornehmlichsten Aufgaben der Inneren Führung, damit dieses Anliegen und letztlich der einzelne Soldat mit seinen sozialen und individuellen Bedürfnissen ausreichend Beachtung findet.

Die Gedanken und Erfahrungen der Autoren aus Gesellschaft und Bundeswehr zum Thema „Entscheiden – Führen – Verantworten. Soldatsein im 21. Jahrhundert" werden dazu beitragen, ein besseres Verständnis der Führungskultur der Bundeswehr und des soldatischen Berufsbildes insbesondere vor dem Hintergrund unserer Geschichte und der Einsatzanforderungen zu gewinnen.

In diesem Sinne wünsche ich allen Lesern anregende Impulse und viel Freude beim Lesen.

Alois Bach, Brigadegeneral

Einleitung

Hans-Christian Beck / Christian Singer

Der Freundeskreis Zentrum Innere Führung e. V. unterstützt die ideelle und materielle Förderung der Bildungsarbeit des Zentrum Innere Führung, dessen Zusammenarbeit mit vielen Gesellschaftsgruppen, Institutionen der Politik, der Wissenschaft, der Wirtschaft sowie Einrichtungen, die vergleichbare Zielsetzungen wie das Zentrum Innere Führung verfolgen. Im Vordergrund aller Aufgaben steht die Mithilfe bei der Weiterentwicklung des Leitbildes „Staatsbürger in Uniform" und der Konzeption „Innere Führung".

Idee und Zielsetzung dieses vom Freundeskreis Zentrum Innere Führung initiierten Buches „Entscheiden – Führen – Verantworten. Soldatsein im 21. Jahrhundert" sind es, auf die hohen Ansprüche der Führungskultur in unseren Streitkräften einzugehen, die diese an Politik und Gesellschaft, vor allem aber auch an militärische Führungspersönlichkeiten in einer Freiwilligenarmee, stellt.

Unsere Absicht ist es, Fachleute zu Wort kommen zu lassen, die sich in Theorie und Praxis intensiv mit Innerer Führung auseinandersetzen und die Konzeption kritisch begleiten, aber auch konstruktiv hinterfragen. Bei den Autoren handelt es sich einerseits um Fachleute, die für die konzeptionelle Weiterentwicklung am Zentrum Innere Führung verantwortlich sind sowie um Mitarbeiter an anderen wissenschaftlichen Einrichtungen. Andererseits kommen die Beiträge von Soldaten aller Teilstreitkräfte aus verschiedenen Führungsebenen, die über Einsatzerfahrungen verfügen und die Grundsätze unserer Führungskultur in ihrer Vielfältigkeit in Auslandseinsätzen, speziell beim „Führen im Gefecht", anwenden.

Innere Führung ist als eine dynamische Führungskultur der deutschen Streitkräfte entwickelt worden, die es stetig den sich verändernden sicherheitspolitischen Bedingungen und den gewonnenen Erfahrungen aus den Auslandseinsätzen anzupassen gilt. Für die Soldatinnen und Soldaten bleibt es bindende Verpflichtung, die Grundsätze in die Praxis umzusetzen und ihr Handeln danach auszurichten. Politische und militärische Führung tragen die Verantwortung, Innerer Führung Geltung und Gewicht zu verleihen, sie finanziell zu unterlegen, damit sie für eine Freiwilligen-, Einsatz- und Interventionsarmee trägt. Dabei muss sie einer in die vorhersehbare Zukunft gerichteten friedens-

und sicherheitspolitischen sowie ressortübergreifenden Strategie der Bundesrepublik Deutschland entsprechen.

Im ersten Kapitel *„Historie der Konzeption der Inneren Führung"* wird in zwei Beiträgen die Geschichte der Konzeption der Inneren Führung beleuchtet. Zwei wesentliche Zeitabschnitte finden in den Beiträgen Berücksichtigung. Die 1950er Jahre, als es um die Ausgestaltung einer tragfähigen Führungskultur für die Bundeswehr in einem freiheitlichen und demokratischen Staat ging, in dem erstmalig in der deutschen Geschichte der Freiheit der Vorzug vor der Ordnung gegeben wurde. Die in vielen gesellschaftlichen Bereichen vorhandene Ablehnung, welche die Wiederbewaffnung und die damit verbundene Westintegration in dieser Zeit begleiteten, spiegelten sich natürlich auch bei der Entwicklung der „Inneren Führung" wider. Aber die wesentlichen Akteure der inhaltlichen Gestaltung der Führungskultur der Bundeswehr, die späteren Generale Ulrich de Maizière, Johann Graf von Kielmansegg und Wolf Graf von Baudissin schufen trotz dieser Rahmenbedingungen ein wegweisendes Konstrukt, mit dem bis heute gültigem Markenzeichen „Staatsbürger in Uniform". Es wurden die Interessen einer parlamentarischen Demokratie mit der Stellung der Streitkräfte in Staat und Gesellschaft vereint. Auch wenn es jahrelange Kontroversen zwischen Befürwortern und Gegnern der neuen Führungskultur und -philosophie gab wie auch Unsicherheiten und Fehler in der praktischen Umsetzung im Truppenalltag, kann von einer Reduzierung der Spannungen zwischen den militärischen Prinzipien und denen einer freiheitlichen Gesellschaft gesprochen werden. Die Grundsätze der Inneren Führung haben sich mehr und mehr durchgesetzt und in der Truppe bewährt. Dabei war Innere Führung immer eine auf deutsche Streitkräfte in einer parlamentarischen Demokratie zugeschnittene Konzeption, jedoch kein Exportschlager, wie es in viele Reden anklang. Sie konnte aber einen Orientierungsrahmen für andere Staaten nach dem Ost-West Konflikt geben. Das Ende dieses Ost-West Konfliktes markiert den zweiten Zeitabschnitt dieses Kapitels, die 1990er Jahre.

Der revolutionäre sicherheitspolitische Umbruch Anfang der 1990er Jahre hätte einer zweiten Militärreform bedurft. Nach dem sicherheitspolitischen Paradigmenwechsel wurde von der Bundeswehr nunmehr eine flexible Krisen- und Konfliktbewältigung in einem erweiterten geographischen Umfeld gefordert. Unter der Federführung des damaligen Generalinspekteurs General Klaus Naumann setzte der damalige Verteidigungsminister Volker Rühe am 29. November 1992 die Verteidigungspolitischen Richtlinien in Kraft, welche dieser neuen sicherheitspolitischen Lage Rechnung trugen. Eine systema-

16

tische Ableitung der Inneren Führung aus diesen neuen verteidigungspolitischen Richtlinien ist jedoch nicht erfolgt, auch nicht nach dem Urteil des Bundesverfassungsgerichts vom 12. Juli 1994, das den Weg freigab für so genannte *„out of area"* Einsätze der Bundeswehr. Eine politisch-gesellschaftliche Diskussion fand seitdem nicht statt, war auch politisch vielleicht nicht gewollt. So ist es nicht verwunderlich, dass die ZDv 10/1 Innere Führung von 1993 nur unzulänglich den Veränderungen der sicherheitspolitischen Rahmenbedingungen folgte, sei es aus gewollten Rücksichten der politischen Führung oder militärischer Zurückhaltung. Auch in der Gesellschaft wurde die Umwandlung der Bundeswehr zu einer Einsatz- und Interventionsarmee bis heute kaum nachvollzogen. Bis heute wurde nicht deutlich genug erkannt, dass Innere Führung auch von höchstem politischen und gesellschaftlichen Rang ist.

Im zweiten Kapitel *„Die aktuelle Situation der Inneren Führung in der Bundeswehr"* wird die Führungskultur in ihrer Vielfalt und dynamischen Weiterentwicklung innerhalb der Streitkräfte aufgezeigt, vor allem in den Themen Menschenführung, Ethik, interkulturelle Kompetenz, Führungsbegleitung, Konflikt- und Belastungsmanagement, Recht, Politische Bildung und Multinationalität.

Hier erweist sich Innere Führung als eine moderne, hoch anspruchsvolle Konzeption, die eine umfassende Bildung und Ausbildung aller Vorgesetzen voraussetzt und einen Vergleich mit anderen Armeen demokratischer Staaten nicht scheuen muss, aber auch nicht mit Unternehmenskulturen in Industrie und Wirtschaft. Bei intensiven Bildungs- und Ausbildungsanstrengungen in den unterschiedlichen Gestaltungsfeldern und Themenbereichen gilt es, Handlungssicherheit bezüglich „Entscheiden – Führen – Verantworten" im Einsatz, im „Nicht-internationalen bewaffneten Konflikt" sowie in unübersichtlichen und chaotischen Situationen zu erzielen. Handeln in ethischen Grenzsituationen, Gewinnen von interkultureller Kompetenz, Umgang mit fremden Kulturen, Religionen und Ethnien sind äußerst aktuelle Themen. In der Führungsbegleitung geht es darum, den Führungsprozess, das eigene Führungsverhalten ständig zu reflektieren und die Führungsleistung zu verbessern. Dies verlangt auch von dienstgradhöheren Vorgesetzten Lernwilligkeit und Lernfähigkeit, Kompetenz, Persönlichkeit und Authentizität im täglichen soldatischen Dienst.

Von Führung müssen sich die geführten Soldaten etwas versprechen können. Die Führungsleistung militärischer Vorgesetzter muss etwas Entscheidendes beitragen, was für die unterstellten Soldaten als Empfänger von Führung vorteilhaft ist: die Erfüllung des Auftrages, das Bestehen im Einsatz und Gefecht und bestmögliche Chancen des Überlebens. Besondere Beachtung müssen ebenfalls finden: Konflikt- und Belastungsmanagement, Umgang mit Verwundung und Tod, posttraumatische Stresserscheinungen und -krankheiten, die Verarbeitung von gräuelhaften Eindrücken und Bildern wie auch ein Zurechtfinden nach Rückkehr aus den Auslandseinsätzen ins gesellschaftliche Leben. Eine umfangreiche Ausbildung im nationalen und internationalen Recht ist vonnöten, denn auch im Auslandseinsatz gibt es keinen rechtsfreien Raum. Rechtssicherheit schafft Handlungssicherheit. Nicht zuletzt bedürfen die Politische Bildung, die Ausbildung in der Multinationalität und das Verständnis für andere Führungskulturen vermehrter Beachtung.

Im dritten Kapitel *„Anforderungen an eine zeitgemäße Führungsphilosophie für die Bundeswehr im 21. Jahrhundert"* werden Fragen gestellt, die sich gleichermaßen an Politik, Gesellschaft und Streitkräfte richten; es werden aber auch Antworten gegeben. Die Bundeswehr hat sich nach 1990 zu einer Einsatz- und Interventionsarmee entwickelt und befindet sich jetzt in der Neuausrichtung auf eine Freiwilligenarmee. Dabei dürfen nicht nur Struktur, Organisation, technische Ausrüstung und militärische Einsatz- und Fähigkeitsprofile im Vordergrund stehen, sondern es muss auch die Antwort auf die Frage gefunden werden: Trägt das Leitbild des Staatsbürgers in Uniform noch? Die Trias vom freien Menschen, guten Staatsbürger und vollwertigen Soldaten wurde entwickelt, als der Staatsbürger in Zivil und der Staatsbürger in Uniform vor dem sicherheitspolitischen Hintergrund des Wiederaufbaus deutscher Streitkräfte und des Ost-West Konfliktes als zwei Seiten einer Medaille gesehen wurden. Mit der Aussetzung der Wehrpflicht, der Umstrukturierung zu einer Freiwilligenarmee und einer Interventionsarmee trifft dies nicht mehr zu. Der Staatsbürger in Zivil wird bis auf Ausnahmen nicht mehr Soldat und der ständige Wechsel von der Zivilgesellschaft in die Armee und zurück entfällt für die Masse der jungen Bürger. Dies kann zu einer Entfremdung und Kluft zwischen Gesellschaft und Streitkräften führen infolge der völlig unterschiedlichen Erlebnis- und Erfahrungswelten durch die weltweiten Einsätze. Es kann zu Spannungen zwischen zivilgesellschaftlichen Werten und Normen kommen, die denen der soldatischen Werte und Tugenden widersprechen – also zu einer Auseinanderentwicklung von zivilen und militärischen Sinn- und Wertewelten. Zudem ist der „Vaterlandsverteidiger", aus dem der Soldat vor dem Ende des Ost-West Konfliktes seine wesentliche Legitimation bezog, schwerlich auf den

Soldaten im weltweiten Einsatz zu übertragen. Der Soldat kann sich heute zu Recht fragen: Was habe ich schon von einer Gesellschaft, die sich nicht für mich interessiert und mich gar nicht versteht? Kurzum: Die frühere Schicksalsgemeinschaft von Armee und Volk gehört der Vergangenheit an. Darauf geht auch die ZDv 10/1 „Innere Führung" in der aktuellen Fassung vom 26. Januar 2008 nur sehr verhalten ein. Auch zum aktuellen Kriegsbild, wie asymmetrische Kriegführung, Aufstandsbekämpfung, Kampf gegen einen Gegner in Krisenpräventions- und Stabilisierungseinsätzen, ist wenig zu lesen. Die Armee im Einsatz kommt nur rudimentär vor. Innere Führung als Führungskultur klingt zwar sehr elegant, nur der Soldat in seiner Einsatzrealität findet sich nicht wieder.

Im vierten Kapitel *„Innere Führung in der militärischen Praxis des Einsatzes"* wird deutlich, dass die Grundsätze und Prinzipien der Führungskultur der Bundeswehr durch unsere Soldaten in Krise und bewaffnetem Konflikt erfolgreich Anwendung finden und gelebt werden, ohne dass der Begriff Innere Führung überhaupt fällt. Neben allen militärischen Fähigkeiten erweist sich besonders die Menschenführung im „Führen unter Feuer" als ein Schlüssel für militärische Leistungsfähigkeit. Eine Menschenführung, die im täglichen Ausbildungsdienst und in der Einsatzvorbereitung gewachsen, die vor allem durch einen Führungsstil der Vorgesetzten praktiziert wird, der Kopf und Herz gleichermaßen erreicht und ein vertrauensvolles Verhältnis zwischen Führern und Unterstellten bewirkt. Menschenführung zeigt sich im Gefecht besonders erfolgreich, wenn Vorgesetzte durch klare Aufträge und unmissverständliche Befehle, beispielhafte Pflichterfüllung, fachliche Befähigung und mit entschiedenem Durchsetzungsvermögen überzeugen und alle Risiken und Gefahren für Leib und Leben tragen. Der Erfolg beruht aber auch auf Gesprächsbereitschaft, regelmäßiger Information, persönlicher Zuwendung und kameradschaftlicher Zusammenarbeit. Menschenführung gelingt überall dort, wo mit Vorbild, Verantwortung, Vertrauen und Verlässlichkeit aufeinander geführt wird. Soldaten stellen sich nicht nur die Frage: Warum gehe ich in diesen Einsatz, sondern auch mit „Wem"? Das ethische Vorbild des Vorgesetzten bestimmt das ethische Verhalten seiner Soldaten, das sie auch in Grenzsituationen moralisch, menschlich und verantwortungsvoll handeln lässt, wie die Beiträge zeigen.

Mit der Führungskultur und -philosophie verfügen die deutschen Streitkräfte über ein hohes Gut, das es zu bewahren, aber auch ständig weiterzuentwickeln gilt. In ihrer Weiterentwicklung bedarf die Innere Führung des

Interesses und der tatkräftigen Unterstützung durch Politik, Gesellschaft und der militärischen Führung, um nicht schleichend auf eine innerbetriebliche militärische Führungskultur in einer Freiwilligenarmee reduziert zu werden. Innere Führung muss heute vom Einsatz her gedacht und gestaltet werden. Die Rückkehr des Soldatischen in der Armee hat durch die Auslandseinsätze längst stattgefunden. Aber haben dies Politik und Gesellschaft erkannt?

Abschließend gilt unser Dank allen Mitgliedern des Freundeskreises Zentrum Innere Führung e.V., den Mitgliedern des Vorstandes, dem Kommandeur Zentrum Innere Führung, allen Autoren, die selbstlos und uneigennützig mit großem Interesse und viel Zeitaufwand ihre Arbeitskraft mit einbrachten. Dank gilt auch Frau Carola Hartmann vom Miles-Verlag Berlin für die vertrauensvolle und unbürokratische Zusammenarbeit sowie ihr großes Engagement bei diesem Buchprojekt. Ohne sie alle hätte sich dieses Buch „Entscheiden – Führen – Verantworten. Soldatsein im 21. Jahrhundert" nicht verwirklichen lassen.

Die Herausgeber   Berlin, im August 2011

I. Historie der Konzeption der Inneren Führung

Chr. Graf v. Kielmansegg

Wolf Graf v. Baudissin

Ulrich de Maizière

Diskussionsrunde an der damaligen „Schule Innere Führung" 1960

Die Schule Innere Führung in Koblenz im Jahre 1966

Der Weg zur Konzeption der Inneren Führung und die wesentlichen Akteure bei der Ausgestaltung

Gerd Portugall

Die Entwicklung und Umsetzung der innovativen Führungsphilosophie der Bundeswehr, der sogenannten ‚Inneren Führung', gilt im Großen und Ganzen als Erfolgsgeschichte. So wie der Erfolg bekanntlich viele ‚Väter' hat, so hat auch dieses Projekt mehrere ‚geistige Väter'. Der vorliegende Beitrag zeichnet erstens den Weg zur Konzeption der Inneren Führung nach und stellt zweitens die wesentlichen individuellen Akteure vor, die sie an maßgeblicher Stelle entwickelt und ausgestaltet haben, bevor drittens ein resümierendes Fazit gezogen wird.

Äußere Rahmenbedingungen

Spätestens mit der sowjetischen Berlinblockade ab Juni 1948 wurde den drei Westalliierten die prekäre Sicherheitslage nicht nur Westberlins, sondern auch ganz Westdeutschlands vollends bewusst. Als unmittelbare Konsequenz hieraus schmiedeten die Vereinigten Staaten zusammen mit Kanada und ihren westeuropäischen Partnern am 4. April 1949, d.h. noch während der Berlinblockade und vor der Gründung der Bundesrepublik, die Nordatlantische Allianz, um gemeinsam Westeuropa vor der kommunistischen Bedrohung zu schützen.[1] Deutschland mutierte damit innerhalb von wenigen Jahren „vom Hauptkriegsgegner zum potentiellen Kriegsgrund."[2]

Als eine wirklich entscheidende sicherheitspolitische Station für die rund ein Jahr zuvor etablierte Bundesrepublik sollte sich der am 25. Juni 1950 ausgebrochene Koreakrieg erweisen.[3] Zwar lag der ostasiatische Kriegsschauplatz geographisch – und mental – weit entfernt von Mitteleuropa, doch war die Analogie zum geteilten Deutschland augenfällig: hüben ein westlich, drüben ein kommunistisch organisierter Landesteil, die beide für sich einen absoluten Alleinvertretungsanspruch geltend machten. Deshalb legten „Amerikaner, Deutsche und andere (…) den nordkoreanischen Angriff als eine mögliche Generalprobe für einen ebensolchen ostdeutschen Angriff auf Westdeutschland aus."[4] Die Staatenlenker der NATO realisierten dabei, dass ihre konventionellen Streitkräfte völlig ungenügend auf einen solchen Eventualfall in Mitteleuropa vorbereitet waren.[5] Deshalb sollten unbedingt westdeutsche Streitkräfte in signifikantem Umfang aufgestellt werden.

Die ursprünglichen Wiederbewaffnungspläne der ersten Bundesregierung waren – nur wenige Jahre nach der militärischen und vor allen Dingen moralischen Katastrophe von 1945 – zunächst national wie international auf das Heftigste umstritten.[6] Verschärft wurde der Widerstand noch durch Überlegungen zu einer eventuellen Atombewaffnung der neuen Bundeswehr.[7] Innenpolitisch bekämpften nicht nur die parlamentarische Opposition und die außerparlamentarische Friedensbewegung die militärische Bewaffnung der Bundesrepublik, sondern sogar innerhalb der Bundesregierung stießen die Aufrüstungspläne auf – zum Teil heftigen – Widerstand.[8] Außenpolitisch waren die Vorbehalte am größten beim westlichen Nachbarn Frankreich. Erst nach dem oben erwähnten Kriegsbeginn in Fernost im Juni 1950 begann ein Umdenken. So präsentierte der Pariser Regierungschef René Pleven am 24. Oktober desselben Jahres den nach ihm benannten Plan zur Schaffung einer multilateralen ,Europäischen Verteidigungsgemeinschaft' (EVG), die ausdrücklich auch westdeutsche Streitkräfte umfassen sollte.[9]

Im Innern und nach außen hin besonders problematisch waren Analogien der geplanten Armee zu Reichswehr und Wehrmacht. Deshalb gab es zwei strukturelle Grundvoraussetzungen für die Wiederbewaffnung Westdeutschlands: Die erste war die Einführung der allgemeinen Wehrpflicht. Der Dienst an der Waffe ist am 7. Juli 1956 vom Bundestag beschlossen worden und sollte einer Entwicklung der Streitkräfte weg vom Primat der Politik, hin zum ,Staat im Staate' – wie während der Weimarer Republik – vorbeugen und die Waffenträger fest in der zivilen Gesellschaft verankern.[10] Die zweite Voraussetzung war die Entwicklung der Inneren Führung als „umfassende geisteswissenschaftliche, pragmatische Theorie"[11] der Menschenführung, ausgehend vom ethischen Primat existentieller Verantwortung. Damit sollte eine instrumentelle Vereinnahmung durch eine verbrecherische Politik – wie im Falle der Wehrmacht – verhindert werden.

Innere Ausgestaltung

Als ,geistige Väter' der Konzeption der Inneren Führung sind hier zunächst die miteinander befreundeten ehemaligen Wehrmacht-Generale Adolf Heusinger (1897-1982), Hans Speidel (1897-1984) und Hermann Foertsch[12] (1895-1961) zu nennen, die bereits am 7. August 1950 für das Kanzleramt die Denkschrift

‚Gedanken über die Frage der äußeren Sicherheit der deutschen Bundesrepublik' verfassten.[13] Der konzeptionelle Durchbruch gelang bereits zwei Monate später während einer geheimen Besprechung von fünfzehn Generalen, Admiralen und Generalstabsoffizieren der ehemaligen Wehrmacht im Eifelkloster Himmerod. Für die Westalliierten wurde in aller Abgeschiedenheit ein Arbeitspapier entworfen, das Eckdaten zur ‚Aufstellung eines Deutschen Kontingents im Rahmen einer übernationalen Streitmacht zur Verteidigung Westeuropas' liefern sollte. Im Auftrag des Bundeskanzlers war jene Expertenkonferenz von General a. D. Gerhard Graf von Schwerin (1899-1980), dem Militärberater des Regierungschefs, vorbereitet worden – und zwar auf der Grundlage des Heusinger/Speidel/Foertsch-Memorandums vom 7. August.

In der so genannten Himmeroder Denkschrift vom 9. Oktober 1950 wurde für die geplante westdeutsche Armee bindend festgelegt, „ohne Anlehnung an die Formen der alten Wehrmacht heute grundlegend Neues zu schaffen".[14] Gleichzeitig sollten die neuartigen Streitkräfte sich auch positiv von den Ostblock-Armeen und der ostdeutschen kasernierten Bereitschaftspolizei[15] absetzen. Als ein Unterscheidungskriterium – neben anderen – sollten Ausbildung, Charakterbildung und Erziehung der Soldaten dienen. Laut Denkschrift „kommt damit dem inneren Gefüge[16] der neuen deutschen Truppe große Bedeutung zu."[17] Folglich konnte das Projekt ‚Bundeswehr' insgesamt „nur im Zuge einer grundlegenden Militärreform verwirklicht werden".[18]

Neben den bereits erwähnten Offizieren nahmen u. a. auch die beiden Wehrmacht-Offiziere Johann Adolf Graf von Kielmansegg (1906-2006) und Wolf Graf von Baudissin (1907-1993) an den Militärberatungen in der Eifel teil. Oberst a. D. von Kielmansegg wurde dabei mit der redaktionellen Bearbeitung der Denkschrift betraut.[19] Den wichtigsten inhaltlichen Einzelbeitrag zur Entwicklung des Führungskonzeptes leistete jedoch Major a. D. von Baudissin. Der spätere Bundeswehr-General, Friedensforscher und Militärphilosoph kann als der eigentliche ‚geistige Übervater'[20] der Inneren Führung bezeichnet werden. Doch die Vordenker der neuen Bundeswehr hätten nichts ausrichten können, wenn sie nicht entsprechenden Rückhalt in der Politik gefunden hätten. An erster Stelle ist hier Bundeskanzler Konrad Adenauer (1876-1967) zu nennen, von dem 1949/50 entscheidende Impulse für die historisch einmalige Militärreform ausgingen.[21] Den Auftrag an die Konzeption der Inneren Führung formulierte der Kanzler pointiert im Dezember 1952 vor dem Bonner Parlament, nämlich „die sittlichen Werte des deutschen Soldatentums mit der Demokratie zu verschmelzen".[22] An zweiter Stelle muss der CDU-

Bundestagsabgeordnete Theodor Blank (1905-1972) erwähnt werden, der am 26. Oktober 1950 von Adenauer zum ‚Bevollmächtigten des Bundeskanzlers für die mit der Vermehrung der alliierten Truppen zusammenhängenden Fragen' ernannt wurde. Als Dienststelle übernahm Blank den bisher als ‚Zentrale für Heimatdienst' getarnten militärischen Arbeitsstab des Kanzleramtes.[23] Sein erster militärischer Berater war übrigens Adolf Heusinger.

In die ‚Dienststelle Blank', wie der Vorläufer des Bundesministeriums der Verteidigung (BMVg) der Einfachheit halber genannt wurde, traten bald auch die beiden Grafen von Kielmansegg und von Baudissin ein – Baudissin übrigens auf Vorschlag Kielmanseggs. Als weitere zentrale Figur kam Oberstleutnant a. D. Ulrich de Maizière (1912-2006) zum Amt Blank, der sich besonders um die Darstellung und Verwirklichung der Konzeption Innere Führung verdient gemacht hat.[24] Graf Kielmansegg selbst trat besonders als Sekretär bei den ‚Petersberg-Gesprächen' mit den militärischen Vertretern der drei Hohen Kommissare über die Grundzüge des deutschen Verteidigungsbeitrags in Erscheinung, die während der ersten Hälfte des Jahres 1951 stattfanden. Blank, der die deutsche Delegation damals leitete, stieß mit den neuartigen Vorstellungen zum ‚inneren Gefüge' – wie er selbst später feststellte – „auf erhebliches Unverständnis bei den Gesprächspartnern, denen die Vorstellung der Demokratisierung des militärischen Bereichs vollständig fremd war."[25] Darüber hinaus gab es in Bezug auf das EVG-Vorhaben ein „Dilemma"[26] (de Maizière) zwischen dem neuartigen westdeutschen Modell innerer militärischer Ordnung einerseits und den westeuropäischen Partnern andererseits.

Baudissin wurde innerhalb der Dienststelle mit der Leitung des wichtigen Grundsatzreferats ‚Inneres Gefüge' betraut. Nach der ‚Bonin-Affäre'[27] wurde zusätzlich ein referat-übergreifender ‚Ausschuss Innere Führung' unter Vorsitz Heusingers eingerichtet. Unumstritten war der Graf nämlich keineswegs. Kritiker selbst innerhalb der Dienststelle warfen ihm mangelnde Kriegserfahrung, ein zu ideales Menschenbild und zuweilen als arrogant empfundene Ungeduld bis hin zu Intoleranz vor.[28] Im Rahmen der konzeptionellen Überlegungen forderte von Baudissin wiederholt die „Einbürgerung der Soldaten"[29]. Was er damit meinte, verdeutlichte er am 26. April 1954 bei einem Vortrag im Amt Blank. Für den Grafen ist der legitime staatliche Waffenträger „Staatsbürger und Staatsdiener in einer Person".[30]

An anderer Stelle betonte von Baudissin mit Blick auf die Bundeswehr, dass nur eine „Armee aus freien Staatsbürgern (...) allein ihre Aufstellung rechtfertigen könnte".[31] Konsequent lehnte er daher jegliche Idee einer Sonderwelt des Soldatischen, eines speziellen soldatischen Ethos im Unterschied zu einem zivilen, ab.[32] Es sollte jedoch eine andere ,bürgerliche' Formulierung zu *dem* Slogan der Inneren Führung werden: der – fest auf dem Boden des Grundgesetzes stehende – ,Staatsbürger in Uniform', vorgeschlagen am 24. April 1952 von Friedrich Beermann (1912-1975), Oberstleutnant a. D. und wehrpolitischer Berater der SPD.

Eine weitere wichtige Station stellt die dienstliche Regelung des Amtes Blank vom 10. Januar 1953 dar: „(1) Die Arbeitsgebiete Inneres Gefüge, Information und Erziehung sowie Truppenbetreuung werden unter dem Sammelbegriff ,Innere Führung' zusammengefasst. (2) Alle Arbeiten auf dem Gebiet ,Innere Führung' haben das Ziel, den Typ des modernen Soldaten zu schaffen und fortzubilden, der freier Mensch, guter Staatsbürger und vollwertiger Soldat zugleich ist."[33] Damit ist der Begriff ,Innere Führung' offiziell eingeführt; seine genaue Entstehungsgeschichte liegt allerdings trotz vielfältiger wissenschaftlicher Nachforschungen im Dunkeln.[34]

Das Konzept der Inneren Führung besitzt jedoch nicht nur eine Binnendimension in Bezug auf die Streitkräfte, sondern auch eine Außendimension in Bezug auf das politische System der Bundesrepublik. So forderte von Kielmansegg in einer Rede am 13. März 1953 bei einer Tagung der ,Arbeitsgemeinschaft Demokratischer Kreise': „Aber es muss auch geben eine Armee in der Demokratie, das ist entscheidend wichtig. Denn sonst haben wir, und wir kennen beides, eine Armee neben oder gegen die Demokratie. Und es muss auch, im Sinne des Gesagten, geben: Demokratie in der Armee."[35] Der letztgenannte Ansatz ist nicht bloß Element einer Militärreform, sondern wahrlich revolutionär. Allerdings war dieser ,radikaldemokratische' Ansatz selbst innerhalb der Blank'schen Denkfabrik der Inneren Führung nicht unumstritten. So formulierte beispielsweise Baudissins Mitarbeiter Hauptmann a. D. Heinz Karst (1914-2002) im Sommer 1955 in einer Denkschrift: „Eine demokratische Armee aber kann es nicht geben (…). Es hieße die Eigenart der soldatischen Ordnung aufzugeben".[36]

Zwei weitere wichtige Stationen auf dem Weg zur Entwicklung der Inneren Führung stellten zum einen das Inkrafttreten der Pariser Verträge am 5. Mai 1955 dar, mit dem das westalliierte Besatzungsstatut von 1949 aufgehoben und die Bundesrepublik in die NATO aufgenommen wurde, nachdem der Pleven-Plan gescheitert war.[37] Zum anderen wurde die Bundeswehr mit der

Aushändigung der ersten soldatischen Ernennungsurkunden am 12. November desselben Jahres offiziell aufgestellt. Damit war Westdeutschland – zumindest partiell – souverän geworden.

Bereits am 7. Juni 1955 wurde folglich aus der inoffiziellen ‚Dienststelle Blank' das offizielle Verteidigungsministerium der Bundesrepublik Deutschland. Baudissin übernahm darin am 1. November 1955 als Leiter die Unterabteilung Fü B I Innere Führung im Führungsstab der Bundeswehr. Schon zwei Wochen später legte er den Entwurf zu einer ‚Grundsätzlichen Weisung über die Aufgaben und Bedeutung der Inneren Führung in den Streitkräften' vor. Darin führte er aus: „Die Innere Führung ist die Verwirklichung der Grundsätze und Vorschriften des Inneren Gefüges in und außer Dienst. Sie ist Menschenführung im weitesten Sinne und wird überall dort wirksam, wo sich im Gesamtorganismus der Truppe erzieherische, bildungsmäßige und betreuerische Aufgaben stellen."[38] Letzte organisatorische und institutionelle Etappen der Einführungsphase stellen die Einrichtung der ‚Schule der Bundeswehr für Innere Führung' am 1. Oktober 1956 in Köln, wenige Monate später nach Koblenz verlegt, sowie die Herausgabe des ‚Handbuchs Innere Führung' durch das BMVg am 30. September 1957 dar. An der Entstehung von beidem, Schule wie Handbuch, wirkte maßgeblich der Wehrmacht-Hauptmann und spätere Bundeswehr-Oberst Günter Will (1916-1999) mit, ein enger Mitarbeiter Baudissins seit 1953.

Quintessenz und Fazit

Bisher wurde als besonderes Führungsgebiet im deutschen Militär, so Graf Baudissin am 9. Dezember 1954 in einer Rundfunkansprache, „im Wesentlichen nur die äußere Führung, d.h. Operation, Taktik und Ausbildung (…) betrachtet."[39] In den zukünftigen Streitkräften käme jedoch auch eine innere Führung hinzu, welche „die gesamte geistige und sittliche Verfassung einer Truppe (umfasst)." Gleichwohl beschränkt sich dieses Konzept keineswegs speziell auf das deutsche Militär. „Innere Führung", so Angelika Dörfler-Dierken, „ist eine Konzeption für eine verteidigungsbereite Gesellschaft, deren freiheitliche Werte auch im Raum der Armee Geltung haben sollen."[40] Während einer konservativen Mehrheit bei der Ausgestaltung der Inneren Führung eine Reform im Sinne einer militärischen Effektivitätssteigerung vorschwebte, erhoffte sich die progressive Minderheit um Baudissin von der Integration demokratischer Streitkräfte in die Gesellschaft positive Impulse für eine gesamtgesellschaftliche

Demokratieentwicklung in der damals noch jungen Bundesrepublik.[41]

　　„Die Baudissin'schen Leitgedanken der Konzeption Innere Führung basieren", so Dörfler-Dierken weiter, „auf einem spezifisch abendländischen, christlich-humanistisch-lutherisch geprägten Menschenbild, das mit dem Menschenbild der Widerständler des 20. Juli 1944 identifiziert wird."[42] Sicherlich haben auch die erzwungenen Begegnungen mit den angelsächsischen Vorstellungen des ‚rule of law' während der britischen und australischen Kriegsgefangenschaft Baudissin beeinflusst. Der Graf stellte dabei einmal ausdrücklich fest, „dass das Menschenbild unteilbar ist"[43], d.h. Mensch und Soldat schließen sich für ihn nicht gegenseitig aus, sondern bedingen einander. So war für ihn – ganz im Sinne der Verantwortungsethik Max Webers – letztlich die Frage entscheidend, „ob hinter den Waffen Menschen stehen, die wissen, was sie tun."[44] Letzte Instanz, so die Väter der Inneren Führung, kann dabei nur das eigene Gewissen sein. So schrieb Baudissin beispielsweise 1959 in einem Brief: „In Konfliktsituationen steht der Soldat – wie jeder andere Mensch mit Verantwortung für Mitmenschen und Auftrag – allein vor seinem Gewissen."[45] An anderer Stelle pointierte der Graf einmal, dass die grundlegende Militärreform „im Wesentlichen ein pädagogisches Problem"[46] sei. Folglich stellt Gewissensbildung – im Clausewitz'schen Sinne einer „Selbsterziehung"[47] – letztlich die eigentliche Kernaufgabe der Inneren Führung dar.

　　Die Entwicklung des Konzeptes der Inneren Führung stellt in der deutschen Militärgeschichte einen geradezu revolutionären Schritt dar. Die Vordenker dieser Konzeption einten die Erfahrungen in Reichswehr und Wehrmacht, von Krieg, Untergang und Gefangenschaft, aber auch eine teils innere, teils persönliche Nähe zu den Widerständlern des 20. Juli 1944 um von Stauffenberg. Allen bot die Aufstellung der Bundeswehr neue berufliche Perspektiven. Gerade die Aussicht auf „die einmalige Gelegenheit, die Gnade des Nullpunktes"[48] – wie Baudissin die neuartige Situation am 12. September 1951 nannte –, strukturelle Lehren aus der jüngsten deutschen Militärgeschichte ziehen zu können, zog die geistigen Väter der Inneren Führung an, sich am Aufbauprojekt ‚Bundeswehr' zu beteiligen. Folglich sind sie nach und nach dann auch als Soldaten in die neuen Streitkräfte eingetreten, nachdem sie zuvor ihre ersten Aufbauleistungen im Zivilstatus erbracht hatten. Soweit sie nicht bereits im Generalsrang übernommen wurden, erreichten sie ihn häufig im Verlauf ihrer Bundeswehr-Karriere (1955 Kielmansegg, 1956 de Maizière, 1959 Baudissin, 1963 Karst, 1968 Beermann), teilweise sogar bis zur Position des Generalinspekteurs (1957 Heusinger und 1966 de Maizière).

Baudissin selbst zog ein für sich durchaus befriedigendes Fazit in Bezug auf sein ursprüngliches Konzept von Innerer Führung: „Für mich war das, was nachher herauskam, ein knappes Minimum, während es für ein Großteil der Traditionalisten ein schon kaum erträgliches Maximum war."[49] Im letzten Weißbuch des BMVg von 2006 wird unter der Rubrik ‚Innere Führung' der historische Bogen geschlagen von den preußischen Heeresreformen zu Beginn des 19. Jahrhunderts über die Aufbauphase der Bundeswehr der 1950er Jahre bis hin zur Einsatzarmee der Gegenwart. Bei der Baudissin'schen Konzeption vom Staatsbürger in Uniform geht es letztlich, so das Weißbuch, immer um Orientierungshilfe.[50] Gerade mit diesem Weißbuch wird die Transformation als Schlüsselbegriff und Philosophie für die kontinuierliche Anpassung der Bundeswehr an ein dynamisches sicherheitspolitisches Umfeld politisch bindend verankert.[51] Und diese Denkweise entspricht genau dem dynamischen Ansatz der Konzeption der Inneren Führung. Daher ist die Bundeswehr selbst mit einer Führungsphilosophie aus der Mitte des vorigen Jahrhunderts gut für die Herausforderungen des 21. Jahrhunderts aufgestellt.

Anmerkungen:

[1] Im Gründungsjahr der Atlantischen Allianz prägte der britische General und spätere erste NATO-Generalsekretär, Lord Hastings L. Ismay, die bekannte Formel vom Auftrag des Bündnisses: „To keep the Americans in, the Russians out, and the Germans down." Zit. bei Schröter, Jochen: Was ist neu an der neuen NATO? In: Reinhard Brühl, Lothar Schröter (Hrsg.): 50 Jahre NATO. Bilanz und Perspektiven, Schkeuditz 2000, S. 140.

[2] Rautenberg, Hans-Jürgen: Zur historischen Entwicklung der Militärreform und des Konzepts der Inneren Führung. In: Hubertus Zuber: Innere Führung in Staat, Armee und Gesellschaft, Regensburg 1981, S. 90.

[3] Dort wurde der Kalte Krieg zwischen Ost und West erstmalig auch ‚heiß', d.h. unter Einsatz militärischer Gewalt ausgefochten, auch wenn eine offene, direkte bewaffnete Konfrontation zwischen den beiden Blockführern USA und UdSSR vermieden werden konnte.

[4] May, Ernest: Die amerikanischen Truppen in der Bundesrepublik Deutschland in Vergangenheit, Gegenwart und Zukunft. In: James A. Cooney, Gordon A. Craig, Hans-Peter Schwarz, Fritz Stern (Hrsg.): Die Bundesrepublik

Deutschland und die Vereinigten Staaten von Amerika. Politische, soziale und wirtschaftliche Beziehungen im Wandel, Stuttgart 1985, S. 229.

[5] Mitte 1950 verfügte die NATO gerade einmal über vierzehn Divisionen an Landstreitkräften. Als unmittelbare Reaktion auf den nordkoreanischen Überfall ließ Präsident Truman im September desselben Jahres vier amerikanische Heeresdivisionen in die Bundesrepublik verlegen, die immer noch nicht Mitglied der Atlantischen Allianz war. Zusätzlich verschärft wurde der Mangel an konventionellen Bodentruppen in Westeuropa noch durch die französischen Kolonialkriege in Übersee: seit 1946 in Indochina und seit 1954 in Algerien. Vgl. hierzu Weiher, Gerhard: Die Entwicklung der beiden Bündnisse. In: Bayerische Landeszentrale für politische Bildungsarbeit (Hrsg.): Zur Diskussion gestellt: Nordatlantikpakt – Warschauer Pakt. Ein Vergleich zweier Bündnisse, München 1980, S. 134; Masson, Philippe: Histoire de l'armée française de 1914 à nos jours, Paris 2002, S. 381.

[6] In der Folge entstand eine westdeutsche Friedensbewegung, die sich zu einer der größten pazifistischen Zusammenschlüsse in Europa entwickelte. Vgl. hierzu Nehring, Holger: Searching for Security: The British and West German Protests against Nuclear Weapons and „Respectability", 1958-1963. In: Benjamin Ziemann (Hrsg.): Peace Movements in Western Europe, Japan and the USA, Essen 2008, S. 167.

[7] Ausdruck fand dieses Engagement u. a. in der Bewegung ‚Kampf dem Atomtod', die von den oppositionellen Sozialdemokraten angeführt wurde. Vgl. hierzu Oppenheimer, Andrew: By any Means? West German Pacifism and the Politics of Solidarity, 1945-1974. In: Benjamin Ziemann (Hrsg.): Peace Movements in Western Europe, Japan and the USA, Essen 2008, S. 45.

[8] Sichtbarsten Ausdruck fand dieser Streit im demonstrativen Rücktritt des damaligen Innenministers Gustav Heinemann am 10. Oktober 1950.

[9] Ausgerechnet in der französischen Nationalversammlung scheiterte die Ratifizierung des EVG-Vertrages jedoch am 30. August 1954 an den Stimmen der Kommunisten und Gaulisten. Zu groß war das Misstrauen gegenüber der westdeutschen Wiederbewaffnung. Vgl. hierzu Masson, Philippe: Histoire de l'armée française de 1914 à nos jours, Paris 2002, S. 390.

[10] An der heftig umstrittenen Wehrpflicht führte kein Weg vorbei, da der Bundeshaushalt nicht in der Lage gewesen wäre, eine halbe Million Mann, welche

die Verbündeten ja eingefordert hatten, ausschließlich mit Zeit- und Berufssoldaten zu finanzieren.

[11] Fröhling, Hans-Günter: Die Sicherheit Deutschlands wird auch am Hindukusch verteidigt! – Brauchen wir eine neue Innere Führung? In: Detlef Bald, Hans-Günter Fröhling, Jürgen Groß, Claus Freiherr von Rosen (Hrsg.): Zurückgestutzt, sinnentleert, unverstanden: Die Innere Führung der Bundeswehr, Baden-Baden 2008, S. 129.

[12] Nicht zu verwechseln mit seinem jüngeren Bruder, Generalleutnant a. D. Friedrich Foertsch (1900-1976), der sich während der Aufbauphase der Bundeswehr noch in sowjetischer Kriegsgefangenschaft befunden hatte und später sogar Generalinspekteur wurde.

[13] Vgl. Speidel, Hans: Aus unserer Zeit. Erinnerungen, Berlin/Frankfurt am Main/Wien 1977, S. 268.

[14] Zit. bei Reeb, Hans-Joachim, Többicke, Peter: Lexikon Innere Führung, 2. Auflage, Regensburg/Berlin 2003, S. 307.

[15] Die ‚Sowjetische Militäradministration in Deutschland' verfügte bereits am 28. November 1946 den Aufbau einer kasernierten Polizei. Innerhalb von nur zwei Jahren waren so rund 83.000 Polizeikräfte aufgestellt worden, von denen bereits 10.000 Mann permanent kaserniert waren. Offiziell ist die ‚Kasernierte Volkspolizei' als Nukleus einer ostdeutschen Armee erst am 16. Juni 1952 gegründet worden, d.h. ausdrücklich nach der Aufstellung des westdeutschen Bundesgrenzschutzes. Vgl. hierzu Kowalczuk, Ilko-Sascha, Wolle, Stefan: Roter Stern über Deutschland. Sowjetische Truppen in der DDR, Berlin 2001, S. 93.

[16] Der Ausdruck ‚Inneres Gefüge' entspricht dem „Betriebsklima" (von Baudissin) in Streitkräften und geht in der deutschen Militärgeschichte mindestens bis zur Aufbauphase der Reichswehr 1919/20 zurück. Vgl. hierzu Reeb, Hans-Joachim, Többicke, Peter: Lexikon Innere Führung, 2. Auflage, Regensburg/Berlin 2003, S. 145.

[17] Abgedruckt bei Reeb, Hans-Joachim, Többicke, Peter: Lexikon Innere Führung, 2. Auflage, Regensburg/Berlin 2003, S. 307.

[18] Rautenberg, Hans-Jürgen: Zur historischen Entwicklung der Militärreform und des Konzepts der Inneren Führung. In: Hubertus Zuber: Innere Führung in Staat, Armee und Gesellschaft, Regensburg 1981, S. 88.

[19] Vgl. Feldmeyer, Karl, Meyer, Georg: Johann Adolf Graf von Kielmansegg 1906-2006. Deutscher Patriot – Europäer – Atlantiker, Hamburg/Berlin/Bonn 2007, S. 49.

[20] „Nicht nur einmal bemerkte Kielmansegg im Scherz, wenn Baudissin der unbestrittene Vater der Inneren Führung, Ulrich de Maizière der ständige Pate sei, beanspruche er – und dies mit Recht aufgrund seiner Vorleistung in Himmerod und vor der Tätigkeit der Dienststelle Blank – die Rolle des Großvaters des Konzepts." Feldmeyer, Karl, Meyer, Georg: Johann Adolf Graf von Kielmansegg 1906-2006. Deutscher Patriot – Europäer – Atlantiker, Hamburg/Berlin/Bonn 2007, S. 46f.

[21] Vgl. Rautenberg, Hans-Jürgen: Zur historischen Entwicklung der Militärreform und des Konzepts der Inneren Führung. In: Hubertus Zuber: Innere Führung in Staat, Armee und Gesellschaft, Regensburg 1981, S. 90.

[22] Zit. bei Schneiderhahn, Wolfgang: Wolf Graf von Baudissin und die demokratische Militärreform. In: Elmar Wiesendahl (Hrsg.): Innere Führung für das 21. Jahrhundert. Die Bundeswehr und das Erbe Baudissins, Paderborn 2007, S. 32.

[23] Leiter jener Zentrale war der bereits erwähnte Graf Schwerin, der später wehrpolitischer Berater der FDP-Bundestagsfraktion wurde. Vgl. hierzu Krüger, Dieter, Wiese, Kerstin: Zwischen Militärreform und Wehrpropaganda. Wolf Graf von Baudissin im Amt Blank. In: Rudolf J. Schlaffer, Wolfgang Schmidt (Hrsg.): Wolf Graf von Baudissin 1907-1993. Modernisierer zwischen totalitärer Herrschaft und freiheitlicher Ordnung, München 2007, S. 99.

[24] Vgl. Reeb, Hans-Joachim, Többicke, Peter: Lexikon Innere Führung, 2. Auflage, Regensburg/Berlin 2003, S. 307.

[25] Zit. bei Rautenberg, Hans-Jürgen: Zur historischen Entwicklung der Militärreform und des Konzepts der Inneren Führung. In: Hubertus Zuber: Innere Führung in Staat, Armee und Gesellschaft, Regensburg 1981, S. 97.

[26] De Maizière, Ulrich: In der Pflicht. Lebensbericht eines deutschen Soldaten im 20. Jahrhundert, Herford/Bonn 1989, S. 178.

[27] Oberst a. D. Bogislaw von Bonin (1908-1980), Unterabteilungsleiter ‚Militärische Planung' im Amt Blank und erklärter konservativer Gegner Baudissins, verfügte am 1. Oktober 1952 die Unterstellung der ‚Gruppe Baudissin' unter seine Unterabteilung. Abteilungsleiter Heusinger verweigerte jedoch diesen

Schritt und unterstellte die ‚Gruppe Innere Führung' vielmehr unmittelbar sich selbst. Vgl. hierzu de Maizière, Ulrich: In der Pflicht. Lebensbericht eines deutschen Soldaten im 20. Jahrhundert, Herford/Bonn 1989, S. 176f.

[28] Vgl. Ilsemann, Carl Gero von: Die Innere Führung in den Streitkräften, Band 5 Die Bundeswehr – Eine Gesamtdarstellung, hrsg. von Hubert Reinfried, Hubert F. Walitschek, Regensburg 1981, S. 324; de Maizière, Ulrich: In der Pflicht. Lebensbericht eines deutschen Soldaten im 20. Jahrhundert, Herford/Bonn 1989, S. 175. Dass Kritik aus Kreisen der Restauration Baudissin nicht kalt ließ, zeigt die Existenz seines – gleichwohl nicht abgesendeten – Kündigungsschreibens an Blank; abgedruckt in Dörfler-Dierken, Angelika (Hrsg.): Graf von Baudissin. Als Mensch hinter den Waffen, Göttingen 2006, S. 67ff.

[29] Zit. bei Rautenberg, Hans-Jürgen: Zur historischen Entwicklung der Militärreform und des Konzepts der Inneren Führung. In: Hubertus Zuber: Innere Führung in Staat, Armee und Gesellschaft, Regensburg 1981, S. 92.

[30] Zit. bei Dörfler-Dierken, Angelika (Hrsg.): Graf von Baudissin. Als Mensch hinter den Waffen, Göttingen 2006, S. 210.

[31] Zit. bei Dörfler-Dierken, Angelika: Ethische Fundamente der Inneren Führung. Baudissins Leitgedanken: Gewissensgeleitetes Individuum – Verantwortlicher Gehorsam – Konflikt- und friedensfähige Mitmenschlichkeit. SOWI-Berichte Nr. 77, Strausberg 2005, S. 71.

[32] Vgl. Dörfler-Dierken, Angelika: Ethische Fundamente der Inneren Führung. Baudissins Leitgedanken: Gewissensgeleitetes Individuum – Verantwortlicher Gehorsam – Konflikt- und friedensfähige Mitmenschlichkeit. SOWI-Berichte Nr. 77, Strausberg 2005, S. 129.

[33] Abgedruckt in Reeb, Hans-Joachim, Többicke, Peter: Lexikon Innere Führung, 2. Auflage, Regensburg/Berlin 2003, S. 312.

[34] Vgl. Reeb, Hans-Joachim, Többicke, Peter: Lexikon Innere Führung, 2. Auflage, Regensburg/Berlin 2003, S. 145.

[35] Zit. bei Rose, Jürgen: Ernstfall Angriffskrieg. Frieden schaffen mit aller Gewalt? Hannover 2009, S. 182.

[36] Karst, Heinz: Vom künftigen Soldaten. Gedanken und Planungen der Dienststelle Blank, Bonn 1955, S. 22.

[37] Daraufhin konnte die Bundesregierung „von nun an ohne Rücksicht auf Verbündete ihre Vorstellungen in eigener Zuständigkeit verwirklichen." So de Maizière, Ulrich: In der Pflicht. Lebensbericht eines deutschen Soldaten im 20. Jahrhundert, Herford/Bonn 1989, S. 178.

[38] Abgedruckt in Reeb, Hans-Joachim, Többicke, Peter: Lexikon Innere Führung, 2. Auflage, Regensburg/Berlin 2003, S. 312f.

[39] Abgedruckt in Dörfler-Dierken, Angelika (Hrsg.): Graf von Baudissin. Als Mensch hinter den Waffen, Göttingen 2006, S. 116.

[40] Dörfler-Dierken, Angelika: Ethische Fundamente der Inneren Führung. Baudissins Leitgedanken: Gewissensgeleitetes Individuum – Verantwortlicher Gehorsam – Konflikt- und friedensfähige Mitmenschlichkeit. SOWI-Berichte Nr. 77, Strausberg 2005, S. 192.

[41] Vgl. Rautenberg, Hans-Jürgen: Zur historischen Entwicklung der Militärreform und des Konzepts der Inneren Führung. In: Hubertus Zuber: Innere Führung in Staat, Armee und Gesellschaft, Regensburg 1981, S. 104f.

[42] Dörfler-Dierken, Angelika: Ethische Fundamente der Inneren Führung. Baudissins Leitgedanken: Gewissensgeleitetes Individuum – Verantwortlicher Gehorsam – Konflikt- und friedensfähige Mitmenschlichkeit. SOWI-Berichte Nr. 77, Strausberg 2005, S. 115.

[43] Abgedruckt in Dörfler-Dierken, Angelika (Hrsg.): Graf von Baudissin. Als Mensch hinter den Waffen, Göttingen 2006, S. 118.

[44] Zit. bei Dörfler-Dierken, Angelika (Hrsg.): Graf von Baudissin. Als Mensch hinter den Waffen, Göttingen 2006, S. 118.

[45] Abgedruckt in Dörfler-Dierken, Angelika (Hrsg.): Graf von Baudissin. Als Mensch hinter den Waffen, Göttingen 2006, S. 232. Schon in der Frühphase des militärischen Widerstandes gegen Hitler wurde an das Gewissen von Soldaten appelliert. So forderte Generaloberst Ludwig Beck, Leiter Operationsplanung Heer, im Mai 1938 während der Sudetenkrise den kollektiven Rücktritt der Heeresführung. Er schrieb an den damaligen Oberbefehlshaber des Heeres, General von Brauchitsch: „Ihr soldatischer Gehorsam hat dort eine Grenze, wo ihr Gewissen die Ausführung eines Befehls verbietet." Zit. bei Knopp, Guido, Scherer, Friedrich: Der General. In: Guido Knopp: Hitlers Manager, München 2004, S. 164.

[46] So Baudissin im Oktober 1953 in einem Referat bei einer Soldatentagung in der Evangelischen Akademie Bad Boll, abgedruckt in Dörfler-Dierken, Angelika (Hrsg.): Graf von Baudissin. Als Mensch hinter den Waffen, Göttingen 2006, S. 156.

[47] Clausewitz, Carl von: Vom Kriege, München 2000 [Berlin 1832], S. 111.

[48] Zit. bei Dörfler-Dierken, Angelika (Hrsg.): Graf von Baudissin. Als Mensch hinter den Waffen, Göttingen 2006, S. 27.

[49] Zit. bei Schneiderhahn, Wolfgang: Wolf Graf von Baudissin und die demokratische Militärreform. In: Elmar Wiesendahl (Hrsg.): Innere Führung für das 21. Jahrhundert. Die Bundeswehr und das Erbe Baudissins, Paderborn 2007, S. 37.

[50] Vgl. Bundesministerium der Verteidigung (Hrsg.): Weißbuch 2006 zur Sicherheitspolitik Deutschlands und zur Zukunft der Bundeswehr, Berlin 2006, S. 81.

[51] Vgl. Meier, Ernst-Christoph: Vom Verteidigungsauftrag des Grundgesetzes zum Begriff Vernetzter Sicherheit – Zur politischen Einordnung des Weißbuchs 2006. In: Angelika Dörfler-Dierken, Gerd Portugall (Hrsg.): Friedensethik und Sicherheitspolitik. Weißbuch 2006 und EKD-Friedensdenkschrift 2007 in der Diskussion, Wiesbaden 2010, S. 59.

Innere Führung am Anfang der 1990er Jahre. Der sicherheitspolitische Umbruch im Spiegel der ZDv 10/1 Innere Führung von 1993

Angelika Dörfler-Dierken

Am 5. Juni 1993 starb in Hamburg der „Vater der Inneren Führung" Wolf Graf von Baudissin.[1] Er hatte sich zwar seit Jahren schon nicht mehr zu den aktuellen politischen und militärischen Entwicklungen geäußert – die akademische Lehre an der Universität Hamburg hatte er 1984, die an der Universität der Bundeswehr in Hamburg 1986 eingestellt, und als Ratgeber für Politiker war er unter der Kohl-Regierung nicht mehr gefragt[2] – aber wichtige seiner Grundgedanken hatten sich in der Bundeswehr durchgesetzt:

– Das ‚Kriegsbild'[3] muss die Aufstellung, Ausrüstung und mentale Disposition der Soldaten[4] bestimmen.
– Soldaten eines freiheitlichen und demokratischen Staates müssen die Werte dieses Staates im Dienst erleben und ihnen in ihrem Handeln verpflichtet sein.

Weniger akzeptiert waren seine Überlegungen zur Friedensorientierung von Soldaten und Streitkräften – eine Folge davon, dass die Friedensbewegungen in Ost und West in den achtziger Jahren die Legitimität militärischen Handelns grundsätzlich bestritten hatten. Dieser Delegitimationsprozess allen militärischen Handelns hatte dazu geführt, dass die Zahl der Grundwehrdienstleistenden in der Bundesrepublik Deutschland stark zurückging und die der Zivildienst leistenden jungen Männer im gleichen Maße anstieg.[5] In der Deutschen Demokratischen Republik (DDR) war zwar die Zahl der Verweigerer des Dienstes an der Waffe aufgrund der schikanösen Rahmenbedingungen nicht in dem gleichen Maße gestiegen, allerdings war die Nationale Volksarmee (NVA) nicht besser angesehen als die Bundeswehr, denn ihre Offiziere waren Parteikader: Fast 100 Prozent besaßen das Parteibuch der Sozialistischen Einheitspartei Deutschlands und hatten gelernt, sich selbst als Vorhut der Arbeiterklasse zu identifizieren.[6] Mit der Wiedervereinigung sollten aus „Gegnern" im Kalten Krieg „Kameraden" werden.

Schon diese knappen Bemerkungen weisen darauf hin, dass sich mit der Wiedervereinigung Deutschlands auch das ‚Kriegsbild‘ der Bundeswehr grundlegend ändern musste. War für mehr als vier Jahrzehnte der Warschauer Pakt durch machtvolle, auch atomare Rüstung von einer Intervention in Mittel- und Westeuropa ‚abgeschreckt‘ worden, so gab es nun plötzlich diesen Gegner nicht mehr. Hinfällig schien damit auch die Legitimation der NATO. Die neue politische und militärische Lage in Mitteleuropa provozierte bei einem Teil der Bundesbürger die Hoffnung auf ein Deutschland, in dem die Bundeswehr keine Rolle mehr spielen würde, inmitten eines friedlichen Europa. 1993 unterstützten „weniger als ein Drittel der Bundesbürger Gewaltanwendung als Instrument internationaler Friedenssicherung.“[7] Nur Blauhelmeinsätze der Vereinten Nationen (VN) wurden von einer Mehrheit der Wähler befürwortet, wobei Westdeutsche sich deutlich stärker als Ostdeutsche für ein internationales Engagement Deutschlands aussprachen. Die Zustimmung zur Zugehörigkeit Deutschlands zur NATO sank von 1983 bis 1993 um zehn Prozentpunkte von 80 Prozent auf 70 Prozent und der Wunsch nach Senkung der Ausgaben für die Bundeswehr war in der Bevölkerung weit verbreitet.[8]

Bald nach seinem Amtsantritt 1992 setzte CDU-Verteidigungsminister Volker Rühe (1992-1998) die schon unter seinem Vorgänger Gerhard Stoltenberg (1989-1992) erarbeiteten Verteidigungspolitischen Richtlinien (VPR) in Kraft, welche die militärische Sicherung „deutscher Interessen“ vorsahen und erstmals explizit den Einsatz der Bundeswehr für die „Aufrechterhaltung des freien Welthandels und des ungehinderten Zugangs zu Märkten und Rohstoffen in aller Welt im Rahmen einer gerechten Weltwirtschaftsordnung“ vorsahen.[9] Dabei wurde der politische Handlungsspielraum Deutschlands an seine militärische Macht gebunden. Auch Einsätze außerhalb des NATO-Gebietes kamen in den Blick der Planer.[10] „Verteidigungsvorsorge kann künftig nicht auf das eigene Territorium beschränkt bleiben, denn sie ist ein kollektiver Ansatz. Für Deutschland bedeutet Verteidigung immer Verteidigung im Bündnis im Sinne einer erweiterten Landesverteidigung. Ein Teil der deutschen Streitkräfte muß daher zum Einsatz außerhalb Deutschlands befähigt sein.“[11]

Damit war das Szenario vorgedacht: Die Abschreckungsarmee des westlichen Frontstaates des Kalten Krieges musste umgeformt werden zu einer Einsatzarmee, die weltweit „deutsche Interessen“ vertreten können würde. Das war der erste Schritt zu einer militärischen „Versicherheitlichung“ komplexer politischer, ökonomischer und ökologischer Probleme. Das Vorhalten militärischer Kapazitäten galt als unumgänglich – allerdings aufgrund anderer Probleme als solcher, die militärischer Natur waren.[12] Entsprechend veränderte sich der Sprachgebrauch: „Bedrohung" wurde abgelöst durch „Risiko".[13]

Dies stellte die Soldaten der Bundeswehr vor grundlegend neue Aufgaben und nötigte ihnen die Herausbildung eines neuen Selbstbildes ab. Aus den Verteidigern von Recht und Freiheit des deutschen Volkes, die heimatnah zu agieren gewohnt waren, wurden nun multilateral und *out of area* einsetzbare Instrumente deutscher Sicherheitspolitik – und zur Sicherheit, die bewahrt oder hergestellt werden sollte, gehörte auch die Sicherheit der Versorgung von deutscher Industrie und Bevölkerung mit Rohstoffen.[14]

Das Verteidigungsministerium begegnete im Februar 1993 mit der Veröffentlichung der Neufassung der Zentralen Dienstvorschrift (ZDv) 10/1 Innere Führung den der neuen politischen Lage geschuldeten Veränderungen, indem es Selbstverständnis und Berufsbild der Soldaten aus den ehemaligen Frontstaaten des Kalten Krieges an neue Leitlinien band und die Bundeswehr auf die perzipierten Einsätze hin ausrichtete. Die neue Vorschrift organisierte also den bundeswehrinternen Umgang mit der Vergangenheit, schuf Integrations- und Selbstdefinitionsangebote und verortete das soldatische Individuum in der Gegenwart mit Blick auf die Zukunft. Der Vergangenheit verpflichtet blieb dabei vor allem der Titel der neuen Leitvorschrift: „Innere Führung", der sicher dazu beitragen sollte, die Akzeptanz der Veränderungen im Einsatzspektrum der Bundeswehr zu erhöhen.

Wissenschaftlich untersucht wurde die Zentrale Dienstvorschrift 10/1 Innere Führung von 1993 bisher noch nicht, auch nicht in den Untersuchungen und Sammelbänden zum 50. Geburtstag der Bundeswehr[15] oder in den Untersuchungen zur Geschichte der Inneren Führung[16][17], obwohl unbestritten ist, dass die Politik der CDU-Verteidigungsminister Stoltenberg und Rühe zusammen mit dem damaligen Generalinspekteur Klaus Naumann unter Bundeskanzler Helmut Kohl das Berufsbild der Soldaten maßgeblich verändert hat, dass sie bewusst Identitätspolitik betrieben haben.[18]

Institutionen- und Wertetransfer

Am 10. Februar 1990 konzedierte der Generalsekretär der Kommunistischen Partei der UdSSR Michail Gorbatschow der Bundesregierung unter Bundeskanzler Helmut Kohl und Außenminister Hans-Dietrich Genscher, dass die

Deutschen in Ost und West selbst wissen müssten, welchen Weg sie gehen wollten, und dass sie das Recht hätten, ihre Einheit anzustreben.

Diese Einheit kam dann viel schneller, als seitens der ostdeutschen Politiker, die an Runden Tischen darüber verhandelten, wie ein vereinigtes Deutschland aussehen sollte, angenommen und angestrebt worden war. Das führte dazu, dass die Vorstellungen mancher Pazifisten und Friedensbewegter, ganz Deutschland könne eine entmilitarisierte Zone in Mitteleuropa werden, überhaupt nicht breiter diskutiert wurden. Zwar war die Friedensbewegung der DDR in den achtziger Jahren noch immer ein wichtiger Sammelpunkt der Opposition gegen die SED gewesen, als die Friedensbewegung in der Bundesrepublik Deutschland schon längst nur noch geringe Bedeutung hatte und kaum noch öffentliche Aufmerksamkeit erfuhr. Aber der nach den ersten freien Volkskammerwahlen am 12. April 1990 vereidigte neue Außenminister, der Theologe Markus Meckel (April bis August 1990), konnte seine Vorstellungen kaum in die innerdeutsche Diskussion einbringen. Zudem war von Anfang an klar, dass er ein Minister auf Zeit, bis zum Vollzug der Vereinigung sein würde. Dasselbe ist von Rainer Eppelmann (April bis Oktober 1990) zu sagen, ebenfalls Theologe und letzter Verteidigungsminister der DDR, der sein Ministerium – weltweit einzigartig – in Ministerium für Abrüstung und Verteidigung umbenannte und lange Zeit der Meinung war, auf längere Sicht werde es nebeneinander zwei Armeen in Deutschland geben.[19] Im Einigungsvertrag wurde die weitere NATO-Mitgliedschaft für ganz Deutschland vorgesehen. Festgelegt wurde im Einigungsvertrag auch, dass „[d]ie Soldaten der ehemaligen Nationalen Volksarmee (…) mit dem Wirksamwerden des Beitritts Soldaten der Bundeswehr" sein sollten.[20]

Am 3. Oktober 1990 trat die DDR nach Artikel 23 des Grundgesetzes von 1949 dessen Geltungsbereich bei. Alle staatlichen Institutionen wurden von West nach Ost transferiert, auch die Bundeswehr.[21] Indem das Bundesministerium der Verteidigung unterschied zwischen den Soldatinnen und Soldaten der NVA als Individuen einerseits und der NVA als Institution eines Unrechtsstaates andererseits, eröffnete es sich die Möglichkeit, ehemalige NVA-Soldaten in der Bundeswehr Dienst leisten zu lassen, ohne die Institution NVA anzuerkennen. Bedingung für die längerfristige Übernahme war, dass die ehemaligen NVA-Soldaten sich imstande zeigen würden, die notwendigen Integrations- und Anpassungsleistungen zu vollbringen. Übernommen wurden die weiblichen NVA-Soldaten als Zivilangestellte der Wehrverwaltung, die mittleren und unteren Dienstgrade nach einer individuellen Überprüfung durch ein

Gremium, hohe Dienstgrade und über 55-jährige Soldaten wurden in den Ruhestand verabschiedet.[22] Die „etappenweise" Auflösung der NVA führte dazu, dass letztlich nur 2 720 Offiziere und 7 600 Unteroffiziere der NVA in die Bundeswehr übernommen wurden.[23] Ob man die Übernahmequote als „überraschend hoch"[24] bezeichnen darf, mag dahingestellt bleiben. Deutlich macht diese Zahl jedenfalls, dass die ehemaligen NVA-Offiziere in der „Armee der Einheit" im Jahr 1993 faktisch keine Rolle mehr spielten, denn 340 000 Soldaten umfasste die Bundeswehr insgesamt im Jahr 1993. Das Zahlenverhältnis zeigt aber auch, dass die Innere Führung allenfalls einen geringen Beitrag zur Wiedervereinigung geleistet haben kann, denn die meisten der NVA-sozialisierten Soldaten hatten niemals etwas mit ihr zu tun und waren schon bald nach der Übernahme aus der Bundeswehr ausgeschieden.[25] Gelungen war, das ist entscheidend, die ‚Abwicklung' der NVA hinsichtlich ihres Personals und ihres gefährlichen Materials in etwa drei Jahren, ohne dass größere Probleme aufgetreten wären.

Die Frage danach, ob zur Tradition der Bundeswehr künftig auch die NVA gehören sollte, konnte deshalb schnell und mit Eindeutigkeit beantwortet werden. Schon in der Vorbemerkung zur ZDv 10/1 Innere Führung (1993) heißt es: „Unstrittig ist jedoch, daß die mit der Vereinigung Deutschlands aufgelöste Nationale Volksarmee wegen ihres Charakters als Partei- und Klassenarmee eines kommunistischen Systems keine Tradition für die Bundeswehr stiften kann."[26] In den Ausführungen der neuen Vorschrift zu Grundlagen, Zielen und Grundsätzen und Anwendung der Inneren Führung sowie zu den elf Spannungsfeldern, in denen Innere Führung angewendet werden sollte, finden sich keine Hinweise darauf, dass das Thema der Integration von Soldaten aus der NVA noch irgendeine Bedeutung gehabt hätte. Der Institutionen- und Wertetransfer war offenbar abgeschlossen – zumindest innerhalb der Bundeswehr. Dass sich bei den nicht in die Bundeswehr übernommenen älteren NVA-Soldaten und bei denen höherer Dienstgrade ‚Mythen' zur eigenen Rolle und Bedeutung im Prozess der ‚friedlichen Übernahme' der NVA durch die Bundeswehr bilden konnten, ist nachvollziehbar, hat aber natürlich keine Bedeutung für eine bundeswehrinterne Vorschrift.[27]

Kriegsbildmodifikation

Die US-Administration unter George H. W. Bush d. Ä. knüpfte ihre Unterstützung der deutschen Einheit an die Bedingung, dass das wiedervereinigte

Deutschland der NATO angehören sollte. Zwar versuchte Gorbatschow zeitweilig, die Blockfreiheit des wiedervereinigten Deutschlands durchzusetzen, um eine Schwächung des Warschauer Pakts im Verhältnis zur NATO zu verhindern, hatte damit aber keinen Erfolg, weil er auf Lebensmittel-, Wirtschafts- und Kredithilfe aus dem Westen angewiesen war. Von März 1990 an war klar, dass Gesamtdeutschland uneingeschränkt NATO-Mitglied werden würde (allerdings Ostdeutschland erst nach dem Abzug der sowjetischen Truppen, der 1994 abgeschlossen wurde).

In der Londoner Erklärung vom 6. Juni 1990 vereinbarten die NATO-Staaten, dass sie fortan ein rein defensives Bündnis sein und auf den Einsatz von Gewalt verzichten wollten.[28] Tatsächlich wurde der Warschauer Pakt am 1. Juli 1991 aufgelöst. Damit schien die NATO ausgedient zu haben. „[D]as Gespenst eines konventionell oder nuklear geführten Krieges auf dem europäischen Kontinent [war] endgültig gebannt."[29] Doch für die NATO-Strategen gab es keine ‚Friedensdividende', denn sie beobachteten potentielle globale Bedrohungen und Risiken, denen man durch den Einsatz von NATO-Truppen auch außerhalb des Bündnisgebietes begegnen wollte.

Tatsächlich war 1990 nicht nur das Jahr der deutschen Einheit, sondern auch das der militärischen Intervention des Irak in Kuwait am 2. August 1990. Mit dem Ziel der Befreiung Kuwaits trat 1991 die USA in diesen ‚Zweiten Golfkrieg' ein. Deutschland beteiligte sich nicht mit Soldaten, sondern ‚nur' finanziell. In der Folge trat verstärkt in das Bewusstsein der Sicherheitspolitiker, was die amerikanischen Strategen schon länger angemahnt hatten: es gebe keine Beschäftigungskrise für die NATO, sondern in Wirklichkeit die Notwendigkeit, eigene sicherheitspolitische Interessen, zu denen auch ökonomische zu zählen sein würden, weltweit durchzusetzen.[30] Der außenpolitische Druck auf das vereinigte Deutschland wuchs, sich hinfort der außen- und sicherheitspolitischen Verantwortung im europäischen und transatlantischen Rahmen nicht länger zu entziehen. Als Generalinspekteur der Bundeswehr war General Klaus Naumann (1991-1996) bestrebt, die Bundeswehr konsequent zu einer Einsatzarmee umzubauen.[31]

Unterstützt wurde er dabei von Verteidigungsminister Rühe, der im April 1992 Stoltenberg ablöste. Rühe ließ ab Mai 1992 „unter dem Siegel ‚Humanitäre Aktion'"[32] ein deutsches Feldhospital in Kambodscha betreiben und unterstützte die VN in Somalia, ließ die Bundesmarine sich an Maßnahmen der Embargo-Überwachung der NATO in Jugoslawien beteiligen und ab April

1993 das Flugverbot über Bosnien-Herzegowina überwachen. Die „Verteidigungspolitischen Richtlinien" vom November 1992, erstellt unter Federführung des Verteidigungsministeriums und das erste Strategiedokument nach der Wende, forderten von der Bundeswehr „flexible Krisen- und Konfliktbewältigung im erweiterten geographischen Umfeld, Friedensmissionen und humanitäre Einsätze".[33]

In der öffentlichen Meinung wurde die Umwandlung der Bundeswehr zu einer Einsatzarmee kaum nachvollzogen. Zu fest saßen (und sitzen) die Vorstellungen in der deutschen Bevölkerung, dass die Bundeswehr zwar weiterhin bestehen soll, dass sie auch humanitäre Hilfe oder auch solche in Katastrophen leisten soll, dass sie sich aber nicht an Kampfeinsätzen, auch nicht an solchen der VN beteiligen soll. Die Zustimmung zu Kampfeinsätzen bewegte sich in der deutschen Bevölkerung zwischen 1991 und 1996 zwischen 40 und 50 Prozent und lag in Ostdeutschland deutlich niedriger als in Westdeutschland. Entsprechend geringe Zustimmung fanden auch friedenserzwingende Einsätze der Bundeswehr.[34] Die Anwendung militärischer Gewalt bedarf offenbar in Deutschland besonderer Begründungsanstrengungen – damit liegt Deutschland im kontinentaleuropäischen Trend, im Unterschied zu den USA und Großbritannien.[35] Seit einem Beschluss des Bundessicherheitsrates vom 3. November 1983 hatte die Bundesregierung „stereotyp behauptet, das Grundgesetz lasse die Entsendung deutscher Truppen in Gebiete außerhalb des NATO-Vertragsgebietes nicht zu, es sei denn, es läge ein Konflikt vor, der zugleich als völkerrechtswidriger Angriff auf die Bundesrepublik Deutschland zu sehen sei."[36] Die Auffassung, selbst Einsätze für die VN seien durch den Eid der deutschen Soldaten nicht gedeckt, hatte diese in der Sicherheit gewiegt, dass die Sonderrolle Deutschlands als Nutznießer des Friedens sie auf Dauer vor Einsätzen ‚wie im Krieg' bewahren würde. Der damalige Oberst im Stab des Deutschen Militärischen Vertreters im Military Committee der NATO, der spätere Generalinspekteur der Bundeswehr, General Klaus Naumann, begründete im Rückblick die Modifikation der deutschen Position, die schließlich in dem Urteil des Bundesverfassungsgerichts von 1994 gipfelte, mit Hinweis auf die Notwendigkeit der Solidarität mit den Soldatinnen und Soldaten anderer Nationen, die Menschenrechts- und Völkerrechtsverletzungen aktiv bekämpften. Er nennt insbesondere Deutschlands Verweigerung der Beteiligung am zweiten Golfkrieg von 1990, die bei den alliierten Freunden zu Unverständnis, Enttäuschung und Spott geführt hätte und zeigt sich davon überzeugt, dass

„das Konzept der schrittweisen Gewöhnung Deutschlands an solche Einsätze" aufgegangen ist.[37]

Dabei ging es ihm vor allem um den Einfluss Deutschlands in der NATO: „Wollte Deutschland seinen Einfluss in der Allianz wahren und wollte es sein durch die Vereinigung gewachsenes Gewicht nicht verspielen, dann musste es an Einsätzen des Bündnisses mitwirken, auch an Einsätzen außerhalb des NATO-Vertragsgebietes. Keiner unserer Verbündeten würde Deutschland eine dauerhafte Verweigerung nachsehen (…).“[38] Schon am 19. Februar 1992 hatte das Bundeskabinett unter Bundeskanzler Kohl das noch unter Verteidigungsminister Stoltenberg erarbeitete Dokument „Militärpolitische und strategische Vorgaben und konzeptionelle Folgerungen für die Bundeswehr" gebilligt. Das Papier legte den neuen Auftrag fest: Die Bundeswehr müsse sich „an kollektiven Einsätzen über die NATO hinaus im Rahmen der Charta der Vereinten Nationen (Kapitel VII)“ beteiligen können, „soweit es deutsche Interessen und deutsche Mitverantwortung für die Wahrung von Frieden, Humanität und internationaler Sicherheit gebieten.“[39]

In der Umstellungsphase beteiligte sich Deutschland am Minenräumen im Persischen Golf 1991, an der Unterstützung der Kommission, die Massenvernichtungswaffen im Irak aufspüren und vernichten und an einem Hilfseinsatz im Iran, der die Not der Kurden lindern sollte. Ebenfalls noch 1991 wurde Sanitätspersonal nach Kambodscha geschickt und später in Phnom Penh ein Hospital für das UN-Personal betrieben. Ab Juli 1992 wurden Hilfsgüter nach Sarajewo transportiert. Zugleich beteiligte sich Deutschland an der Überwachung des Handels- und Waffenembargos in und über der Adria (SHARP GUARD) mit zwei Schiffen und Tankern. Ab August 1992 beteiligte sich Deutschland mit Transportfliegern an der Versorgung der hungernden Bevölkerung in Somalia. Im März 1993 begann die Versorgung der Bevölkerung in Bosnien. Fast zeitgleich erfolgten Anfang 1993 drei Entscheidungen, welche die eingeschlagene Richtung befestigten: Im Februar 1993 wurde ein Koordinierungsstab für Einsatzaufgaben gegründet, ein Referat Einsatzführung der Bundeswehr in der Stabsabteilung Fü S V gebildet und im April 1993 die Weisung zur Beteiligung der Bundeswehr an der UN-Mission (UNOSOM) in Somalia mit 1 700 Mann erlassen. Über die Legitimität dieser Einsätze wurde heftig gestritten, bis das Bundesverfassungsgericht feststellte:

„Die Ermächtigung des Art. 24 Abs. 2 GG berechtigt den Bund nicht nur zum Eintritt in ein System gegenseitiger kollektiver Sicherheit und zur

Einwilligung in damit verbundene Beschränkungen seiner Hoheitsrechte. Sie bietet vielmehr auch die verfassungsrechtliche Grundlage für die Übernahme der mit der Zugehörigkeit zu einem solchen System typischerweise verbundenen Aufgaben und damit auch für eine Verwendung der Bundeswehr zu Einsätzen, die im Rahmen und nach den Regeln dieses Systems stattfinden." Das Bundesverfassungsgericht unterschied nicht zwischen den unterschiedlichen „Systemen kollektiver Sicherheit", sondern betonte für alle möglichen Einsätze im Rahmen von NATO oder VN, dass die im Gründungsvertrag „liegende Einwilligung in die Beschränkung von Hoheitsrechten (...) auch die Beteiligung deutscher Soldaten an militärischen Unternehmungen auf der Grundlage des Zusammenwirkens von Sicherheitssystemen in deren jeweiligem Rahmen [umfasst], wenn sich Deutschland mit gesetzlicher Zustimmung diesen Systemen eingeordnet hat."[40]

Damit war die Verfassungsgemäßheit von *out of area*-Einsätzen der Bundeswehr festgestellt und die neue Politik bestätigt worden.

Die neue ZDv 10/1 Innere Führung wurde also in einer entscheidenden Phase des politischen Umbruchs nach dem Kalten Krieg erlassen. General Naumann fasste später das neue soldatische Selbstverständnis folgendermaßen zusammen: „Das Erleben des Einsatzes gemeinsam mit den Kameraden aus den anderen NATO-Ländern mag vielen noch einmal vor Augen geführt haben, dass Soldat sein heißt, im Frieden jederzeit bereit zu sein und auch fern der Heimat eingesetzt zu werden. (...) Neu war die Zielsetzung, Militär und damit potenziell Gewalt einzusetzen, um Frieden zu erzwingen oder zu erhalten."[41] Bestätigt wurde diese Politik erst ein Jahr später, aber in der neuen Leitvorschrift wird schon mit der Argumentation gearbeitet, die dann auch die Richter des Bundesverfassungsgerichts verwenden sollten: Die Bundeswehr könne in „Systeme gegenseitiger kollektiver Sicherheit" eingeordnet werden (Nr. 104), sie verteidige Deutschland „im Sinne einer ‚erweiterten Landesverteidigung'" (Nr. 106) und diene dadurch dem „Schutz Deutschlands, seiner Bürger und seiner Interessen" (Nr. 105). „Verteidigung im Bündnis", „Beiträge zu Systemen kollektiver Sicherheit" wie der NATO und darüber hinaus, „Interoperabilität und internationale Zusammenarbeit" werden den Soldaten aufgetragen. (Nr. 107) Einsätze sollten von den Soldaten fortan als normaler Bestandteil ihrer Berufsidentität wahrgenommen werden. Die Innere Führung soll ihnen helfen, die Legitimität ihrer Aufträge einzusehen, ihre Integration in die deutsche Gesellschaft und die anderen Armeen des NATO-Bündnisses zu fördern, ihre Motivation zu stärken und sie an die Pflicht zur Umsetzung der

Menschenwürde in ihrer inneren Ordnung zu erinnern. (Nr. 202) Dass soldatischer Dienst sich in einem „Spannungsfeld konkurrierender Ziele und Prinzipien" (Nr. 212) vollzieht, wird ausdrücklich zugestanden. An die Pflicht zur angemessenen Berücksichtigung der „persönlichen Belange der betroffenen Soldaten" (Nr. 213) werden die Vorgesetzten ausdrücklich erinnert. Diese Zusammenfassung wichtiger Ziele der Inneren Führung weist schon voraus auf das für die nächsten Jahre wichtige Spannungsverhältnis: dasjenige zwischen Auslandseinsatz und Familie.

Bei der Herausbildung des neuen einsatzorientierten Selbstverständnisses sollte den Soldaten die Betonung des humanitären Charakters ihrer Missionen helfen, ohne dass – wie der Generalinspekteur ausführte – die „solide Ausbildung zum Kämpfer"[42] vernachlässigt werden sollte. Von Tod und Verwundung war in dieser Vorschrift (noch) nicht die Rede.

Dagegen fällt in allen Spannungsfeldern die fast inflationär zu nennende Verwendung des Begriffs „Einsatz" auf. „Einsatzbereitschaft" (301), „Einsatzfall" und „Einsatzwille" (303), „Ausbildung für den Einsatz" (304), „fordernde Einsätze" (313), „Einsatzbereitschaft" (331), „in heimatfernen Einsätzen" (334), „Einsatzaufgaben" sowie „Einsatz- und Mobilmachungsvorbereitungen" (343), „Einsatzauftrag" und „einsatznah" (344), „belastende Einsatzbedingungen" (351), „[v]or und während des Einsatzes" und „Einsatzgebiet" (367). In den angehängten „Leitsätze[n] für die Praxis der Inneren Führung" fordert der Minister von den Vorgesetzten, dass sie ihre Untergebenen „auf die Möglichkeiten des Einsatzes, vor allem auf den Kampf mit der Waffe vor[bereiten] und (…) auf die besonderen Bedingungen und Gefahren ein[stellen], unter denen sie dann handeln müssen." (Anlage 1/1, Leitsatz 1)

Als „Einsatz" bezeichnete man in der „alten" Bundeswehr weder Katastrophenhilfe noch Manöver, sondern die Verteidigung Deutschlands gegen einen von der Sowjetunion geführten Angriff.

Fazit

Fast zwanzig Jahre später, vor dem Hintergrund der Erfahrung neuer Auslandseinsätze der Bundeswehr, nachdem schon die nächste Neufassung der ZDv 10/1 Innere Führung (2008) veröffentlicht ist, zeigt sich, dass die leitende Idee von 1993, Soldaten müssten – wie es der damalige Generalinspekteur formulierte – „kämpfen wollen und kämpfen müssen", viel schwieriger umzusetzen ist, als angenommen worden war. Die Auslandseinsätze belasten die Bundeswehr, manche meinen: über Gebühr. Die organisationsinterne Auseinandersetzung mit den Themenfeldern ‚Gefallene‘ und ‚an Leib und Seele Verwundete‘,[43] die Einführung von Ehrenzeichen für Auslandseinsatz- und Gefechtsteilnahme,[44] die Tötung von Zivilisten unter Bedingungen ‚wie im Krieg‘ durch die Bundeswehr[45] und das Eingeständnis vieler hochrangiger Soldaten, mit militärischen Mitteln allein sei kein dauerhafter Friede zu schaffen, machen offenbar, dass die hochfliegenden Pläne vom Beginn der neunziger Jahre, die Bundesrepublik werde ihre Soldaten als Werbeträger für Deutschland in humanitär zu begründende Einsätze schicken, sich kaum haben realisieren lassen. Auch die Bundeswehr hat sich in der ‚Spirale der Gewalt‘ verfangen. In der Retrospektive zeigt sich, dass die ZDv 10/1 Innere Führung von 1993 die Identitätsprobleme soldatischer Existenz nach Ende des Kalten Krieges nur unzureichend in den Blick genommen hat. Obwohl Soldaten aus den verbündeten und befreundeten Armeen in deren Einsätzen schon mehrfach getötet worden waren und auch Zivilisten getötet hatten, war diese Dimension des Berufsbildes nicht zum Thema der Autoren der Vorschrift geworden. Sie sollte wohl auch nicht thematisiert werden, hätte sie doch die Zustimmung zu den neuen Einsätzen der Bundeswehr in Frage stellen können. Noch im Jahr der Veröffentlichung der neuen Leitvorschrift, im Oktober 1993, wurde in Phnom Penh in Kambodscha der erste Bundeswehrsoldat erschossen.

Im Rückblick stellt sich auch die Frage, wie die Veränderungen des Auftrags der Bundeswehr, welche Bundeskanzler Kohl, seine CDU-Verteidigungsminister und ihr Generalinspekteur zielstrebig auf den Weg gebracht haben, im Hinblick auf die deutsche Gesellschaft zu bewerten sind. Offenbar ist es bisher nicht gelungen, die Bevölkerung bei diesem Prozess der Verwandlung ‚abschreckender‘ in ‚friedenserzwingende‘ militärische Macht mitzunehmen. Tatsächlich hat sich vielmehr der ‚Graben‘ zwischen denen, die militärische Machtprojektionen für politisch notwendig und ethisch akzeptabel halten und anderen, die Zweifel an solcher Politik haben, vertieft. ‚Gewöhnt‘ haben sich die Bundesbürgerinnen und -bürger an die Auslandseinsätze der Bundeswehr offenbar nicht. Trotzdem wird niemand behaupten wollen, die Anfang der neunziger Jahre auf den Weg gebrachte Transformation der „Armee der Einheit“ zur „Einsatzarmee“ sei nicht gelungen.

Anmerkungen:

[1] Vgl. die Ausgaben mit Reden und Aufsätzen von ihm und Informationen zu ihm durch Schubert, Peter von (Hrsg.): Wolf Graf von Baudissin. Soldat für den Frieden. Entwürfe für eine zeitgemäße Bundeswehr. München 1969: Piper. Bührle, Cornelia/Rosen, Claus von (Hrsg.): Wolf Graf von Baudissin. Nie wieder Sieg. Programmatische Schriften 1951-1981. München 1982: Piper. Dörfler-Dierken, Angelika (Hrsg.): Graf von Baudissin. Als Mensch hinter den Waffen. Göttingen 2006: Vandenhoeck & Ruprecht.

[2] Baudissin trat nach seinem Abschied aus der Bundeswehr in die SPD ein. 1971 wurde er Gründungsdirektor des Instituts für Friedensforschung und Sicherheitspolitik an der Universität Hamburg (ISFH), 1984 gefolgt von Egon Bahr, und wirkte als Berater bei der Bundeswehrreform unter Verteidigungsminister Helmut Schmidt mit. Ein Brief aus diesem Zusammenhang ist abgedruckt in Dörfler-Dierken, Angelika: Die Bedeutung der Jahre 1968 und 1981 für die Bundeswehr. Gesellschaft und Bundeswehr: Integration oder Abschottung? (Militär und Sozialwissenschaften 44) Baden-Baden 2010: Nomos, S. 118f.

[3] Vgl. die Aufsätze in Kutz, Martin (Hrsg.): Gesellschaft, Militär, Krieg und Frieden im Denken Wolf Graf von Baudissins. Baden-Baden 2004: Nomos.

[4] Soldatinnen wurden in der Bundeswehr erst ab 2000 tätig. Bis dahin gab es nur im Sanitätsdienst und im Musikkorps weibliches militärisches Personal. Deshalb wird in diesem Text im Blick auf die Bundeswehr ausschließlich von Soldaten gesprochen. Zur Integration von Frauen in die Bundeswehr vgl. Kümmel, Gerhard: Freundin oder Feindin? Frauen als Soldatinnen der Bundeswehr. In: Klaus-Jürgen Bremm, Hans-Hubertus Mack, Martin Rink (Hrsg.), Entschieden für Frieden. 50 Jahre Bundeswehr. 1955 + 2005. Freiburg i. Br. et al. 2005: Rombach, S. 483-506.

[5] Vgl. zu den gesellschaftlichen und politischen Veränderungen der achtziger Jahre Dörfler-Dierken 2010.

[6] Digutsch, Gunnar: Die NVA und die Armee der Einheit. In: Frank Nägler (Hrsg), Die Bundeswehr 1955 bis 2005. Rückblenden, Einsichten, Perspektiven. (Sicherheitspolitik und Streitkräfte in der Bundesrepublik Deutschland 7) München 2007: Oldenbourg, S. 451-476, hier S. 453: „Die gegenseitige Durchdringung von Staatsapparat, Partei und Armee gehörte zu diesem politischen System. Innerhalb dieser Verflechtung kam der Nationalen Volksarmee der

DDR die Aufgabe zu, Parteistrukturen ideologisch und organisatorisch zu stützen. Die NVA war damit, einerseits durch ihre objektive militärische Aufgabe, andererseits durch die fast geschlossene Mitgliedschaft des Offizierkorps in der SED, Teil des Herrschaftsapparates der SED."

[7] Bierling, Stephan: Die Außenpolitik der Bundesrepublik Deutschland. Normen, Akteure, Entscheidungen. 2. Aufl. München 2005: Oldenbourg, S. 282.

[8] Ebd. Zu den Haltungen der Deutschen im Vergleich zu anderen Nationen – zwanzig Jahre nach dem Mauerfall – vgl. Jacobs, Jörg: Militärkritisch oder militäraffin? – Grundhaltungen der Bevölkerung ausgewählter europäischer Staaten. In: Angelika Dörfler-Dierken, Gerd Portugall (Hrsg.), Friedensethik und Sicherheitspolitik. Weißbuch 2006 und EKD-Friedensdenkschrift in der Diskussion. (Schriftenreihe des Sozialwissenschaftlichen Instituts der Bundeswehr 8) Wiesbaden 2010: VS Verlag für Sozialwissenschaften, S. 201-219.

[9] VPR 1992, Nr. 8.8.

(http://rk19-bielefeld-mitte.de/info/Recht/VPR1992/02.htm, letzter Zugriff: 10. Februar 2011)

[10] VPR 1992, Nr. 27.

[11] VPR 1992, Nr. 38.

[12] Der konstruktivistische Sicherheitsbegriff der Kopenhagener Schule um Barry Buzan und Ole Weaver definiert Sicherheit als ‚Sprechakt', der eine soziale Wirklichkeit herstellt. Durch die gedankliche Konstruktion eines solchen „sicheren" Lebensbereiches werden außerordentliche Maßnahmen und Anstrengungen gerechtfertigt. Diese Theorie erlaubt es, zwischen der Perzeption von Sicherheitsrisiken und -bedrohungen einerseits und tatsächlichen, möglicherweise empirisch nachweisbaren Unsicherheiten zu unterscheiden. Der Unterschied zwischen Bedrohungsempfinden und realer Bedrohung zeigt sich beispielsweise daran, dass das Bedrohungsgefühl der Bevölkerung zunehmen kann, obwohl die Kriminalstatistik von einem Rückgang der Gewaltkriminalität zeugt. Entsprechende Wahrnehmungen, die Menschen nach mehr Sicherheit verlangen lassen, können natürlich politisch erzeugt und medial multipliziert werden. Ohne Hinweise auf diese Hintergründe, aber informativ für die Bedrohungswahrnehmung der deutschen Bevölkerung: Fiebig, Rüdiger: Bedrohungswahrnehmung und Sicherheitsempfinden. In: Thomas Bulmahn, Rüdiger Fiebig et al., Sicherheits- und verteidigungspolitisches Meinungsklima in der Bundesrepublik Deutschland. Ergebnisse der Bevölkerungsbefragung 2008 des

Sozialwissenschaftlichen Instituts der Bundeswehr. (Forschungsbericht 90) Strausberg 2009: Sozialwissenschaftliches Institut der Bundeswehr, S. 119-133, hier S. 123.

[13] Hamann, Rudolf: Im Gleichschritt in die Sackgasse? Vier Thesen zu Auslandseinsätzen der Bundeswehr. In: Gerhard Kümmel (Hrsg.), Streitkräfte unter Anpassungsdruck. Sicherheits- und militärpolitische Herausforderungen Deutschlands in Gegenwart und Zukunft. (Militär und Sozialwissenschaften 43) Baden-Baden 2009: Nomos, S. 57-70, hier S. 59: „Der Begriffswechsel von der Bedrohung zum Risiko ist mehr als nur von semantischem Interesse. Bedrohung war ursprünglich ein militärisch definierter Begriff, operationalisierbar in Raum, Zeit und Kräften, von dem sich Prognosen und handlungsleitende Strategien ableiten ließen. Risiken sind dagegen nicht akteursgebunden, nicht prognosefähig und daher auch nicht strategisch beeinflussbar."

[14] Vgl. oben Anm. 9. Vgl. zur Geschichte der Argumentation in den Weißbüchern von 1994 und 2006 Kalinowski, Martin B./Schruhl, Stephanie: Wandel der deutschen und US-amerikanischen Verteidigungsstrategien im Hinblick auf weltweite Naturressourcen und Energiereserven. In: Dörfler-Dierken, Portugall (Hrsg.) 2010, S. 91-110.

[15] Bremm, Mack, Rink (Hrsg.) 2005; Nägler (Hrsg.) 2007.

[16] Zur Geschichte der Inneren Führung vgl. Nägler, Frank: Der gewollte Soldat und sein Wandel. Personelle Rüstung und Innere Führung in den Aufbaujahren der Bundeswehr 1956 bis 1964/65. München 2010: Oldenbourg. Zu ihren ethischen Hintergründen vgl. Dörfler-Dierken, Angelika: Ethische Fundamente der Inneren Führung. Baudissins Leitgedanken: Gewissensgeleitetes Individuum – Verantwortlicher Gehorsam – Konflikt- und friedensfähige Mitmenschlichkeit. (SOWI-Bericht 77) Strausberg 2005: Sozialwissenschaftliches Institut der Bundeswehr. Zu ihren philosophischen Hintergründen vgl. Hoffmann, Eckhart: Frieden in Freiheit. Philosophische Grundmotive im politischen Denken von Wolf Graf von Baudissin. In: Rudolf J. Schlaffer, Wolfgang Schmidt (Hrsg.), Wolf Graf von Baudissin 1907-1993. Modernisierer zwischen totalitärer Herrschaft und freiheitlicher Ordnung. München 2007: Oldenbourg, S. 81-98.

[17] Im Folgenden sollen nur einige Bausteine genannt und erste Überlegungen vorgetragen werden, die vor allem auf öffentlichen Äußerungen von den Zeitgenossen aus Politik und Bundeswehr beruhen.

[18] Zur Erläuterung der Begriffe vgl. Dörfler-Dierken, Angelika/Kümmel, Gerhard: Soldat-Sein heute. Eine Einleitung. In: Angelika Dörfler-Dierken, Gerhard Kümmel (Hrsg.), Identität, Selbstverständnis, Berufsbild. Implikationen der neuen Einsatzrealität für die Bundeswehr. (Schriftenreihe des Sozialwissenschaftlichen Instituts der Bundeswehr 10) Wiesbaden 2010: VS Verlag für Sozialwissenschaften, S. 7-18, hier S. 11-13.

[19] Digutsch 2007, S. 463. Eppelmann verfasste den „Berliner Appell" vom 25. Januar 1982, in dem er forderte, ganz Europa müsse „zur atomwaffenfreien Zone" werden. Abgedruckt in Lipp, Karlheinz/Lütgemeier-Davin, Reinhold/Nehring, Holger (Hrsg.): Frieden und Friedensbewegungen in Deutschland 1892-1992. Ein Lesebuch. (Frieden und Krieg. Beiträge zur Historischen Friedensforschung 16) Essen 2010: Klartext Verlag, S. 360.

[20] Einigungsvertrag 1990, S. 1062; vgl. a. ebd., S. 878.
(http://www.badv.bund.de/003_menue_
links/e0_ov/c0_gesetze_verordnungen/b0_grundlagen/einigungsvertrag.pdf,
letzter Zugriff: 11. Februar 2011)

[21] Leonhard, Nina: Integrationsprozesse infolge der deutschen Vereinigung. Die Soldaten der NVA und die ‚Armee der Einheit'. In: Reader IX. Stipendiatenkolloquium der Bundesstiftung Aufarbeitung, 5. bis 7. März 2009 in Berlin, S. 53-59.
(www.stiftung-aufarbeitung.de/downloads
/pdf/2009/StipendiatenReader_09.pdf, letzter Zugriff: 5. Februar 2011)

[22] Zum Verlauf der Auflösung der NVA und der Eingliederung der ehemaligen NVA-Soldaten in die Bundeswehr vgl. Scheven, Werner von: Die Bundeswehr und der Aufbau Ost. In: Bremm, Mack, Rink (Hrsg.) 2005, S. 441-456. Vgl. a. Digutsch 2005, S. 467f. Zur personellen Eingliederung der männlichen NVA-Angehörigen vgl. ebd., S. 470-472, bes. S. 471: „Insgesamt wurden bis zum Sommer 1991 rund 18 000 ehemalige NVA-Soldaten als SaZ 2 übernommen, davon rund 6 000 Offiziere, 11 200 Unteroffiziere und 800 Mannschaften. Bei den Offizieren wurde also nur jeder zweite Bewerber berücksichtigt. Bei den Unteroffizieren und Mannschaften hingegen ein Anteil von rund 90 %." Vgl. a. Portugall, Gerd: 20 Jahre ‚Armee der Einheit'. In: Militärseelsorge Dokumentation, 48. Jahrgang 2010, 2011 (im Erscheinen).

[23] Bald, Detlef: Die Bundeswehr. Eine kritische Geschichte 1955-2005. München 2005: Beck, S. 136. Im Unterschied zu den Darstellungen der NVA-

Auflösungen in den Jubiläumsbänden von Nägler (Hrsg.) 2007 und Bremm, Mack, Rink (Hrsg.) 2005, auch zu Leonhard 2009 und Portugall 2011 zeichnet Bald 2005, S. 131-141 diese Geschichte sehr kritisch.

[24] Portugall 2011. Zu den ‚Altlasten' des Kalten Krieges zählten auch die Waffen, Fahrzeuge und Gebäude, die verkauft, verschenkt oder vernichtet wurden sowie die Rückführung von 364 000 Rotarmisten und weiterer 208 000 Zivilisten.

[25] Anders stellten dies in den letzten Jahren Politiker und Soldaten dar. Vgl. Beispiele bei Portugall 2011. Ausführlich werden die Zahlen vorgestellt und gewürdigt von Leonhard, Nina: Die Soldaten der NVA und die ‚Armee der Einheit'. In: Bremm, Mack, Rink (Hrsg.) 2005, S. 457-470.

[26] Der Bundesminister der Verteidigung, Führungsstab der Streitkräfte I 4: Zentrale Dienstvorschrift 10/1 Innere Führung. 16. Februar 1993. (http://www.smafio.net/~sevtrek/FTP/ZDV/10_1.pdf, letzter Zugriff: 17. Februar 2011)

[27] Portugall 2011 zitiert einige Beispiele.

[28] Londoner Erklärung vom 6. Juli 1990: „5. Wir bleiben ein defensives Bündnis (…). Wir haben keinerlei aggressive Absichten und verpflichten uns zur friedlichen Lösung aller Streitigkeiten. Wir werden niemals und unter keinen Umständen als erste Gewalt anwenden. 6. Die Mitgliedstaaten des Nordatlantischen Bündnisses schlagen daher den Mitgliedstaaten der Warschauer Vertragsorganisation eine gemeinsame Erklärung vor, in der wir feierlich bekunden, daß wir uns nicht länger als Gegner betrachten (…)." (http://www.glasnost.de/militaer/nato/90nrlondon. html, letzter Zugriff: 10. Februar 2011)

[29] Theiler, Olaf: Die Entfernung der Wirklichkeit von den Strukturen. Die Bedrohungslage der NATO und ihre Wahrnehmung in der westdeutschen Bevölkerung 1985 bis 1990. In: Nägler (Hrsg.) 2007, S. 339-363, hier S. 355.

[30] Theiler, Olaf: Die Entfernung der Wirklichkeit von den Strukturen. Die Bedrohungslage der NATO und ihre Wahrnehmung in der westdeutschen Bevölkerung 1985 bis 1990. In: Nägler (Hrsg.) 2007, S. 339-364, hier S. 354.

[31] Naumann, Klaus: Der Wandel des Einsatzes von Katastrophenhilfe und NATO-Manöver zur Anwendung von Waffengewalt und Friedenserzwingung. In: Nägler (Hrsg.) 2007, S. 477-494.

[32] Frank, Hans: Nur von Freunden umgeben. Die veränderte Sicherheit nach Vereinigung und Überwindung des Kalten Krieges. In: Nägler (Hrsg.) 2007, S. 441-450, hier S. 443.

[33] Bundesminister der Verteidigung: Verteidigungspolitische Richtlinien (VPR). Bonn, 26. November 1992, S. 25.

[34] Jacobs, Jörg: Öffentliche Meinung und Transformation der Bundeswehr zu einer Einsatzarmee: Eine Bestandsaufnahme. In: Kümmel (Hrsg.) 2009, S. 43-56, hier S. 51f.

[35] Ebd., S. 53f. Für die Ablehnung von Kampfeinsätzen durch einen Großteil der deutschen Bevölkerung kann man auch die demographische Struktur, insbesondere die geringe Fertilitätsrate, verantwortlich machen. Vgl. Apt, Wenke: Trends in Demographie und Gesellschaft: Auswirkungen auf Streitkräfte und militärische Rekrutierung. In: Kümmel (Hrsg.) 2009, S. 127-155.

[36] Naumann 2007, S. 478. Ebd. heißt es auch, die Rechtsposition sei „gebetsmühlenartig" wiederholt worden, insbesondere durch den Außenminister Hans-Dietrich Genscher.

[37] Naumann 2007, S. 485.

[38] Ebd., S. 481.

[39] Zitiert nach Naumann 2007, S. 481.

[40] Urteil des Zweiten Senats vom 12. Juli 1994, BVerfG, 2 BvE 3/92. (https://www.alpmann-schmidt.de/urteile/skript-verfassr/bverfge90.286.htm, letzter Zugriff: 10. Februar 2011)

[41] Naumann 2007, S. 491.

[42] Naumann 2007, S. 494.

[43] Biesold, Karl-Heinz: Seelisches Trauma und soldatisches Selbstverständnis: Klinische Erfahrungen aus psychiatrischer Sicht. In: Dörfler-Dierken, Kümmel (Hrsg.) 2010, S. 101-120.

[44] Am 25. November 2010 überreichte Verteidigungsminister zu Guttenberg erstmals die Einsatzmedaille Gefecht, posthum an einen im April d. J. in Afghanistan gefallenen Soldaten. (http://www.bundeswehr.de/portal/a/bwde/einsaetze?yw_contentURL=/C1 256EF4002AED30/W28BJLPE481INFODE/content.jsp, letzter Zugriff: 11. Februar 2011)

[45] Die salvatorische Formel „wie im Krieg" wurde von Bundeskanzlerin Angela Merkel erstmals im Dezember 2010 bei einem unangemeldeten Besuch in Afghanistan verwendet und am 18. Dezember 2010 in den Zeitungen zitiert. Sie sagte: „Wenn man sich mit der Realität unserer Soldaten befasst, dann ist es in der Region Kundus so, dass sie in wirklichen Gefechten stehen, so, wie das Soldaten in einem Krieg tun." Es handle sich um einen „Krieg innerhalb des Landes". Mehreren hundert Soldaten rief sie in Kundus zu: „Wir haben hier nicht nur kriegsähnliche Zustände, sondern Sie sind hier in Kämpfe verwickelt, wie man sie im Krieg hat." Dabei wies die Kanzlerin darauf hin, dass es Verteidigungsminister Karl-Theodor zu Guttenberg gewesen sei, der schon gut ein Jahr zuvor die Realität in Afghanistan so beschrieben habe.

(http://www.faz.net/s/vorRubD87FF48828064DAA974C2FF3CC5F6867/Doc~E79ED53585EC942BE9485E3BF89399833~ATpl~Ecommon~Scontent.html, letzter Zugriff: 11. Februar 2011)

II. Die aktuelle Situation der Inneren Führung in der Bundeswehr

Der Beirat Innere Führung begleitet und beobachtet seit 1958 die Praxis der Inneren Führung

Gelöbnis der Offizieranwärter an der Marineschule Flensburg

Arbeiten an Deck heißt arbeiten im Team: Besatzungsmitglieder ziehen an einem Tampen

Quo vadis, Staatsbürger in Uniform?

Ralf Illauer

Die Bundeswehr steht vor tief greifenden Veränderungen. Diese sind notwendig, um den sicherheitspolitischen Herausforderungen der Gegenwart und Zukunft entschieden zu begegnen. Ungeachtet aller bevorstehenden Veränderungen zum Umbau der Bundeswehr der Zukunft wird die Innere Führung leitendes Prinzip und Führungskultur der Bundeswehr bleiben. Gerade unter dem Aspekt, dass sich die Bundeswehr weg von einer Wehrpflichtarmee hin zu einer Freiwilligenarmee entwickelt, wird die über Jahrzehnte bewährte Führungsphilosophie nichts von ihrer Bedeutung und Tragkraft verlieren. Die Konzeption Innere Führung mit dem Leitbild des „Staatsbürgers in Uniform" ist und bleibt integraler Bestandteil jeglicher Führungstätigkeit in allen Bereichen und auf allen Ebenen; sie durchdringt als grundlegendes Führungs- und Verhaltensprinzip den gesamten Dienst in der Bundeswehr. Das dynamische und komplexe sicherheitspolitische Umfeld erfordert von der Bundeswehr eine hohe Anpassungsfähigkeit. Die Konzeption Innere Führung ist nicht zuletzt auch deshalb als dynamische Konzeption angelegt.

Wo wird die Konzeption der Inneren Führung perspektivisch für die nächsten Jahre voraussichtlich angepasst werden müssen? Wohin marschiert der „Staatsbürger in Uniform"? Die zukünftige Wehrform könnte dabei ganz maßgeblich die Konzeption der Inneren Führung beeinflussen.

Der „Freiwillige Wehrdienst" ist ein Angebot an junge Männer und auch Frauen, für eine relativ kurze Zeit in die Streitkräfte einzutreten. Er ist sicher auch eine „Brücke" für diejenigen, denen der Abschied von der Wehrpflicht nicht leicht fällt. Das Modell des Freiwilligen Wehrdienstes wird den sicherheitspolitischen Notwendigkeiten gerecht und es bietet nicht zuletzt eine Basis, auf der sich künftig auch die Befähigung zur Rekonstitution aufbauen lässt. Der Freiwillige Wehrdienst baut mit einer Stehzeit von bis zu 23 Monaten im Grundsatz auf dem bisherigen freiwillig zusätzlichen Wehrdienst Leistenden auf, wird aber neue Anreize erhalten, um attraktiv zu sein. Bei dem Neuansatz wird auf freiwilliges staatsbürgerliches Engagement gesetzt. Niemand wird verlässlich vorhersagen können, ob und wie viele junge Männer und Frauen das Angebot annehmen werden.

Wie wird nun das Bild des zukünftigen Soldaten sein, oder anders gefragt „Wie fit ist die Innere Führung für die Zukunft"? Welche Anforderungen kommen auf die Bundeswehr zu?

Der Leitgedanke „Vom Einsatz her denken", den die Bundeswehr aufgrund der Ereignisse in Afghanistan nun verfolgt, wird im stärkeren Maße auf die Bundeswehr und die Konzeption der Inneren Führung Einfluss nehmen. Aber auch die neuen Soldaten: die neuen Freiwilligen Wehrdienst Leistenden (Männer und Frauen) und die neuen länger dienenden Zeitsoldaten werden das Soldatenbild bundeswehrintern und in der Wahrnehmung der Gesellschaft und Öffentlichkeit auf Grund ihrer Qualität und ihres Selbstverständnisses verändern. Eines ist Gesetzesgrundlage und sollte deshalb nicht in Zweifel gezogen werden. Das Bild des „Staatsbürgers in Uniform". Es stellt den zentralen Begriff der Konzeption der Inneren Führung dar. Es ist das Leitbild vom Bürger als freie Persönlichkeit, vom wehrhaften Demokraten als dem geborenen Verteidiger des Gemeinwesens, vom politisch gebildeten, verantwortungsbewussten Staatsbürger, der auch als Soldat im Stande ist, die politischen Ursachen, Bedingungen und möglichen Folgen seines Handelns zu begreifen. Dieses Leitbild muss auch zukünftig verwirklicht werden.

Ob der oder die zukünftige Freiwillige Wehrdienst Leistende dann tatsächlich der engagierte Staatsbürger ist, der nicht nur berechtigte Ansprüche stellt, sondern auch selbstverständlich Pflichten für Staat und Gesellschaft erfüllt, muss bewiesen werden. Schon der zukünftige Freiwillige Wehrdienst als Dienst für das Gemeingut könnte eine Bewährungsprobe sein. Der Freiwillige Wehrdienst Leistende soll aber die Rolle des bisherigen Grundwehrdienst Leistenden bezüglich des „Personal-Austausches mit der Gesellschaft" übernehmen. Er wird vermutlich aber nicht zwangsläufig aus allen Gesellschaftsschichten kommen. Die Freiwilligen Wehrdienst Leistenden könnten einen Migrationshintergrund oder neben dem deutschen Pass einen weiteren besitzen, d.h. Doppelstaatler sein. Das könnte eine Herausforderung für die Ausbildung und die Menschenführung zur Folge haben.

Auch der Zeitsoldat wird sich aufgrund der neuen Verpflichtungszeiten verändern. Zeitsoldaten mit grundsätzlich längeren Verpflichtungsreichweiten werden die Qualität und Professionalität erhöhen. Die Bandbreite möglicher Verpflichtungszeiten wird dabei eine größtmögliche Flexibilität und somit auch Attraktivität ermöglichen. Lag der Schwerpunkt bisher bei Mannschaften auf vier Jahre, so wird er neu acht Jahre und mehr betragen. Bei Unteroffizieren und Offizieren wird dieses entsprechend sein: die maximale Verpflichtungszeit wird zukünftig bei 25 Jahren liegen und für Offiziere wird es auch den Stabsoffizier als Zeitsoldaten geben. Ob der zukünftige Zeitsoldat bzw. die zukünftige Zeitsoldatin bei diesen langen Stehzeiten noch ein uneingeschränktes Spiegelbild unserer Gesellschaft sein kann, bleibt abzuwarten. Das Bild ist unklar, es ist zu vermuten, dass sich die Klientel ändern wird. Die Ausbildung wird daraufhin anzupassen sein.

Auch das Bild des Unteroffiziers wird sich weiter entwickeln. Es wird nach wie vor den klassischen Gruppenführer im Grundbetrieb und Einsatz geben. Der langjährig verpflichtete Spezialist wird nun seinen Zeitvertrag als Berufswahl verstehen. Und die Bundeswehr wird vermutlich mehr Unteroffiziere mit Migrationshintergrund in den Streitkräften haben.

Das Bild vom Offizier wird sich ebenfalls wandeln. Das Schreckensgespenst eines „Staat im Staate" mag der eine oder andere von außen an die Streitkräfte herantragen. Wenn der Nachwuchs extern gewonnen werden kann, dann wird der Personalaustausch weiterhin so gewährleistet sein, dass die Bundeswehr solchen Vermutungen bestimmt entgegentreten kann. Wenn aber dieser Nachwuchs im Wettbewerb um die Talente verloren geht und die Streitkräfte sich auf die künftig deutlich geringeren Möglichkeiten der Binnenwerbung abstützten müssen, dann wird es schon erforderlich sein, die Argumente der Kritiker nicht außer Acht zu lassen.

Als erstes Resümee: Es wird auch in den Streitkräften ein „Multi-Kulti" geben. Spätestens seit der Fußball-Weltmeisterschaft 2006 müsste aber jedem in Deutschland klar geworden sein, wie wertvoll und gewinnbringend dieser Mix in der Gesellschaft ist. Die jungen Männer und Frauen werden mit Migrationshintergrund zu uns kommen, ja, sie werden sogar gezielt von der Bundeswehr im Internet und in den Printmedien, auch für den Freiwilligen Wehrdienst, beworben. Die Streitkräfte werden sich in der Ausbildung darauf einstellen müssen, in der Vermittlung von Basisqualifikationen und im Rahmen der politischen und ethischen Bildung.

Die Bundeswehr muss zukünftig im Wettbewerb um die freiwilligen Talente mit der Wirtschaft konkurrieren können, um eine ausreichende Anzahl an qualifizierten Bewerbern für Auswahlentscheidungen generieren zu können (ca. 50.000 bei 3 Bewerbern pro Stelle). Die Steigerung der Attraktivität des Dienstes in den Streitkräften hat deshalb zukünftig eine zentrale Bedeutung in der Bundeswehr. Um die Herausforderung ganz deutlich aufzuzeigen: während zukünftig bei den Mannschafts-Zeitsoldaten mit einem jährlichen Ergänzungsbedarf von ca. 4.500 realistisch und noch machbar auszukommen ist, werden bei den Freiwilligen Wehrdienst Leistenden fast dreimal so viele Neueinstellungen benötigt! Woher sollen sie aber kommen? Der bzw. die 16-jährige beginnt in der Regel eine dreijährige Berufsausbildung und wird in dem Beruf anschließend bleiben und nicht zur Bundeswehr wechseln. Wenn er bzw. sie doch wechselt, dann nicht als Freiwilliger Wehrdienst Leistender, sondern als Zeitsoldat und aufgrund des Einstiegsberufes sogar mit einer Einstellung als Unteroffizier. Die 17- bis 18-jährigen haben in der Regel einen Schulabschluss (Mittlere Reife und höher), mit dem sie gleich eine andere Laufbahn in der Bundeswehr beginnen können. Die Abiturienten wollen vielleicht die Zeit bis zum Studium überbrücken, bewerben sich dann aber nur für einen Freiwilligen Wehrdienst von sieben bis zehn Monaten.

Welche Klientel aus der Mitte der Gesellschaft verbleibt dann für den Freiwilligen Wehrdienst? Den Extremfall eines Freiwilligen Wehrdienstes als „Hartz IV-Ersatz" kann niemand ernsthaft wollen. Und Rechtsradikale und „Fremd-Legionäre" sowie Angehörige von kommerziellen Sicherheitsfirmen als zukünftige Staatsbürger in Uniform gilt es zu verhindern!

Neben der gesellschaftlichen Herkunft und Verankerung des zukünftigen Staatsbürgers in Uniform gibt es einen zweiten Aspekt, der die Männer und Frauen der Streitkräfte insbesondere unter den neuen Strukturen prägen wird: Die veränderte Einsatzwirklichkeit. Die Werbebilder sind hinlänglich bekannt, aber wie sieht die zukünftige Wirklichkeit für „unseren" Staatsbürger in Uniform aus?

Was erwartet die Soldaten und Soldatinnen zukünftig?

Mehr Einsätze – Sie werden sicherlich an mehr Einsätzen in ihrer Dienstzeit teilnehmen als der bisherige Soldat, zumindest die nächsten Jahre! Auch wenn es dann nicht mehr um Afghanistan gehen wird, die vermeintliche Schwelle „Kriegsähnliche Verhältnisse" ist durch die Streitkräfte längst überschritten. Die jungen Soldaten werden zukünftig die „Kriegsgedienten" sein. Hier wird sich ein altes Bild drehen.

Dilemma-Situationen im Gefecht – In den Gefechtshandlungen werden unsere Soldaten ständig in Dilemma-Situationen sein. Schließlich gilt es auch beim Einsatz militärischer Gewalt zwischen Soldaten und unbeteiligter Zivilbevölkerung zu unterscheiden. Dies alles ist zwar ohne Zweifel nichts Neues und auch völkerrechtskonform, aber in konkreten Situationen stellt besonders das Diskriminations-Prinzip die Soldatinnen und Soldaten heute vor ein schwieriges Dilemma. Denn hier gilt es jeden Einzelfall genau abzuwägen. Klassische Formen kämpferischer Auseinandersetzung lösen sich immer mehr auf; z.B. zeichnen sich am Kampfgeschehen Beteiligte der gegnerischen Seite vermehrt nicht durch Uniform und Hoheitsabzeichen aus. Mehr noch, sie suchen bewusst oft die Nähe von unbeteiligter Zivilbevölkerung, um sich so militärisch unangreifbar zu machen.

Strategische Dimension des Dienstes – Die Soldaten und Soldatinnen stehen mit ihren Handlungen und Entschlüssen, am Checkpoint oder im Gefechtsstand, neben der eigentlichen Dilemma-Situation zukünftig vor dem Phänomen, dass ihre Entscheidungen Einfluss bis hin auf die strategische Ebene haben können. Man muss es klar ansprechen: Der zukünftige Feldwebel muss strategisch denken können! Was für eine Aufgabe!

Schuldgefühle – Das Grundproblem bleibt bestehen; denn nicht zu verkennen ist, dass, wenn der Soldat sich tatsächlich für das geringere Übel entschieden hat, er im Nachhinein, auch ohne objektiv Schuld auf sich geladen zu haben, wahrscheinlich mit Schuldgefühlen zu kämpfen hat. Diese Last kann ihm vorerst niemand nehmen. An dieser Stelle gilt es um so mehr hervorzuheben, dass der Soldat in Situationen hineingeführt wird, die er von sich aus nie aufsuchen würde. Fragen wir die Soldaten, die ihren ersten Gegner getötet haben, wie es ihnen geht.

Mehr posttraumatische Belastungsstörungen – Sie sind die „klammheimlichen" Folgen der Einsätze. Eine Verwundung, die unsichtbar ist und die man oftmals nur erkennen kann, wenn man sich mit dem Heimkehrer (dem „Veteranen") beschäftigt und einen Vergleich zu dem Vorher hat. Posttraumatische Belastungsstörungen verändern die Soldaten und Soldatinnen erheblich, die Anzahl der Fälle steigt signifikant.

Mehr Tote – Die Streitkräfte werden sich noch mehr mit „Tod und Verwundung" auseinandersetzen müssen.

Verrohung – Das Risiko, dass diese ganzen Einflüsse die Männer und Frauen verrohen und abstumpfen lassen, ist nicht zu unterschätzen. Dem werden die Streitkräfte mit allen Kräften entgegentreten müssen. Die Persönlichkeitsbildung in der Bundeswehr wird eine neue bzw. andere Dimension erhalten. Die Soldaten und Soldatinnen müssen sich vermehrt mit ethischen Fragestellungen im Einsatz auseinandersetzen. Sie müssen ihre moralische Urteilsfähigkeit und interkulturelle Kompetenz weiterentwickeln. Und die Bundeswehr muss zukünftig die politische und historische Bildung anpassen bzw. neu ausrichten. Dies muss und wird mit Änderungen der konzeptionellen Grundlage beginnen müssen.

Auch wenn der Beitrag etwas überzeichnet und der zukünftige Staatsbürger in Uniform überspitzt dargestellt ist, die Bundeswehr wird sich auch zukünftig intensiv mit ihrem Leitbild befassen und um den uniformierten Staatsbürger kümmern müssen. Sie muss genau aufpassen, wen sie da in ihre Uniformjacke lässt. Der Staatsbürger in Uniform muss auf dem langen und vermutlich holprigen Weg durch die Strukturreform mitgenommen werden. „Der Mensch steht im Mittelpunkt". Für manche Reformer und Struktureure steht er damit im Weg.

Der „Staatsbürger in Uniform" wird als Leitbild natürlich weiter bestehen bleiben. Es hat sich bewährt und wird durch die neuen Staatsbürger in Uniform nicht in Frage zu stellen sein.

Der „Staatsbürger in Uniform" muss sich nach einem „Wohin gehst du?" nicht erneut kreuzigen lassen.

Der stille Wandel. Anforderungen an militärische Führungskräfte heute

Walter Sauer

Die Bundeswehr blickt mittlerweile auf eine über fünfzigjährige Tradition zurück. Anfangs heftig umstritten, haben sich die Streitkräfte zu einer festen Größe in unserer Gesellschaft entwickelt. Niemand zweifelt ernsthaft daran, dass deutsche Soldaten heute ihren Platz in unserer Demokratie und ihren Stellenwert gefunden haben. Dennoch geraten die deutschen Streitkräfte hin und wieder in die negativen Schlagzeilen der Presse und in die öffentliche Diskussion, vor allem dann, wenn offensichtliche oder vermeintliche Verfehlungen ruchbar werden, insbesondere bei Verstößen von Vorgesetzten gegen die Grundsätze der Menschenführung.

Die *Prinzipien der Menschenführung* unserer Streitkräfte in der Demokratie sind nach meiner Auffassung in ihren Grundsätzen in den vergangenen Jahrzehnten nahezu gleich geblieben. Sie haben sich ausnahmslos und umfassend bewährt. In unserer Gesellschaft sind sie – nicht zuletzt auch wegen der Allgemeinen Wehrpflicht – anerkannt und respektiert. In den Armeen verbündeter oder befreundeter Staaten finden sie Beachtung.

Seit Beginn des 21. Jahrhunderts verändern sich die deutschen Streitkräfte strukturell unter Berücksichtigung des erweiterten Sicherheitsverständnisses unseres Staates und einer grundlegenden Neubewertung der sicherheitspolitischen Rahmenbedingungen in einem weiter zusammenwachsenden Europa. Die erweiterten Bündnisverpflichtungen mit einem bisher nicht gekannten, weltweit möglichen Einsatzspektrum von massiven waffentechnischen Auseinandersetzungen bis hin zu humanitären Einsätzen erfordern besondere und individuelle Fähigkeiten. Mit der Aussetzung der Wehrpflicht und der strukturellen Neuordnung der Streitkräfte zu einer Freiwilligenarmee gilt es heute mehr denn je, Ausrüstung, Ausbildung und Führung auf den Prüfstand zu stellen. Die zu erwartenden Veränderungen der Streitkräftestruktur und neue, bisher nicht genau abzuschätzende Herausforderungen in der Zukunft an Politik und Militär müssen zur Bewältigung zukünftiger Szenarien für die soldatische Auftragserfüllung neben der Adaption höchster technischer Standards zwangsläufig ein Überdenken der vorherrschenden Führungskultur in den Streitkräften mit sich bringen. Dabei sind nach meiner Auffassung bisher angewandte Leitbilder und tradierte Führungsprinzipien durchaus kritisch zu hinterfragen. Die gesellschaftlichen Entwicklungen und beruflichen Ansprüche der jungen Generation müssen vorrangig in alle Überlegungen einbezogen werden, da die Werbung und Rekrutierung einer hinreichenden Anzahl von qualifizierten Freiwilligen künftig von entscheidender Bedeutung sein wird.

Die seit Aufstellung der Bundeswehr höchst bewährte Konzeption *Innere Führung* und das Leitbild vom „*Staatsbürger in Uniform*" bleiben hierbei unverändert Grundlagen der Anforderungen an eine zeitgemäße, ziel- und praxisorientierte Führung. Über die Anwendung demokratischer Prinzipien hinaus beinhaltet bei der Führung mündiger Staatsbürger in Uniform die Innere Führung heute für alle Uniformträger auch ein auf den Eid gegründetes Selbstmanagement aus Pflichtbewusstsein und Verantwortungsgefühl dem Staat, den Streitkräften allgemein und den Kameraden gegenüber. Die individuelle Auseinandersetzung mit der Außen- und Sicherheitspolitik unserer Regierung muss dabei tragende Säule für das Treueverhältnis zum Staat sein. Dieses gilt für Vorgesetzte wie für Untergebene. In gleichem Maße müssen sich Soldatinnen und Soldaten auf den Schutz des Staates verlassen können. Das Risiko, Fehlentscheidungen zu treffen oder in entscheidenden Situationen zu versagen, ist um ein Vielfaches höher als früher und von bedeutend größerer Reichweite.

Im Lichte unseres christlichen Menschenbildes und der daraus resultierenden Werteordnung ist auf der Grundlage unserer Verfassung der Rahmen für eine zeitgemäße, von gegenseitigem Vertrauen und Respekt geprägte Menschenführung vorgegeben.

In der *Wahrnehmung des Führungsverhaltens* von Vorgesetzten verändern sich nach meinen Beobachtungen die individuell angewandten Führungsprinzipien und praktizierten Führungsstile heute, im Zeitalter moderner Medien und Kommunikationsmethoden, häufig schleichend, unbemerkt und im Stillen. Der Wunsch vieler jüngerer Vorgesetzter und Führer nach Handlungsmustern, die sie situativ und individuell in ihrem Führungsverhalten abrufen und nutzen können, erinnerte mich in meiner langjährigen Lehrtätigkeit an die Handhabung von Computerspielen. Die optimale Nutzung der Handlungsmöglichkeiten garantiert dabei größtmöglichen Erfolg. Solches Führungsverhalten gleicht eher modernen, ausgesprochen sachorientierten, zivil-wirtschaftlich vielleicht erfolgreich angewandten Managementmethoden, die aber die *Führungspersönlichkeit*, die Abwägung der Handlungsweise und die Entscheidung aus Überzeugung nicht mehr erkennen lassen.

Solches Führungsverhalten wird im Einzelfall oder als generelle Maxime zwangsläufig zu Spannungen in eingefahrenen, tradierten Führungsprozessen von Streitkräften führen. Dem Anspruch, den sozial geprägten Menschen stets im Mittelpunkt von Handlungsweise und Verantwortung zu sehen und Führungsverhalten von Vorgesetzten kommunikativ und interaktiv erlebbar zu gestalten, wird es in keiner Weise mehr hinreichend gerecht. Die bewährte, traditionelle militärische Führungskultur ist nicht von vorne herein mit den bloßen Forderungen und Ansprüchen zeitgemäßer Managementmethoden vereinbar.

Die über Jahrzehnte traditionell geprägte, eher steile militärische Hierarchie deutscher Streitkräfte in Zeiten des „Kalten Krieges" mit klaren Kompetenzabgrenzungen und Zuständigkeitszuweisungen kann dabei sehr schnell und unbemerkt in eine flache Hierarchie übergehen. Diese wird unter den besonderen Bedingungen von Einsätzen in Kriegs- und Krisengebieten den Ansprüchen der Geführten nicht mehr genügen können. Sie wird sich weder als durchschlagend handlungsfähig erweisen noch dauerhaft belastbar sein. Die innere und äußere Disziplin der Truppe wird dabei auf eine harte Probe gestellt.

In der heutigen Zeit des fast schon kontinuierlichen Wandels möchte ich auf eine Besonderheit hinweisen, welche die Entstehung flacher Hierarchien u.U. ungewollt begünstigt: Junge, subalterne Vorgesetzte haben nicht selten mehr Erfahrungen aus Einsätzen in Kriegs- und Krisengebieten als ihre älteren und höherrangigen Vorgesetzten. Daher ist es wichtig, dass gerade auch die Älteren sich die Erfahrungen der Jungen anerkennend zueigen machen und diese Erkenntnisse in ihre Entscheidungsprozesse und ihr Führungsverhalten miteinbeziehen. Damit wird verhindert, dass sich informelle Führer etablieren können.

Aus meiner knapp vierzigjährigen Berufspraxis weiß ich jedoch, dass nicht selten die Bereitschaft zur Kompetenzerweiterung bei Vorgesetzten mit der Dienstgradhöhe rapide abnimmt. Aus meinen Verwendungen in der Personalführung und -bearbeitung habe ich die Erkenntnis mitgenommen, dass längst nicht jeder Vorgesetzte gleichermaßen zum Führer geeignet ist. Personalauswahl und Personalentwicklung müssen daher gerade unter Berücksichtigung eines derzeit rückläufigen Bewerberaufkommens und der Wahrscheinlichkeit immer wiederkehrender, weltweiter multinationaler Einsätze deutscher Streitkräfte besonders aktiv gestaltet werden. Ihnen ist höchster Stellenwert beizumessen, da jede Fehlentscheidung unmittelbare Auswirkung auf Leib und Leben der Geführten haben kann. Neben stringentem Personalmanagement gilt es nach meiner Auffassung, in den deutschen Streitkräften künftig Führungsgrundsätze zu lehren und Führungskompetenzen aus- und auch ständig weiterzubilden, die diese Befunde umfassend berücksichtigen.

Das Zentrum Innere Führung hat zur wissenschaftlich begleiteten Analyse, Unterstützung und *Entwicklung vorhandener Führungskompetenzen* ein Verfahren entwickelt, das speziell auf die individuellen Bedürfnisse militärischer Vorgesetzter zugeschnitten ist. Es enthält ebenso Aspekte des aus Industrie und Wirtschaft bekannten und dem Spitzenmanagement zugedachten *Coachings* zur individuellen Stärkung und Entwicklung von Führungskönnen wie die Analyse gruppendynamischer Prozesse und Maßnahmen zur Teamentwicklung. Dieses Verfahren heißt „Führungsbegleitung in militärischen Organisationen" (FMO). Es wird seit geraumer Zeit mit rasant wachsendem Zuspruch in der Truppe, in Stäben und in höheren Kommandobehörden innerhalb der Streitkräfte, aber auch in der Bundeswehrverwaltung mit großem Erfolg angewandt. Viele Vorgesetzte finden jedoch noch nicht den Mut, durch Feedback von unten wie von oben ihr Selbstmanagement und ihr Führungsverhalten einer objektiven Betrachtung und individuellen Förderung unterziehen zu lassen.

Der immer wiederkehrende *Einsatz in Krisengebieten* erfordert von jedem Soldaten und jeder Soldatin permanente Höchstleistungen: Besondere Fertigkeiten in der Beherrschung des militärischen Rüstzeugs, uneingeschränkte körperliche Fitness sowie tragfähige geistige Stärke durch intensive mentale Vorbereitung und fundierte Kenntnisse über den politischen Rahmen jedes Einsatzes. Die Kenntnisse über außen-, sicherheits- und verteidigungspolitische Interessen unseres Staates sind – zumindest für alle Vorgesetzten – dabei ebenso unerlässlich wie interkulturelles Verständnis und entsprechende Handlungskompetenz. Dieses umso mehr, als sich jeder und jede Betroffene – auch wenn sie noch so viele und verschiedene Einsätze durchlaufen haben – mit jedem Einsatz neu auseinandersetzen und die jeweiligen Rahmenbedingungen, ob dienstlich oder privat, besonders berücksichtigen und bewerten muss.

Dabei hat die umfassende Einbindung des sozialen Umfeldes maßgeblichen Einfluss auf das persönliche Wohlbefinden von Soldaten und Soldatinnen, auf ihre dauerhafte Leistungsfähigkeit, auf ihre uneingeschränkte Einsatzbereitschaft – besonders in und nach Stresserlebnissen, aber auch unter Berücksichtigung einer mental wie physisch ausgesprochen fordernden Einsatzdauer. Dieses hat jeder Vorgesetzte in seinem Führungsverhalten zu berücksichtigen und seine Forderungen, besonders aber auch seine Pflichten daran zu orientieren.

Bei Auslandseinsätzen in Krisengebieten kommt der *Betreuung und Fürsorge* der Soldaten und Soldatinnen ebenfalls große Bedeutung zu. Dies schließt auch die Betreuung der Familien in den Standorten ein. Betreuung ist Ausdruck der gesetzlichen Sorgepflicht des Dienstherren und der militärischen Vorgesetzten. Alle Vorgesetzten sind aufgefordert, den Bedürfnissen der Soldaten und Soldatinnen so weit als möglich Rechnung zu tragen, um damit dienstlich bedingte Belastungen auszugleichen. Betreuung dient der physischen und psychischen Regeneration. Der regelmäßige Kontakt der Soldaten und Soldatinnen zu ihrem privaten Umfeld ist von elementarer Bedeutung für ihr persönliches Wohlbefinden und damit letztendlich für ihre dienstliche Einsatzbereitschaft. Für die Familien, vergleichbare Lebensgemeinschaften und andere nächste Angehörige bedeutet ein Auslandseinsatz den vorübergehenden Verzicht auf eine tragende Stütze bei der Bewältigung vielfältiger Aufgaben oder alltäglicher Probleme. Der Dienstherr muss im Rahmen seiner Möglichkeiten den Angehörigen der von dem Einsatz betroffenen Soldaten und Soldatinnen aus Fürsorgegründen helfend zur Seite stehen und sie über ausgleichende Leistungen angemessen informieren und beraten. Dieses gilt in gleicher Weise auch für die Belange unserer „Veteranen", die nach meinem Empfinden bisher immer noch viel zu wenig im Fokus fürsorglicher oder kurativer Bemühungen stehen.

Die Fürsorgepflicht des Vorgesetzten für die ihm im Einsatz unterstellten Soldaten und Soldatinnen endet nicht mit der täglichen Dienstunterbrechung. Die Vorgesetzten sind zu persönlichem Engagement aufgefordert. Sinnvolles Freizeitverhalten kann auch vorgelebt werden. Neben Dienstaufsicht wirkt sinnvolle Freizeitbetreuung im wohlverstandenen Sinne und unter Berücksichtigung aller individuellen Bedürfnisse überzogenem Alkoholkonsum mit allen negativen Begleiterscheinungen bis hin zur vorübergehenden Dienstunfähigkeit, Gewalttätigkeit und medienwirksamen oder gar politisch relevanten Entgleisungen entgegen. Betreuung ist gerade mit Blick auf die gemeinsam gestaltete Freizeit auch ein Fundament von Kameradschaft. Betreuung ist ein Anwendungsbereich der Inneren Führung. Sie gewinnt vor dem Hintergrund der aktuellen und zukünftigen Herausforderungen an die Soldaten und Soldatinnen wie auch ihre Angehörigen immer mehr an Bedeutung. Das Vorleben einer sinnvollen Gestaltung der dienstfreien Zeit ist eine vornehme Aufgabe aller Vorgesetzten vor Ort, findet aber ihre Grenzen in der zeitlichen Belastbarkeit dieses Personenkreises.

Jeder Vorgesetzte und Führer hat ein ausgewogenes *Selbst- und Belastungsmanagement* sinnvoll zu betreiben, um seiner besonderen Verantwortung gegenüber den Geführten in jeder Lage gerecht zu werden. Den äußeren Rahmen bildet dafür – ebenfalls zur Stressprävention – die militärisch unabdingbar notwendige und zielorientierte gemeinsame Ausbildung und das gemeinsame Einüben von Handlungs- und Verhaltensmustern, die das Überleben im Einsatz sichern. Hierbei denke ich auch an eine These von Clausewitz, dass der Soldat, wenn er sich mit den Strapazen des Krieges vorher auch nur einmal gedanklich auseinandergesetzt habe, diese umso leichter ertragen könne, wenn sie ihn später tatsächlich träfen.

Im Zusammenhang mit Auslandseinsätzen oder Einsätzen in Krisengebieten unterliegen Vorgesetzte aller Ebenen den gleichen individuellen Belastungen wie die Untergebenen. Dazu zählen Überforderung ebenso wie Unterforderung. Diese individuellen Belastungen ergeben sich aus dem militärischen Auftrag, der verdichteten dienstlichen Aufgabenfülle sowie aus dem ganz persönlichen Hintergrund, der sich zunächst dem Einfluss- und Entscheidungsbereich des Dienstherrn weitgehend entziehen wird. Vorgesetzte sind auf allen Ebenen daher angehalten, Problemstellungen rechtzeitig zu erkennen, Entlastungsmanagement präventiv oder situativ zu betreiben und so auch im unterstellten Bereich durch geplantes und zielorientiertes, helfendes Handeln das Vertrauen in die Führungskraft und -fähigkeit der eigenen Person und der Streitkräfte insgesamt zu erhalten und zu fördern. Mehr als je zuvor ist es notwendig, von Vorgesetzten Authentizität, soziale Kompetenz und Führungskönnen zu verlangen. Alle genannten Rahmenbedingungen belasten grundsätzlich und individuell.

Daher kommt es auf die ganz *persönlichen Bewältigungsstrategien*, auf das Selbst- und das Belastungsmanagement jedes einzelnen Vorgesetzten auf jeder Verantwortungsebene an. Dieses gilt nicht nur für Einsätze, sondern muss gängige Praxis im täglichen Dienstbetrieb sein, da – ebenfalls frei nach Clausewitz – nur das greifen kann, wenn es gebraucht wird, was vorher geübt wurde.

Aus meinen Führungsverwendungen weiß ich: Nur der physisch und psychisch gefestigte, intelligente, in sich ruhende Führer wird auch unter schwierigsten Bedingungen in der Lage sein, andere vertrauensvoll, zielgerichtet und effektiv zu führen. Dabei muss er bemüht sein, Authentizität zu wahren, um seine Führungsrolle nicht infrage stellen zu lassen. Er muss für seine Untergebenen berechenbar sein und es in allen Situationen bleiben, um ihre Gefolgschaft zu behalten. Jeder und jede Untergebene wollen sicher und kompetent geführt werden und ihre individuellen Interessen weitgehend berücksichtigt sehen. Sie wollen als Mensch respektiert sein und in der Wahrnehmung ihrer Aufgaben ernst genommen werden. Diese sind keine neuen, aber wesentliche Erkenntnisse und Forderungen aus zahlreichen FMO, die ich geleitet und durchgeführt habe.

Ebenso konnte ich dabei feststellen, dass die innere Auseinandersetzung mit den besonderen Anforderungen des soldatischen Dienstes in der heutigen Zeit bei jüngeren Vorgesetzten stattgefunden hat und unter Berücksichtigung ihrer individuellen Belange fortlaufend stattfindet. Dabei steht die Kernfrage im Vordergrund, ob sich der/die „normal" sozialisierte, eher auf Deeskalation von Konflikten ausgerichtete junge Deutsche generell in der Lage fühlt, den besonderen Einsatzszenarien, wie z.B. in Afghanistan, mental und psychisch genügen zu können. *Der innere Wandel* ist von unseren Soldatinnen und Soldaten im Hinblick auf die besonderen Erfordernisse heutiger außen- und sicherheitspolitischer Rahmenbedingungen und die damit verbundenen Belastungen, Entbehrungen und Gefahren nach meinen Feststellungen, auch aus meiner Lehrtätigkeit, im wahrsten Sinne des Wortes längst vollzogen, weitgehend unbemerkt von der Gesellschaft, der Politik und leider auch von vielen Vorgesetzten. „Niemand kehrt aus dem Einsatz so zurück, wie er hingegangen ist!" Diese oder ähnliche Äußerungen habe ich oft in Einsatznachbereitungsseminaren (ENS) oder in der Ausbildung von Moderatoren zur Durchführung von ENS gehört. Nie habe ich dabei Resignation gespürt, aber immer verhaltene Nachdenklichkeit. Der stumme Schrei der geschundenen Seelen verhallt immer noch viel zu oft und unbemerkt. Nur der Vorgesetzte und Führer, der seine Untergebenen genau kennt, wird Veränderungen an ihnen auch nach langer Zeit feststellen und einordnen können. In den vergangenen Jahren wurde auf diesem Gebiet vieles nachgeholt und erreicht. Nach meiner Auffassung aber immer noch viel zu schleppend und viel zu wenig. Besonders nachdenklich stimmt mich die Feststellung, dass die Teilnahme an entsprechenden Aus- und Weiterbildungsmodulen des Zentrums Innere Führung immer noch der Beliebigkeit der einzelnen Vorgesetzten anheim gestellt ist.

Soldaten und Soldatinnen aller Dienstgrade verlangen bei der Erfüllung ihrer militärischen Aufgaben nach *Handlungs- und Rechtssicherheit.* Beides muss der Vorgesetzte ihnen geben können. Er muss Untergebene diesbezüglich mental umfassend und zielorientiert vorbereiten und darf praktisches Üben, situativ angemessenen Drill und eingeübte Verhaltensmuster wie auch die Disziplin nicht vernachlässigen.

Keine noch so fordernde und situationsnahe praktische Ausbildung rechtfertigt jedoch, sich über ethisch-moralische Grenzen oder Gesetze und Vorschriften hinwegzusetzen, auch nicht mit dem Einverständnis der Betroffenen. Im Gegenteil: Werden auch nur einmal in der Ausbildung Grenzen überschritten oder Tabus gebrochen, ist jeglicher Vertrauensvorschuss unwiederbringlich verspielt. Dieses gilt in weitaus stärkerem Maße für Ausbildung und Dienst in Auslandseinsätzen.

Jeder Vorgesetzte muss seine Untergebenen aber auch auf <u>sein</u> *Führungsverhalten in belastenden Situationen* und unter Stress vorbereiten. Erlebt der Untergebene seinen Führer unvorbereitet in einer Stresssituation, die er nicht zu deuten vermag, kann dieses unvermittelt zu Vertrauens- und Motivationsverlust führen. Die negativen Auswirkungen auf die Durchhaltefähigkeit einer Truppe sind absehbar. Daher ist es eine ausgesprochen wichtige Aufgabe <u>jedes</u> Vorgesetzten, auch sein eigenes Verhalten in belastenden Situationen zu reflektieren und Feedback von oben und unten zuzulassen oder zu fordern. Nur so lernt er sich selber und sein situatives Führungsverhalten besser kennen und kann sich und seine Geführten adäquat vorbereiten.

Nach Erkenntnissen aus den bisherigen Einsätzen in Krisengebieten sollte jeder Vorgesetzte einem weiteren wesentlichen Belastungsfaktor besondere Aufmerksamkeit schenken: Der *interkulturellen Kommunikation und Handlungskompetenz.* Im Rahmen des Belastungsmanagements nach besonderen Auslandseinsätzen, z.B. in ENS, wurden am Zentrum Innere Führung rasch fundierte Erkenntnisse gewonnen, dass einer der wesentlichen Stressoren deutscher Soldaten und Soldatinnen im Einsatz durch unzureichende Vorbereitung auf das erste Zusammentreffen und den Umgang mit Soldaten anderer Nationen oder vor allem mit der Bevölkerung des Einsatzlandes hervorgerufen wurde. Entweder wurden auf deutscher Seite häufig andere und damit fremde kulturelle Werte und Normen als minderwertig und nachrangig angesehen oder unreflektiert strikt abgelehnt. Teilweise wurde die empfundene „Andersartigkeit" aus Unkenntnis derart fehlinterpretiert und missverstanden, dass sowohl das Gefühl vermeintlicher eigener Überlegenheit oder auch im Zustand tiefer Betroffenheit stark ausgeprägte und nachhaltig empfundene Empathie sehr verbreitet zu individuellem Stress führten. Interkulturelle Kommunikation und

Handlungskompetenz müssen durch einen gefestigten eigenen Standpunkt, durch eigene kulturelle Kompetenz untermauert sein und durch die Beachtung unseres im Grundgesetz verankerten Menschenbildes, der eigenen Werteordnung, der demokratisch gefestigten Prinzipien unserer Staatsordnung, der politischen Bildung in den Streitkräften ein tragfähiges Fundament erhalten. Darum hat sich nach meinen Vorstellungen jeder Vorgesetzte persönlich zu kümmern.

Heute und in Zukunft werden in unseren Streitkräften zweifelsfrei selbstbewusste *Führungspersönlichkeiten* verlangt mit umfassender fachlicher, hoher interkultureller und sozialer Kompetenz, die zu ganzheitlichem Denken befähigt sind. Kommunikationsfähigkeit, Konflikt- und Konsensfähigkeit sollen ebenso zu ihren Kernkompetenzen zählen wie Motivations- und gesunde Urteilsfähigkeit. Sie müssen lernwillig und leicht lernfähig sein, vor allem aber äußerst belastbar bei hoher Durchsetzungs- und Durchhaltefähigkeit. Ein tragfähiges Selbstmanagement ist hierbei unerlässlich. Darüber hinaus muss jeder Führer auch immer die politisch relevante Dimension seines Handelns im Auge behalten und sie gegenüber seinen Untergebenen vertreten.

Um diesen hohen Ansprüchen zu genügen, müssen zunächst berufliche Anreize für eine ausreichende Rekrutierung von qualifiziertem Personal geschaffen werden. Eine sorgsame Personalauswahl und ein differenziertes Personalmanagement schaffen dann ein tragfähiges Fundament, um hinreichend höchst qualifiziertes Führungspersonal heranzubilden. Entscheidend ist und bleibt für die Einsatzbereitschaft der Truppe, besonders in Krisengebieten, die Persönlichkeit des jeweiligen Führers, seine Kompetenz und Authentizität im Führungsverhalten, egal auf welcher Ebene und in welcher auch noch so kritischen Situation.

Erfolgreich führen bedeutet demnach heute neben hohen fachlichen Kompetenzen vorrangig situatives Führungskönnen, teilen des Risikos im Einsatz, Führen „von vorn", Fürsorge und menschlicher, kalkulierbarer Umgang miteinander als Basis gegenseitigen Vertrauens. Sicher ist das physisch und psychisch äußerst belastbare, durchhalte- und durchsetzungsfähige, kompetente und in seinen Fähigkeiten einander ergänzende Team in Zukunft mehr denn je gefragt. Aber auch hierbei gilt der bekannte Grundsatz: „Verantwortung ist unteilbar." Dieser Verantwortung muss sich jeder Vorgesetzte und Führer ununterbrochen stellen und an ihr messen lassen.

Auftragstaktik – Tradition, Erfahrung, Chance

Rainer Senger

Innere Führung steht für eine umfassende, an Kriegsbild und Gesellschaft orientierte, militärpolitische Reformkonzeption für die Bundeswehr. Dieses radikal Neue den zumeist wehrmachtsgedienten Führern in der Reflexion ihrer Kriegserfahrungen zu vermitteln, war Ziel des 1957 verfassten und parlamentarisch gebilligten „Handbuch Innere Führung".

Dort liest man im Abschnitt „Verantwortung und Gewissen": „Wir wissen, dass die *Auftragstaktik*, die mit diesem Denken eng verbunden ist, dem preußisch-deutschen Soldaten seine Überlegenheit auf den Schlachtfeldern der letzten hundert Jahre gab. Das *Exerzierreglement von 1906* z.B. stellt fest: ,In Fällen, in denen sich der Untergebene sagen muss, dass der Auftraggeber nicht genügend übersehen konnte, wird es Pflicht des Untergebenen, erhaltene Befehle nicht oder abgeändert durchzuführen und dies dem Vorgesetzten zu melden.' Doch haben wir alle erfahren, wie zwar auf der einen Seite das moderne Gefecht die Übernahme solcher Verantwortung mehr und mehr forderte, auf der anderen Seite aber die politische Führung – und nicht nur sie! – die Voraussetzung einengte für wirkliche Verantwortung, für mannhaftes Befehlen und Gehorchen, für das Stehen zu Wort und Gewissen".[1]

Die heutige ZDv 10/1, „Innere Führung (Nr. 613)", ist dagegen blass: „Auch wenn *Auftragstaktik und Innere Führung* sehr unterschiedlichen Epochen deutscher Militärgeschichte entstammen, sind sie doch dergestalt miteinander verbunden, dass die Auftragstaktik die Führungsform ist, die dem Bild vom ,Staatsbürger in Uniform' am besten entspricht. So wird *Mitverantwortung* für die Erreichung eines gemeinsamen Zieles erlebbar". Hier wird Auftragstaktik auf ein Verfahren der Mitarbeitermotivation reduziert, ihr in Gefecht und Einsatz höchster Anspruch an Führungsverantwortung ausgeblendet. Die ministerielle Geschäftspraxis breitester Mitzeichnungsgänge, die jedwede originäre Fachsubstanz effizient zu zermahlen erlaubt, kann hierfür nicht alleiniger Grund sein. Es ist m.E. vielmehr die über Jahrzehnte in den Streitkräften institutionalisierte Aufspaltung in „harter" Truppenführung hier und „weicher" Menschenführung dort – bei Baudissin war es ein Ganzes.

Ich möchte darlegen, dass Auftragstaktik bzw. Führen mit Auftrag heute zwar als oberstes *Führungsprinzip* postuliert, hingegen in der Praxis von

Grundbetrieb und Einsatz nur beschränkt zur Entfaltung gelangt, weil die Bundeswehr längst an der erforderlichen *Führungskultur*, genauer: *Organisationskultur,* krankt. Könnte die Strukturreform auch eine „Kulturreform" sein, hätte Auftragstaktik die Chance zur Renaissance.

Tradition

Dass die im Exerzierreglement für die Infanterie von 1906 formulierte Auftragstaktik ein halbes Jahrhundert später den Vätern der Inneren Führung ein Ankerpunkt war, zeugt von der Kraft dieser Errungenschaft. Bis die erste flüchtige Idee zu dieser endgültigen Form fand, brauchte es in der preußisch-deutschen Armee indes 100 Jahre. Diese Spanne – so zeigt der Militärhistoriker Stephan Leistenschneider[2] – enthält eine Vorgeschichte ab der preußischen Heeresreform 1806, dann die wahre Entstehungsphase mit Ende der Einigungskriege 1871 und dem Abschluss im Reglement – eine Epoche von Kriegen, in den Gezeiten von Reform und Restauration.

Die Preußischen Reformen 1806 bis 1815 schufen der Auftragstaktik das Fundament: zum Einen mit der vor allem von Scharnhorst, u.a. durch Wehrpflicht, soziale Öffnung der Offizierskarrieren, Gründung von Kriegsschulen und Kriegsakademie sowie das Bild vom Bürger als geborenen Verteidiger geschaffenen radikal neuen militärpolitischen Dimension; zum Anderen mit der von Clausewitz begründeten ebenso radikal neuen strategisch-philosophischen Dimension „Vom Kriege", der nun Domäne von Unberechenbarkeit, Chaos, Friktion und Zufall war und der Gefechtsführung den Imperativ setzte, ins Ungewisse zu handeln, die Initiative zu ergreifen und Dezentralisierung der Führungsvorgänge zu suchen. In diesem Lichte stand dann gut 50 Jahre später das Resümee der Kriege gegen Frankreich 1815, Dänemark 1864 und der Einigungskriege 1864, 1866, 1870/71: Siege, aber stets hoch improvisiert, u.a. durch überstürztes, befehlswidriges Vorpreschen der Führer, das den Erfolg teils gefährdet, teils begünstigt hatte. Es bedurfte des Genius Helmuth von Moltke, Chef des Generalstabes 1857 bis 1888, diese Ambivalenz mit Blick auf das durch Waffentechnik und Massenarmee revolutionierte Gefechtsfeld zu ordnen. Mit den aufgelockerten Truppenformationen war der Feldherrnhügel passé, gehörte die Führungsentscheidung zur konkreten Lage nach vorne, was indes mit der Gehorsamspflicht und der Kommandostruktur in eine Ordnung zu bringen war. Moltke machte es auf strategisch-operativer Ebene mit „Führen durch Direktiven" vor.

Für die Auftragstaktik auf der taktischen Ebene war der Kristallisationspunkt der Streit der „Erneuerer"- und „Bewahrer"-Schulen um das Exerzierreglement 1888. Dem Ringen um Gefecht, Führung, Ausbildung lag die tiefere, ans Mark jeden Militärs gehende Problematik zugrunde: die Antinomie der Elemente Selbständigkeit und Gehorsam. Bahnbrechend war endlich die Verknüpfung von beidem in einem übergeordneten Bezugspunkt: die Absicht des Führers! Diese, einer „Direktive" gleich, begründete für nachgeordnete Führer die Handlungsoption des selbstständigen Abweichens vom Auftrag, falls die Lage es erfordern sollte. Diesem Streit entsprang auch die Wortschöpfung „Auftragstaktik", erstaunlicherweise – so Leistenschneiders Recherche[3] – aus den Reihen der „Bewahrer". Sie missdeuteten den im Reglement als <u>Teil des Befehls</u> verwendeten Begriff „Auftrag" und wähnten darin eine alternative Form zur Befehlsgebung, im Sinne „Auftragstaktik" versus „Befehlstaktik" – es wirkt bis heute nach. Als erster hat es Generalleutnant von Boguslawski 1892 zu Papier gebracht: „Ob wir mit unserer ‚Auftragstaktik' auf dem richtigen Wege sind, ... das ist eine große Frage".

Die später im Reglement von 1906 ausgereiften Grundsätze der Gefechtsführung waren Basis für die Kriegsführungen von Reichswehr und Wehrmacht. Auch wenn sie besiegt wurden, haben ihnen Gegner und Beobachter unisono Überlegenheit im Gefechtswert mit überproportionaler Angriffs- oder Durchhaltefähigkeit zuerkannt. Das Phänomen, dass Offiziere, Unteroffiziere, selbst Mannschaften die Initiative ergriffen, unerwartete Chancen im Kampf schnell und beherzt, ohne Warten auf Befehle von oben, nutzten, ist unter dem Begriff „Auftragstaktik" oder „German Auftragstaktik" in die internationale Forschung, teils als „Geheimnis" deutscher Führungskunst, umfänglich eingegangen. Der israelische Militärhistoriker Martin van Creveld hat sie in der Vergleichsanalyse von US-Armee und Wehrmacht im Auftrag des Pentagon als <u>den</u> Faktor deutscher „Kampfkraft" wohl am tiefsten ergründet. Im Vorwort zu seiner deutschen Erstausgabe 1988 sagt er: „Nichts in dieser Studie sollte als Freispruch der Wehrmacht von ihrer Mitverantwortung für die Geschehnisse von 1933 bis 1945 verstanden werden. Im Gegenteil, gerade die herausragende Organisation der Wehrmacht (auf jeden Fall in den unteren Ebenen), das durch und durch professionelle Offizierskorps und Stärke und Geschlossenheit ihrer Gesinnung ermöglichten, dass sie als Instrument bei der Durchführung einer rücksichtslosen Aggressionspolitik, die von vielen Verbrechen gegen die Menschlichkeit begleitet war, gebraucht und mißbraucht werden konnte".[4] Die Lehre ist, dass soldatische Tugenden allein nicht Richt-

74

schnur für Auftragstaktik sein können.

Erfahrung

Innere Führung ist der programmatische Wurf, das Soldatsein an die Grundwerte der Verfassung – Menschenwürde, Freiheit, Demokratie – zu binden
und die Armee der Kontrolle zu unterwerfen, durch Politik, Gesellschaft, und
sich selbst. Die Verschränkung der fürs Gefecht notwendigen Handlungsfrei-
heit des Führers mit dem Wert- und Politikbezug des Staatsbürgers in Uniform
war fortan normativer Bezugsrahmen für Auftragstaktik in der Bundeswehr.
Die Agenda für Führerbildung und Inneres Gefüge wurde jedoch alsbald vom
Zwang zur raschesten Aufstellung von zwölf Heeresdivisionen für die NATO
und mithin vom Organisations- und Operationsdenken überrollt. Der Zielkon-
flikt wurde manifest in einer polarisierenden Kontroverse – „Reformer" versus
„Traditionalisten" – u.a. mit der Folge, das Innere Führung mental und kon-
zeptionell auf Menschenführung beschränkt worden ist.

Die Rückschau auf die Streitkräfte in den Jahrzehnten des NATO Ge-
neral Defense Plan ergibt, dass die Auftragstaktik höchstes Niveau erreichte.
Denn es galt für uns, Territorium und Bevölkerung, an der Nahtstelle von Ost
und West, so weit vorne wie möglich zu verteidigen. Mithin war das Gefecht
der verbundenen Waffen, selbst auf engstem Raum, mit einem Höchstmaß von
Bewegung und Feuerwirkung zu führen, um dem Gegner, wo immer im
Kampf, maximale Wirkung entgegenzusetzen. Dies verursachte in den NATO-
Manövern der integrierten Verteidigung, mit ihren „Schulter-an-Schulter" ge-
gliederten Gefechtsstreifen, fast stets den Effekt „Übungsunterbrechung":
Mussten doch die deutschen Truppenteile wegen des von den Bündnispartnern
erheblich früher in die Tiefe verlagerten Gefechts zurückgenommen werden.
Auftragstaktik war so präsent, dass sie einer ganzen Generation von Offizieren,
Unteroffizieren und Mannschaften zu Fleisch und Blut wurde. Die hohe Führungskompetenz auf allen Ebenen zum Abnutzen und Zerschlagen des Gegners im „vordersten" Gefechtsfeld wurde indes durch den Strategiewechsel der
NATO von „massiver Vergeltung" zur „flexiblen Reaktion" in den 60er Jahren
grundlegend relativiert.

Mit dem atomaren Patt beider Seiten konnte nicht mehr das „Siegen",
sondern nur noch die Vereitelung der Absicht des Angreifers das Rational sein.
Für die Gefechtsführung wich die traditionelle Maxime „Nicht Kleckern, sondern Klotzen" der „sorgsamen Dosierung der Mittel" durch Abgestuftheit,

Verhältnismäßigkeit und Flexibilität, mit der Konsequenz, dass die politisch-strategische Führung auf das operativ-taktische Handeln durchgreifen musste, da es die nukleare Eskalation des Gegners hätte auslösen können. Diesen Wandel im Wesen des Militärs hatte Morris Janowitz im Konzept der Polizeistreitkraft (constabluary force) früh beschrieben. Baudissin hat es so formuliert: „Direkte politische Einwirkung auf Operation und Taktik, rein militärisch genommen, ein sachfremder Einfluss, der den Soldaten unter Umständen am taktischen richtigen, d.h. zugleich wirksamsten und kräfteschonenden Gebrauch seiner Mittel hindert. Damit bedeutet sie eine nicht unbeträchtliche Belastung für beide Seiten und ihr Verhältnis zueinander. Nur eine vertiefte Einsicht in die Zusammenhänge und die feste Überzeugung vom Primat des Politischen, d.h. hier vom eindeutig politischen Charakter des Krieges, können den Soldaten vor dem Gefühl der Frustration oder des Alleingelassenseins bewahren."[5] Die Reflexion dessen war indes auf exklusive Zirkel beschränkt. Die intellektuelle Projektion einer Nuklearoption auf deutschem Boden, gewandelter Gefechtsführung und Auftragstaktik und einer möglichen Neugewichtung des Verhältnisses von Politik und Militär stand damals nicht auf der Agenda des Sicherheitsestablishments – hätte es, fiel uns die Führung heutiger Stabilisierungseinsätze sicherlich leichter.

Die Unterbelichtung des „Politischen" leistete teilweise auch Vorschub für den galoppierenden Bürokratismus und Schwund der Auftragstaktik, welcher der Bundeswehr konstant attestiert worden ist: 1966 von Helmut Schmidt: „Da wird in akribischer Weise angewiesen und befohlen, die oft den uns Deutschen nachgesagten Hang zum Perfektionismus in schönster Weise bestätigt. Dagegen lehrt man jedoch an Offizierschulen und auf der Führungsakademie die großen Vorzüge der Auftragstaktik"[6]; 1979 von der de Maizière Kommission: „Die Bekenntnisse der militärischen Führung zur Auftragstaktik sind ebenso eindeutig wie die Aussagen der Führungsvorschriften. In der Praxis des täglichen Dienstes ist jedoch ein schleichender Verfall dieses Führungsgrundsatzes zu beobachten"[7]; 2007 von sieben ehemaligen Generalen, die im Bericht über „Auslandseinsätze der Bundeswehr" raten, „der Anwendung der anerkannten Führungsprinzipien insgesamt hohe Aufmerksamkeit zu widmen. Da die angesprochenen Verstöße selten bewusst, zumeist sogar in dem Willen, Besonderes zu leisten, entstanden sind, muss der notwendige Umdenk- und Erziehungsprozess von oben eingeleitet werden."[8]

Der Verdrängungsprozess von „Führungskultur" durch „Verwaltungskultur" erklärt sich nicht allein mit der dem Militär als „stehendem Heer" eigenen Bürokratie (Max Weber). Es ist vielmehr der in demokratisch-ökonomischen Gesellschaften waltende Umstand, dass in Zeiten von „Kriegs-ferne" der Konsens über Besonderheit, Umfang und Budget der bewaffneten Macht im Verteilungskampf um Ressourcen schwindet und das Militär zur Anpassung an zivile Leistungs-, Ausbildungs- und Arbeitsstrukturen gezwun-gen wird. Die Modernisierung des Staatsunternehmens Bundeswehr nahm in den 60er Jahren angesicht des durch die Abschreckungsdoktrin verdrängten Bewusstseins eines möglichen Verteidigungskrieges und mithin eines dramati-schen Absinkens des Freiwilligenaufkommens und der Akzeptanzwerte der Streitkräfte ihren Anfang. Sie zeitigte zweifelsfrei positive Innovationen, wie die Reform des militärischen Ausbildungssystems mit der bereits von Baudissin in den 50er Jahren geforderten universitären Bildung des Offiziers, aber wohl auch einige bedenkenswerte. In der wachsenden Verknüpfung mit dem Wirt-schaftssektor zogen moderne Steuerungs-, Informations- und Managementin-strumentarien ein, die in produktivitätsorientierten Prozessen der Industrie effektiv, in den durch Kameralistik und Hierarchie geprägten Abläufen des Verteidigungssektors indes nicht per se probat sind. Der chronische Drang der militärischen Führung zu jeweils vereinheitlichender und flächendeckender Umsetzung von Neuerungen ist dabei ein Faktor für sich. Als Negativbeispiel hierfür mag die Implementierung des Controlling dienen: Hoch effizient für Leitungsebenen von quantifizierbaren Leistungsbereichen wie Technik, Logis-tik, Beschaffung; weniger für die Führung von Truppenverbänden sowie von Ausbildungs- und Wissenschaftseinrichtungen, wo im Endeffekt die für das Controlling investierten Dienstposten sowie Arbeits- und Meldeleistungen den Beweis der Rentabilität noch schuldig bleiben, zumal wenn den Dienststellen-leitern eigenständige Budgetbefugnisse versagt werden.

Die Summe all dieser Prozesse wirkt sich heute scheinbar so aus, dass entlang der militärischen Hierarchie eine Weisungs-, Kontroll- und Informati-onslawine mit exponenzieller Wirkung herunter walzt – jede Zwischenebene ist bemüßigt, eher zu ergänzen als zu filtern, dank vereinfachtem Email-Verkehr – mit dem Effekt, dass den unteren Führungsebenen häufig nichts anderes als selektive Auftragserfüllung bleibt. Dies wird zumindest von Kompaniefeldwe-beln bis Kommandeuren am Zentrum Innere Führung zur Inneren Lage durchgehend mit dem Hinweis berichtet, dass die vorgesetzten Führungsebe-nen im Konflikt von Aufgabenfülle und Mittelverknappung gern eher die Anonymität als klare Prioritätensetzung suchen. So degeneriert die Auftrags-taktik in der Praxis mehr und mehr zur „Durchwurschtelei". Der Vorschlag der sieben Generale, „dass der Gordische Knoten des Bürokratismus nur durchschlagen wird, wenn das Prinzip ‚Führen mit Auftrag' konsequent genutzt und eingehalten wird"[9], ist da als absolut zutreffend, die Realisierung indes als eher pessimistisch zu beurteilen.

Der Strukturkonflikt des Militärs zwischen kameralistischer, hierarchischer Organisationsform und betriebswirtschaftlicher, partizipativer Prozessform geht am Ende zu Lasten der Auftrag-Mittel-Schere. Damit verschärft sich wiederum die administrative Kontrolle der Organisation, mit dem Effekt, dass ihre Mittel teils mehr im Fokus stehen als ihre Ziele, was in Anbetracht neuer Einsatzaufgaben in der internationalen Krisenbewältigung längst zum vitalen Problem geworden ist. Der bürokratische Teufelskreis kann offensichtlich nur durch eine Strukturreform der Bundeswehr, die alle Aufgaben, Mittel und Prozesse auf den Prüfstand stellt, durchbrochen werden – die „Strukturkommission" hat 2010 dazu Empfehlungen formuliert. Diese Reform braucht indes auch die Neuausrichtung der Inneren Führung auf Grundbetrieb und Einsatz.

Chance

Für die Einsatzwelt von Stabilisierungsmissionen, wie in Afghanistan, gibt die Logik des Zwei-Block-Krieges nichts mehr her. Bei Befriedung, Schlichtung, Wiederaufbau, bedroht durch asymmetrische Kriegsführung von Rebellen und Terroristen, gilt das „winning hearts and minds of people". Im Verbund politischer und ziviler Akteure vernetzter Sicherheit sind die Streitkräfte ein politischer und gesellschaftlicher Verantwortungsträger, selbst auf Ebene des Patrouillenführers, der zum „Strategic Corporal" (Krulak) wird. Die Diffusität von Freund und Feind verschärft das Dilemma, einerseits für die Konfliktparteien Deeskalation und andererseits mit Aufstandsbekämpfung Schutz zu gewährleisten, was die Grenzsituation zum Alltag macht. Es verlangt von militärischen Führern Entscheidungen, deren Rechtsfolgen, Politik- und Öffentlichkeitseffekte nachhaltig sein können, zumal Medienpräsenz in vorderster Linie ist. Dies gibt der Auftragstaktik neue Aspekte:

1. Die Einflussnahme der Politik auf militärisches Handeln liegt in der Natur der Sache. „And it is a curse of multinational operations that governments impose constraints on their national contingents, usually for domestic political reasons. Some may this or that, some may not: the outcome is a complicated matrix of permitted action for each nationality – and this a bane of a multinational commanders's life"[10], ist

das Fazit von Sir General Mike Jackson, einst KFOR-Befehlshaber. Der Verlust der „Unteilbarkeit der Führungsverantwortung" muss ersetzt werden durch „leadership and diplomacy". Trotz enger Auflagen der Politik eröffnet das komplexe Umfeld von „multinationality and multiagency" dem militärischen Führer indes eine Expertenprofilierung, die ihn prinzipiell zum strategischen Partner der Politik macht. Dies Verhältnis ist in Deutschland allerdings ein Besonderes: die Politik sieht das Militär als Instrument, nicht als Partner der Sicherheitspolitik, umkehrt entzieht sich die Militärelite dieser Verantwortung durch Rückzug auf seine militärfachlichen Kompetenzen, stellt Klaus Naumann fest. Für die – zur Bildung einer nationalen Strategiefähigkeit – gebotene neue Balance „bedarf es einer erweiterten militärischen Denkungsart, die den Horizont des Militärischen überschreitet, weil sie sich seiner Grenzen bewusst ist. Die Ausrichtung auf einen Primat des Politischen kann also nicht bedeuten, die Differenzen, etwa zwischen Militär und Gesellschaft, Politik und Streitkräften, Befehl und Konsensprinzip, einzuebnen, sondern die Vermittlungsleistung eines gemeinsamen Dritten (des Politischen) wahrzunehmen."[11] Dieses Bewusstsein muss in der Militärprofession und Politikkultur wachsen.

2.   Angesichts der komplexen Anforderungen von Stabilisierung und Aufstandsbekämpfung ist die Eingrenzung auf das Militärfachliche und Kämpferische ein Anachronismus, selbst wenn moderne Hightech-Fähigkeit, so „Vernetzte Operationsführung", zu einer Vision kalkulierbarer Krisenintervention verführen mag. Die Einsatzwirklichkeit spricht dagegen, dass „der Marschallstab in Zukunft durch den Joystick ersetzt" wird, prognostiziert Ulrich Wolf[12]. Die technisch vernetzte Operation ermöglicht die elektronische Generierung des Feldherrnhügels durch das vollständige Lagebild in Echtzeit, an jedem Punkt, auf jeder Führungsebene, und auch die Versuchung der Kommandeure zum „Durchgreifen". Indes dürfte die lokale militärisch-soziopolitische Lagebewertung der Führer nicht digital zu ersetzen sein. Auftragstaktik ist weiterhin gefordert mit der Möglichkeit eines zukünftig intensiveren Dialogs zwischen den Führungsebenen bei Operationsplanung und Befehlsgebung. Geboten ist jetzt indes eine Diskussion im Bündnis über „mission command", angesichts der Vielfalt nationaler Auslegungen. Wer als deutscher Stabsoffizier in multinationalen Einsätzen die in US-geprägten NATO-Hauptquartieren neurotische Attitüde zu gängeln-

dem Mikromanagement erfahren durfte, weiß um die Bedeutung, dass „Führen mit Auftrag" auch militärpolitisch positioniert werden muss – als Wesensmerkmal deutscher Militärprofession bzw. Berufskultur.

3.   Der militärische Rollensatz hat sich auf ein Spektrum sondergleichen erweitert: Soldaten trennen Konfliktparteien, helfen der Bevölkerung, leisten Polizeidienst, koordinieren Wiederaufbauprojekte, beraten staatliche Stellen, kooperieren mit UN-Instanzen und NGOs. In diesem Netzwerk gewinnt Auftragstaktik eine Qualität, die über das klassische Gefechtshandwerk des militärischen Führers hinausreicht und zusätzliche zivil-militärische Qualifikationen sowie kommunikative, ethische und interkulturelle Kompetenzen verlangt, zumal Soldaten Repräsentanten unserer Nation im Einsatzland sind. Diesen neuen Charakter des Militärs kennzeichnet Wilfried von Bredow als „Kooperations-Professionalität"[13]. Sie hat nicht nur im Einsatzland ihren Stellenwert, sondern auch, wie ich meine, im zivil-militärischen Verhältnis und bei der gesellschaftspolitischen Rolle des militärischen Führers im Heimatland. Mit dieser Kompetenz dürfte er, stärker als je zuvor, zum aktiven Träger gesellschaftlicher Integration des Militärs werden, indem er bei Problemlagen der Gemeinschaft beraten und seine Expertise in die öffentliche Meinungsbildung, u.a. zur Debatte über Auslandseinsätze, einbringen kann. Mit der dienstlich gebotenen maßvollen Positionierung im öffentlichen Diskurs sollte er in unserer Gesellschafts- bzw. Verteidigungskultur seinen Platz als „soldier statesman" haben.

4.   Indem die reale Einsatzwelt kaum anders als mit Auftragstaktik zu bewältigen ist, ist sie dort zentrales Funktionsprinzip, in der heimischen Betriebswelt indes eher eine Restgröße. Auftragstaktik ist neben der Beherrschung von Führungsgrundsätzen vor allem eine Sache von Haltung und Vertrauen, die nicht per Kaltstart im Einsatz, sondern in einer stabilen, streitkräftegemeinsamen Führungskultur des Grundbetriebs entwickelt werden muss. Diese muss auch und vor allem den Konsens über eine maßvolle Fehlertoleranz beinhalten: „Führen mit Auftrag setzt die Bereitschaft der bzw. des Vorgesetzten voraus, das Auftreten von Fehlern in der Durchführung hinzunehmen", sagt die HDv 100/100, „Truppenführung von Landstreitkräften" (Ziff. 2004) – wie schon Moltke. Der heute nicht unbegründeten Neigung zur Fehler- und Risikoscheu als Karrierestrategie muss vorgebeugt werden, so u.a. durch moderne Konzepte der Personalentwicklung. Das jahrzehntelan-

ge Grundmuster großer Versetzungshäufigkeit und rasanter Kurzstehzeiten, der Dominanz abstrakter Verwendungsbreite gegenüber Kompetenztiefe und mithin der systematischen Diffusion von Fachwissen gegenüber Professionalisierung, dürfte wohl als Auslaufmodell zu betrachten sein, sowohl unter Gesichtspunkten zukünftiger Sozialverträglichkeit wie auch der Effizienz der Organisation Bundeswehr. Die Anwendung der bewährten militärischen Führungsprinzipien – Führen mit Auftrag, Einheit der Führung, ebenen- und mittelgerechte Auftragserteilung, Gemeinsamkeit im Denken und Handeln sowie beiderseitiges Vertrauen – ist vitaler Bestandteil der Führungskultur.

In der Gesamtschau möchte ich diese vier Aspekte der Auftragstaktik im Begriff *Organisationskultur* bündeln. Dieser kennzeichnet den Zusammenhang einerseits von sicherheitspolitisch-strategischem Handeln, deren Teil die Struktur des politisch-militärischen Austausches ist (Politikkultur), und dem zivil-militärischen Beziehungsverhältnis (Gesellschaftskultur) sowie andererseits von Aufgaben und Charakter der militärischen Profession (Berufskultur) und der Binnenstruktur der Streitkräfte (Führungskultur), wofür die Werte der Verfassung richtungsgebend sind. Die *Organisationskultur* der Bundeswehr ist für Auftragstaktik bzw. Führen mit Auftrag Bedingungskontext und Orientierungsrahmen zugleich.

Fazit

Auftragstaktik in preußisch-deutscher Tradition ist mehr als die Vergabe einer Aufgabe unter Bereitstellung notweniger Mittel und der Freiheit in der Durchführung – dies ist in heutigen Armeen ohnehin kaum anders machbar. Ihr Kern ist die in Selbstständigkeit und Gehorsam verklammerte Pflicht zur Auftragserfüllung, auch und gerade zu lagebedingter Auftragsabweichung im Sinne der Absicht des höheren Führers. Heute wird militärisches Handeln zwar kaum durch die Auftragserfüllung in rasch wechselnden Lagen und Chancen des Gefechts, sondern durch die kreative Ausgestaltung eher allgemein gehaltener Operationsbefehle in einem komplexen, unübersichtlichen Stabilisierungsumfeld geprägt. Gleichwohl stellte die Einsatzwirklichkeit militärische Führer und „Strategic Corporals" potenziell in die Situation „einsamer" Entscheidungen, gar über Leben und Tod, die sie letztlich nur im Vertrauen auf ihr eigenes Fachkönnen, Rechtswissen, Kulturverständnis und Moralempfinden zu treffen und, wenn es dazu kommt, auch vor Truppenführer, Richter oder gar Untersuchungsausschuss zu rechtfertigen haben. Der gegenseitige Respekt vor dieser Führungsverantwortung muss heute den Geist der Auftragstaktik prägen.

Mit der neuen Epoche der Bundeswehr sollte es bei der Weiterentwicklung der Inneren Führung vorrangige Aufgabe sein, die Anforderungen des neuen Aufgabenspektrums und der Einsatzwirklichkeit mit den für den Friedensbetrieb gesetzten Maßstäben zu einer systematischen Neuorientierung zu verbinden. Dabei ist Auftragstaktik das zentrale Element für die Verknüpfung der Maßgaben von Truppenführung und Menschenführung. Es kommt nun darauf an, den Prozess der Neuausrichtung der Inneren Führung in dem Prozess der Strukturreform zu verankern.

Was könnte ein erster Schritt sein? Mit Ende des Kalten Krieges hatten im Jahre 1992 die Dienststellen im Aufgabenverbund Innere Führung das „Kursbuch 2000" erarbeitet. Es war der gelungene Versuch einer systematischen Situationsanalyse mit zukunftsweisenden Fragestellungen, Lösungswegen und Diskussionsvorschlägen zur Neuorientierung der Bundeswehr – ähnlich dem Handbuch Innere Führung. Nur fand das „Kursbuch" damals nicht Billigung im Verteidigungsministerium – und es kursierte fortan nicht. Solch Fehler sollte heute unterbleiben. Die Bundeswehr braucht den offenen, strittigen Diskurs, im Austausch mit Politik und Gesellschaft – ganz in der Tradition unserer Militärreform vor 60 Jahren und der preußischen Heeresreform vor 200 Jahren.

Anmerkungen:

[1] Bundesministerium der Verteidigung, Schriftenreihe Innere Führung: Handbuch Innere Führung, 1964, 3. Auflage, S. 70.

[2] Leistenschneider, Stephan: Auftragstaktik im preußisch-deutschen Heer 1871 bis 1914, Hamburg 2002.

[3] Ebenda, S. 101.

[4] Van Creveld, Martin: Kampfkraft. Militärische Organisation und Leistung, Graz 2005, S. 14.

[5] Baudissin, Wolf Graf: Soldat für den Frieden. Entwürfe für eine zeitgemäße Bundeswehr, München 1969, S. 292.

[6] Schmidt, Helmut: Was fehlt der Bundeswehr? Mängel der Armee – Notwendigkeiten der Konsolidierung. In: Wolfram von Raven (Hrsg.), Armee gegen den Krieg. Wert und Wirkung der Bundeswehr, Stuttgart 1966, S. 106.

[7] Bundesminister der Verteidigung: Kommission Führungsfähigkeit und Entscheidungsverantwortung in den Streitkräften, 1979, S. 23.

[8] Arbeitsgruppe Auslandseinsätze der Bundeswehr: Auslandseinsätze der Bundeswehr im Frieden, Bericht an den Bundesminister der Verteidigung, Bonn 10. Juli 2007, S. 41.

[9] Ebenda, S. 42.

[10] Jackson, Mike: Soldiers, London 2007, S. 199.

[11] Naumann, Klaus: Einsatz ohne Ziel? Die Politikbedürftigkeit des Militärischen, Hamburg 2008, S. 87.

[12] Wolf, Ulrich: Vernetzte Operationsführung – Das Ende der Auftragstaktik? In: Helmut R. Hammerich, Uwe Hartmann, Claus von Rosen (Hrsg.), Jahrbuch Innere Führung 2010. Die Grenzen des Militärischen, Berlin 2010, S. 88-92.

[13] Bredow, Wilfried von: Kooperations-Professionalität. Das neue Profil der Bundeswehr und die notwenige Fortentwicklung der Inneren Führung. In: Elmar Wiesendahl (Hrsg.), Neue Bundeswehr – Neue Innere Führung? Baden-Baden 2004, S. 129-140.

Praxisorientierte Ethikausbildung in den deutschen Streitkräften

Thomas R. Elßner

Hinführung

Einerseits wird heute von niemandem in der Bundeswehr mehr ernsthaft bestritten, dass Ethik im Berufsalltag des Soldaten wesentliche Bedeutung für die Ausübung eines verantwortungsvollen Dienstes hat. Dies dokumentieren nicht zuletzt entsprechende Dienstvorschriften für die Bundeswehr.[1] Andererseits kann man sich mitunter des Eindrucks nicht erwehren, dass Ethik zur Zeit Konjunktur hat bzw. boomt. Hinzu kommt, dass kritische Beobachter die Skepsis äußern, dass Ethik in nicht wenigen Bereichen mehr oder weniger eine Art Feigenblattfunktion besitzt. Zudem versprechen sich manche Firmen im Hinblick auf ihr gesellschaftliches, politisches und wirtschaftliches Umfeld Vorteile, wenn sie auf ein meist selbst gewähltes ethisches Leitbild verweisen können. Mit anderen Worten: ethics sells. Von daher kann es nicht ganz verwundern, dass Zurückhaltung und Nüchternheit gegenüber manch vollmundig vorgetragenen ethischen Leitbildern in Hochglanzbroschüren besteht. Diese Skepsis ist zudem der Erfahrungstatsache geschuldet, dass eine Vermittlung von Ethik ein vielschichtiger Prozess ist und nicht mit einem technisch steuerbaren und somit exakt berechenbaren Ablauf verwechselt werden darf. Somit ist in einem Klärungsprozess ebenso die Frage zu stellen, was ethische Bildung leisten oder vielleicht auch nicht leisten kann. Diese Frage stellt sich dann noch einmal konkret in Bezug auf Streitkräfte.

Bei allen Dynamiken und Eigendynamiken, die heute vielen Prozessen in nahezu allen Bereichen weltweit eigen sind, ist es daher umso hilfreicher, ethische Reflexionen beispielsweise von der Antike an angemessen zur Kenntnis zu nehmen, um nicht in einem meist blinden Aktionismus zu versinken. Jedoch sollte man dabei nicht der Illusion erliegen, dass aus den ethischen Traditionen einfach Nutzanwendungen für die Gegenwart eins zu eins abgeleitet werden können. Richtig ist vielmehr – und das ist ein sehr wesentlicher Punkt –, dass man aus klassischen ethischen Fragestellungen Orientierung gewinnen kann.[2]

Seit der Antike ist ebenfalls ein weiterer wichtiger Punkt im Zusammenhang ethischer Reflexionen zu berücksichtigen, wie eine Umsetzung bzw. Anwendung von als richtig erkannten/anerkannten Richtlinien und Normen im alltäglichen Leben selbst erfolgen kann. Außerdem wird heute immer deutlicher gesehen, dass die Schwierigkeit einer Umsetzung von der Theorie in die Praxis nicht allein auf menschliche Trägheit oder grundsätzliche Theorieskepsis zurückzuführen ist. Vielmehr besteht die Schwierigkeit darin, dass recht selten beste und idealtypische Bedingungen und Voraussetzungen für eine Umsetzung des ethisch richtig Erkannten gegeben sind.[3] Gleichzeitig darf dieses Faktum nicht als schlichte Entschuldigung missbraucht werden. Vor diesem Hintergrund haben Ethiker auch die Aufgabe und Verantwortung, vor allem im Hinblick auf zu entfaltende berufsspezifische Ethiken (z.B. Medizin- und Bioethik), angemessene Praktiken für die Umsetzung von Normen zu finden bzw. zu entwickeln helfen.[4]

Schließlich gilt es, die häufig geäußerten Einwände von nicht wenigen Soldatinnen und Soldaten gegen ethische Reflexionen ernst zu nehmen, die da lauten: Im warmen Zimmer und am grünen Tisch lässt sich gut und lange über Ethik reflektieren, aber im Einsatz, in der Praxis sieht das ganz anders aus. Denn im Einsatz selbst habe man nicht die Zeit, lange über etwas nachzudenken, sondern man muss oft schnell und richtig handeln. Richtig an diesen Einwänden ist, dass ethisch richtig Erkanntes einer ständigen und ernsthaften Einübung bedarf, sei es durch Tun oder sei es durch Unterlassen, damit es sich annähernd in der Praxis wahrnehmbar auswirkt. Zudem ist eine solche Einübung ein permanenter und asymptotischer Prozess, der ein Leben lang währt. Ethische Bildung ist auch mit geistiger Anstrengung verbunden und kann sogenannte Selbstverständlichkeiten in Frage stellen. Geistige und intellektuelle Anstrengungen aber dürfen nicht mit Verdruss und Plage verwechselt werden.[5]

Individuelle Entscheidungsfindung – ein kurzer Praxistext

All die genannten Erfahrungen und Einwände, die seit Jahren immer wieder am Zentrum Innere Führung in Koblenz im Rahmen von unterschiedlichen Lehrgängen gemacht worden sind, haben einen Praxistest heranreifen lassen. Dieser Praxistest, der seit 2010 in Lehrgängen zur Anwendung kommt, soll im Folgenden vorgestellt werden. Der Vollständigkeit halber sei erwähnt, dass dieser Praxistest ständig durch Unterrichtserfahrung evaluiert wird.

Jeder, der Ethik lehrt oder unterrichtet, stellt sich außer den wichtigen erkenntnistheoretischen Überlegungen, z.B. nach den Voraussetzungen und Hintergrundannahmen „seiner" Ethik, die Frage, wie er Ethik unter didaktischen Aspekten vermitteln kann. Auf der Suche nach einem Modell, welches Kriterien der Erwachsenenbildung und Menschen mit unterschiedlichen Bildungsvoraussetzungen gleichermaßen entspricht, bot sich der von Anthony M. Pagano[6] entwickelte Praxistest an. Dieser ist mit Blick auf die zu unterrichtenden Soldaten und Soldatinnen am Zentrum Innere Führung verändert und angepasst worden. Vor diesem Hintergrund wird der hier beschriebene kurze Praxistest für eine individuelle Entscheidungsfindung den Soldatinnen und Soldaten unter „Koblenzer Entscheidungscheck", kurz KEC, vorgestellt.

Dieser kurze Praxistest setzt sich aus fünf Prüfkriterien zusammen: 1. Legalitätsprüfung, 2. Feuer der Öffentlichkeit, 3. Wahrhaftigkeitstest, 4. Goldene Regel und 5. der Kategorische Imperativ nach Immanuel Kant. Diese fünf Schritte werden nun im Einzelnen vorgestellt und erläutert.

KEC

Koblenzer Entscheidungs-Check

1. Legalitätsprüfung

2. Feuer der Öffentlichkeit

3. Wahrhaftigkeitstest

4. Goldene Regel

5. Kategorischer Imperativ

© Eißner/Wilke, Zentrum Innere Führung
Koblenz

Die fünf Prüfkriterien

Menschen geraten immer wieder in Situationen, in denen sie gezwungen sind, eine Entscheidung zu treffen. Ein Nicht-Entscheiden ist nicht mehr möglich. Selbst wenn jemand in dieser Situation scheinbar nichts unternimmt, hat er sich auch entschieden und „handelt" somit eben nur auf eine andere Weise. So geraten Soldaten und Soldatinnen auch in ihrem Alltag, nicht zuletzt vor allem in Auslandseinsätzen, in solche schwierige Situationen. Hinzu kommt, dass dann sowohl eine Rückvergewisserung bei einer übergeordneten Dienststelle mitunter nicht (mehr) möglich ist und eine Entscheidung nach bestem Wissen und Gewissen *jetzt* getroffen werden *muss*.

1. Legalitätsprüfung

In einem ersten Schritt ist eine Legalitätsprüfung vorzunehmen. Der Soldat muss sich darüber sicher sein, ob seine beabsichtigte Handlung gesetzeskonform ist oder nicht. Für jeden Einsatz gibt es die Rules of Engagement, die in der Regel in komprimierter Form als Taschenkarte an die Soldaten ausgeteilt werden. Um den Rules bzw. der Taschenkarte gemäß zu handeln, bedarf es im Vorfeld des jeweiligen Auslandseinsatzes eines Rechtsunterrichts bzw. einer Einweisung in die entsprechenden Rechts- und Handlungsgrundlagen. Dieser Unterricht soll dem Soldaten grundsätzlich für sein soldatisches Handeln Rechtssicherheit geben. Banal, aber richtig ist: Nur wer die Einsatzregeln kennt, kann beurteilen, ob eine Handlung grundsätzlich von den Einsatzregeln gedeckt oder nicht gedeckt ist. Jedoch wird nicht verkannt, dass es bezüglich der Anwendung rechtlicher Regelungen immer wieder zu Grauzonen kommen kann. Die Legalitätsprüfung ist somit mehr, als nur abzufragen, ob die vorgesehene Entscheidung gesetzeskonform ist. Wenngleich der Soldat erwarten darf, dass die Befehle, die er erhält, rechtmäßig sind, kann er sich nicht schlicht auf die Position „Befehl ist Befehl" zurückziehen. Vielmehr bedeutet dieser erste Schritt, auch die Absicht der übergeordneten Führung zu berücksichtigen und in diesem Sinne zu entscheiden.

2. Feuer der Öffentlichkeit

Angesichts der rasanten Entwicklung der Kommunikationstechnologie lässt sich die Arbeitshypothese aufstellen, dass es so etwas wie einen privaten bzw. persönlichen Bereich kaum noch gibt. An jedem Ort und zu jeder Zeit lassen sich heute Videoclips und Fotos z.B. per Mobiltelefon anfertigen. Niemand hat mehr die Kontrolle darüber, wann, wo und wie diese Aufnahmen einmal verwendet werden, seien sie bearbeitet oder unbearbeitet. Vor diesem Hintergrund lautet die zweite Prüffrage in Bezug auf zu beabsichtigende Aktionen: Würdest du als Soldat bzw. als Soldatin so reden und/oder so handeln, wenn dir die Weltöffentlichkeit dabei per Live-Übertragung zuhören bzw. zuschauen könnte? Anders gewendet, muss dein Reden und/oder dein Handeln das Licht der Öffentlichkeit scheuen? Wenn ja, dann ist die beabsichtigte Aktion mindestens noch einmal zu überdenken, wenn nicht sogar zu unterlassen, was sicherlich eher der Fall sein dürfte. Nicht wenige haben bereits durch unbedarfte und unüberlegte, aber erst recht durch strafwürdige Äußerungen und Handlungen sich selbst und anderen Schaden zugefügt. Stets ist daran zu denken, dass beispielsweise jedes Foto aus jedem noch so vermeintlich letzten Winkel dieser Welt innerhalb von wenigen Sekunden weltweit Verbreitung finden kann; manchmal auch Jahre später. Gerade letzter Punkt verdeutlicht, dass der Zeitpunkt einer Veröffentlichung von anderen bestimmt wird.

3. Wahrhaftigkeitstest

Bei diesem Kriterium geht es darum, ob das, was ich zu unternehmen oder zu unterlassen beabsichtige, auch einem Menschen mitteilen kann, der mir ganz besonders nahesteht (z.B. meinem Lebens- bzw. Ehepartner, meinem Kind). Die Prüffrage lautet in diesem Fall: Würde ich dies meiner Frau/meinem Mann grundsätzlich sagen können, was ich getan oder auch unterlassen habe? Was würde mein Sohn/meine Tochter zu meinen Handlungen sagen? Hierbei wird nicht ausgeblendet, dass eine Soldatin oder ein Soldat in eine Situation geraten kann, in der sie oder er sich nur zwischen einem geringeren und einem größeren Übel „entscheiden" kann, und dass es somit oft nicht die optimale Lösung gibt. Wichtig ist hier, dass ein Soldat/eine Soldatin später sagen kann, dass er oder sie sich in der ganz konkreten Situation, unter den ganz konkreten Umständen um eine wirklich angemessene Situationsbewältigung ernsthaft bemüht hat. Soldaten nennen dies auch, sich später in den Spiegel schauen zu können.

4. Die Goldene Regel

Ein weiteres Prüfkriterium ist die sogenannte Goldene Regel: „Alles, was ihr also von anderen erwartet, das tut auch ihnen. Darin besteht das Gesetz und die Propheten" (Mt 7,12). Diese Goldene Regel ist nicht nur im Neuen Testament, näherhin im Matthäusevangelium, überliefert, sondern sie findet sich der Sache nach in vielen anderen Religionen (z.B. Buddhismus, Hinduismus, Islam, Judentum, bei Zoroaster, Taoismus). Letztlich kann sie daher als universal gelten.

Die Leitfrage lautet hier: Möchtest du das, was du anderen gegenüber zu tun oder zu unterlassen beabsichtigst, an dir selbst erfahren? Der Volksmund sagt: Was du nicht willst, das man dir tut, das füg' auch keinem anderen zu. So wird man beispielsweise das Schutzzeichen des Roten Kreuzes bzw. des Roten Halbmondes auf gar keinen Fall missbrauchen dürfen, selbst wenn es der militärische Gegner getan hat, um nicht selbst auf eine solch völlig inakzeptable Weise zur Eskalation beizutragen. Wohlgemerkt: Dies ist eine ethische Begründung – unabhängig vom völkerrechtlichen Standpunkt, wonach man jene Schutzzeichen nicht missbrauchen darf.

5. Der Kategorische Imperativ

Einen Schritt weiter als die Goldene Regel geht der Kategorische Imperativ von Immanuel Kant (1724-1804). Dieser lautet in einer Fassung der „Grundlegung zur Metaphysik der Sitten": „Handle nur nach derjenigen Maxime, durch die du zugleich wollen kannst, daß sie ein allgemeines Gesetz werde."[7] Hierbei wird von Kant der „gute Wille" vorausgesetzt. Der gute Wille ist nämlich nach Kant nicht durch das, was er bewirkt oder durch seine Tauglichkeit zum Erreichen irgendeines Zwecks, sondern allein durch „das Wollen" gut.[8] Dies bedeutet, auch wenn jemand letztlich vielleicht nichts ausgerichtet hat bzw. bewirken konnte, jedoch sein wirklich guter Wille unter Aufbietung aller Mittel vorhanden war, so ist dies dennoch „wie ein Juwel"[9] und verdient somit – auch beim eventuellen Scheitern – höchste Anerkennung. Das wirkliche Problem besteht in einem solchen Zusammenhang darin, dass ich von außen nicht erkennen kann, aus welchen Motiven heraus jemand „gut" handelt. Die klassische Moraltheologie kannte daher bereits die Unterscheidung zwischen finis operis und finis operantis, das heißt: Das eine ist das Ziel der Handlung, das andere ist das Ziel des Handelnden, und zwar was dieser mit einer Handlung tatsächlich beabsichtigt. Anders gewendet: „Gut" handeln kann jemand auch aus dem Grund, um Anerkennung bei seinen Mitmenschen zu erzielen. Die wäre aber nach Kant eine Handlung ohne sittlichen Gehalt. Deshalb sagt Kant: „Der kategorische Imperativ würde der sein, welcher eine Handlung als für sich selbst, ohne Beziehung auf einen andern Zweck, als objektiv-notwendig vorstellte".[10] Somit ist mit Bezug auf den Kategorischen Imperativ schließlich die Prüffrage zu stellen: Besitzen meine persönlichen Motive und/oder Grundsätze, denen ich zum Erreichen eines Ziels folge, grundsätzlich die Voraussetzungen, dass sie zu einem allgemeinen Gesetz werden könn(t)en. Anders gewendet: Kann ich wollen, dass das, was ich als Soldat oder Soldatin zu tun oder zu unterlassen beabsichtige, Allgemeingültigkeit z.B. im Humanitären Völkerrecht erlangt? Und noch einmal anders gesagt: Wenn ich im Begriff bin, für mich und mein Handeln einen Ausnahmestatus in Anspruch zu nehmen, das heißt, für alle anderen gelten die Regeln, aber nicht für mich, so habe ich gegen den Kategorischen Imperativ verstoßen und meine beabsichtigten Handlungen und/oder Unterlassungen können im Sinne Kants auch keinen sittlichen Gehalt für sich in Anspruch nehmen.

Der Praxistest konkret

Nachdem die Prüfkriterien des Koblenzer-Entscheidungs-Checks (KEC) genannt und vorgestellt worden sind, sollen diese an zwei konkreten Beispielen einmal durchgespielt und erläutert werden:

Mutter Theresa

1. Legalitätsprüfung: Widersprach es den staatlichen Gesetzen in Indien, in Kalkutta völlig Verarmten und Notleidenden zu helfen?

2. Feuer der Öffentlichkeit: Würde Mutter Theresa den Hilfebedürftigen auch dann beistehen, wenn sie die Aufmerksamkeit der Öffentlichkeit auf sich zieht?

3. Wahrhaftigkeitstest: Konnte sie das, was sie tat, ihren Mitschwestern außerhalb Indiens mitteilen?

4. Goldene Regel: Konnte das, was sie anderen tat, auch ihr selbst zugefügt werden?

5. Kategorischer Imperativ: Konnte sie wollen, dass ihr Wille zur Hilfeleistung Allgemeingültigkeit in Bezug auf die Hilfeleistung für alle Armen dieser Welt erlangt?

Die Antwort auf all diese Fragen lautet letztlich „ja". Daraus kann der Schluss gezogen werden, dass das Verhalten Mutter Theresas als ethisch bzw.

moralisch verantwortbar eingestuft werden darf.

Sogenannte Schädelaffäre vom Frühjahr 2003; an die Öffentlichkeit im Herbst 2006 gelangt

1. Legalitätsprüfung: Widersprach es Gesetzen in Deutschland, sich mit Totenschädeln fotografieren zu lassen?

2. Feuer der Öffentlichkeit: Hätten die Soldaten sich auch dann in der Art und Weise, wie sie es getan haben, mit Totenschädeln fotografieren lassen, wenn es Fernsehanstalten hätten live (weltweit) übertragen können?

3. Wahrhaftigkeitstest: Hätten die Soldaten es ihren nächsten Angehörigen in Deutschland erzählen können, dass sie sich und wie sie sich mit Totenschädeln haben fotografieren lassen?

4. Goldene Regel: Würden sie es akzeptierten, dass das, was sie mit fremden Totenschädeln taten, einmal auch mit ihren eigenen Schädeln geschieht?

5. Kategorischer Imperativ: Könnten die Soldaten wollen, dass das Sich-Fotografieren-Lassen mit menschlichen Totenschädeln ein allgemeines Gesetz wird bzw. Allgemeingültigkeit erlangt? Eine sogenannte Friedhofsschändung lag nicht vor.

Während der Entscheidungscheck bezüglich Mutter Theresa relativ leicht durchzuführen ist, was unter didaktischen und beispielgebenden Aspekten beabsichtigt ist, liegt der Fall bei der sogenannten Schädelaffäre etwas anders. Eine Legalitätsprüfung hätte ergeben, dass es grundsätzlich kein Gesetz gibt, welches das Sich-Fotografieren mit echten Menschenschädeln streng genommen verbietet. Auch bezüglich der Goldenen Regel hätten die betroffenen Soldaten sagen können, dass es ihnen egal sei, was nach ihrem Tod einmal mit ihren Körpern bzw. mit ihren Schädeln geschieht. Vielleicht haben sie sogar einen engen Freundeskreis und Verwandte, dem sie all das erzählen und anhand von Fotos zeigen können, wie sie sich haben fotografieren lassen, ohne dass sie dabei an Achtung und Anerkennung verlieren. Jedoch das Prüfkriterium „Feuer der Öffentlichkeit" hätte sie zum Ergebnis kommen lassen müssen, eine solche Handlung zu unterlassen, zumal eine solche Veröffentlichung – wegen ihrer Wirkung auf die Gefühlslage von Afghanen, Deutschen, Russen, aber auch von Muslimen und Christen – ihre Kameradinnen und Kameraden im Einsatz hätte gefährden können. Während man die Prüffrage „Feuer der Öffentlichkeit" noch unter dem Stichwort Klugheitsregel einordnen kann, kann auch von jenen Soldaten nicht gewollt sein, dass das zu einem allgemeinen Gesetz erhoben wird bzw. Allgemeingültigkeit erlangt, dass und wie sie sich mit Totenschädeln haben fotografieren lassen.

Somit wird deutlich, dass beim Koblenzer-Entscheidungs-Check nicht immer alle Prüffragen mit einem „ja" oder mit einem „nein" beantwortet sein müssen, aber es reicht bereits eine negative Beantwortung von diesen fünf Prüffragen aus, um mindestens eine beabsichtigte Handlung oder Unterlassung noch einmal einer Prüfung zu unterziehen.

Fazit

Ziel dieses kurzen Praxistestes ist es, anhand von jenen fünf Kriterien die beabsichtigten eigenen Handlungen bzw. auch Unterlassungen auf ihre Tauglichkeit hin innerhalb kürzester Zeit zu prüfen. Dabei wird nicht verkannt, dass ein Soldat in Situationen geraten kann, in denen er nur zwischen einem geringeren und einem größeren Übel zu wählen hat.

Wichtig ist, dass ein Soldat die oben genannten Prüfkriterien ebenso stets einübt, wie er sich physisch auf einen Einsatz vorbereitet. Wenn er dies tut, erlangt der Soldat auf diese Weise einen entsprechenden Habitus, der ihm hilft, das Eingeübte in schwierigen Situationen tatsächlich auch anwenden zu können. Daher sollte ein Soldat, eine Soldatin, nicht erst in schwierigen Situationen damit beginnen, sich an die genannten Prüfkriterien zu erinnern. Ziel ist es, diese durch stetige Einübung stets präsent zu haben und entsprechend danach zu handeln.

Anmerkungen:

[1] Vgl. ZDv 10/1 „Innere Führung" vom 28. Januar 2008 und ZDv10/4 „Lebenskundlicher Unterricht" vom 20. Januar 2009.

[2] Vgl. Winkler, Heinrich August, Aus der Geschichte lernen? In: Die Zeit, Nr. 14/2004.

[3] Vgl. Elßner, Thomas R., In der Erprobung. Stärkung ethischer Grundlagen in der Bundeswehr. In: if. Zeitschrift für Innere Führung Nr. 1, 2010, S. 12.

[4] Vgl. Goertz, Stephan, Weil Ethik praktisch werden will. Philosophisch-theologische Studien zum Theorie-Praxis-Verhältnis, Regensburg 2004, S. 14-17.

[5] Mihi crede verum gaudium res severa est (Glaube mir, echte Freude ist eine ernste Sache), Seneca, Ad Lucilium, Epistulae Morales, Liber Tertium, Epistula 23,4.

[6] Vgl. Pagano, Anthony M., Criteria for Ethical Decision Making in Managerial Situations. A paper presented at the Academy of Management Meetings, New Orleans 1987.

[7] Kant, Immanuel, Grundlegung der Metaphysik der Sitten. In: Königlich Preußische Akademie der Wissenschaften (Hrsg.), Kants gesammelte Schriften. Kants Werke, Bd. IV, Berlin 1911, S. 421.

[8] Vgl. ders., a.a.O., S. 394.

[9] Ders., a.a.O., S. 394.

[10] Ders., a.a.O., S. 414.

Literatur:

Bundesministerium der Verteidigung (Hrsg.), ZDv 10/1 Innere Führung. Selbstverständnis und Führungskultur der Bundeswehr, Bonn/Potsdam 2008.

Bundesministerium der Verteidigung (Hrsg.), ZDv 10/4 (zE) Lebenskundlicher Unterricht. Selbstverantwortlich leben – Verantwortung für andere übernehmen können, Bonn 2009.

Elßner, Thomas R., In der Erprobung. Stärkung ethischer Grundlagen in der Bundeswehr. In: if. Zeitschrift für Innere Führung Nr. 1 2010, S. 11-14.

Goertz, Stephan, Weil Ethik praktisch werden will. Philosophisch-theologische Studien zum Theorie-Praxis-Verhältnis, Regensburg 2004.

Kant, Immanuel, Grundlegung der Metaphysik der Sitten. In: Königlich Preußische Akademie der Wissenschaften (Hrsg.), Kants gesammelte Schriften. Kants Werke, Bd. IV, Berlin 1911.

Pagano, Anthony M., Criteria for Ethical Decision Making in Managerial Situations. A paper presented at the Academy of Management Meetings, New Orleans 1987.

Winkler, Heinrich August, Aus der Geschichte lernen? In: Die Zeit, Nr. 14/2004.

Überlegungen zur Gewinnung ethischer Handlungssicherheit

Carl Mathias Wilke

„Wann haben Sie zum ersten Mal gelernt, was richtig oder falsch ist?" Jeder, dem ich diese Frage gestellt habe, gab mir zur Antwort: „Als ich noch klein war, von meinen Eltern". Eltern erziehen ihre Kinder, wobei sie ihnen beibringen, was man darf und was nicht. Wenn alles gut geht, dann folgt auch noch eine Erklärung, weshalb eine Handlung richtig oder falsch ist. Ergänzt werden diese Erziehungsabschnitte durch Kindergarten und Schule, durch Vertreter der Kirchen und der Vereine. Insbesondere Sportvereinen mit ihren Spielregeln und dem Fairplay-Gedanken kommt eine herausgehobene Bedeutung zu. Letztlich alle Elemente und Gruppen der Gesellschaft beteiligen sich an der ethischen Bildung und an der Ausgestaltung moralischer Standards.

Wie sehen die moralischen Standards aus? Der Volksmund kennt eine Fülle von Vorgaben zum richtigen Verhalten. Hier nur einige zur Auswahl: „Was du nicht willst, das man dir tut, das füg auch keinem anderen zu!"[1], „Wer einmal lügt, dem glaubt man nicht, und wenn er auch die Wahrheit spricht", „Üb immer Treu und Redlichkeit", „Wer andern eine Grube gräbt, fällt selbst hinein", „Quäle nie ein Tier zum Scherz, denn es fühlt wie du den Schmerz". Und viele Märchen enden mit der Schlussformel: „Und die Moral von der Geschicht': ..." mit der entsprechenden Aufforderung an die Zuhörer, sich in Zukunft entsprechend der Mahnung des Märchens zu verhalten. Diese und weitere „Lehren" werden von Generation zu Generation weitergegeben. Dabei sind sie kein Selbstzweck. Vielmehr tragen sie zu einem stabilen gesellschaftlichen Miteinander bei.

Letztlich orientieren sich diese moralischen Regeln an Werten, die sich in einer Gesellschaft ausgeprägt und entwickelt haben. Aus diesen Werten werden Normen abgeleitet, die vielfach auch religiösen Ursprungs[2] sind:

„Du sollst nicht töten"

„Du sollst nicht falsch gegen einen anderen aussagen"

„Du sollst nicht stehlen"

„Du sollst nicht eine Ehe brechen"

All dies dient dem sozialen Frieden und trägt zur Verlässlichkeit im Zusammenleben bei.

Was bedeuten diese Erkenntnisse für eine Armee?

Die Aufgabe von Soldaten ist grundsätzlich, die Gemeinschaft gegen Bedrohung von Außen zu schützen. Der Soldatenberuf dient keinem Selbstzweck. Vielmehr ist es eine dienende Tätigkeit. Dabei ist es von grundlegender Bedeutung, dass ein breites Urvertrauen zwischen der Gesellschaft und den Soldaten besteht. Die Soldaten müssen von der Richtigkeit ihres Dienstes und der Verteidigungswürdigkeit der Gesellschaft überzeugt sein. Ebenso muss die Gesellschaft davon überzeugt sein, dass die Soldaten die Interessen der Gesellschaft in ihrem Sinn vertreten und verteidigen. Solange die Soldaten sich aus den Bürgern der Gesellschaft zusammensetzen, werden beide – Soldaten und Gesellschaft – nach den gleichen ethischen Grundsätzen handeln. Die Entwicklung geht dort auseinander, wo eine Gesellschaft sich Kämpfer bedient, die nicht aus ihrem eigenen Kulturkreis kommen (z.B. Söldner), oder wo die Gesellschaft selbst bereits so ausdifferenziert ist, dass sie kein einheitliches Wertesystem mehr hat.

Soldaten der Bundeswehr greifen auf den Wertekanon des Grundgesetzes zurück, auf welchen sie auch vereidigt sind. Dieser Wertekanon zieht nicht nur die Konsequenz aus der deutschen Geschichte, wonach Menschenwürde und Demokratie die unerlässliche Bedingung darstellten. Dieser Wertekanon ist auch zukunftsweisend und steht auf einem breiten weltweiten Konsens: bezogen auf die Wertegemeinschaft der VN[3], bezogen auf die Wertegemeinschaft der NATO[4] und bezogen auf die Wertegemeinschaft der Europäischen Union.

Um diese Werte und Normen zu pflegen und zu erhalten, bedarf es verschiedener Voraussetzungen:

Die Auszubildenden: Zunächst können wir feststellen, dass die jungen, volljährigen Männer und Frauen, wenn sie Soldaten werden, nicht wie unbeschriebene Blätter sind, die man zum ersten Mal in ihrem Leben mit ethischem Denken in Berührung bringt. Vielmehr verfügen sie bereits wie eingangs schon erwähnt über ein ethisches Bewusstsein. Dies hat zur Folge, dass der Ausbilder die Abholpunkte der Auszubildenden ermitteln und im Anschluss das Wissen synchronisieren muss. Bei allem Verständnis für Pluralität der Ansichten ist es unerlässlich, dass ein möglichst breiter Konsens in ethischen Fragen besteht. Im Übrigen ist es zielführend, zu unterscheiden, ob den Auszubildenden Hilfestellung gegeben werden soll, ihr eigenes ethisches Bewusstsein zu entwickeln, oder ob man ein Ethik-Training für Vorgesetzte ansetzt. Im letzteren Fall erweitert sich die Thematik um einen großen Anteil zum Thema Verantwortung.

Ausbildungsziel: Das Ziel der ethischen Ausbildung muss darin bestehen, nicht lediglich Wissen zu vermitteln, sondern ethisches Bewusstsein zu wecken und in der Umsetzung ethische Handlungssicherheit beim Lernenden zu verbessern. Ethisches Wissen ohne die Fähigkeit, dieses in die Entscheidungsfindung einbringen zu können, ist wertlos. Dies ist gerade für Soldaten dann ein unverzichtbarer Aspekt, wenn man keine Söldnertruppe haben will. Deren legitimes Ziel ist eine höchstmögliche Bezahlung, unabhängig von den Zielen der Gesellschaft, für die sie eintritt.

Ausbildungsinhalte: Ethik ist kein Fach wie Physik oder Chemie, in welchem Phänomene beliebig oft mit einem hohen Grad an Zuverlässigkeit reproduzierbar sind. Bei Ethik kommt es nicht nur auf Wissen an, sondern auch in einem großen Maße auf persönliche Einstellung und innere Überzeugung. Diese können nicht „befohlen" werden. Die Lernenden werden immer ihren eigenen Teil ihrer Sicht der Dinge behalten und, je nach Erkenntnisfortschritt, sich ein kritisches Bewusstsein bewahren und entwickeln lassen. Letztlich ist dies auch erforderlich, um in schlecht strukturierten Entscheidungssituationen die angemessenen und erforderlichen Maßnahmen treffen zu können.

Ausbilder: Mit dem vorher Beschriebenen muss der Ausbilder in einem ersten Schritt ethisches Grundwissen vermitteln und Zusammenhänge und Konsequenzen erklären. Schließlich geht es immer noch um den Aspekt, Wissen zu synchronisieren. Sehr schnell wird aber eine Ausbildungsstufe erreicht werden, in welcher der Ausbilder nur noch durch sein Vorbild und seine eigene innere Einstellung überzeugt und somit die Lernenden erreicht. Wie in kaum einem anderen Gebiet sind Authentizität und Wahrhaftigkeit auf Seiten der Ausbilder Grundvoraussetzung für den Erfolg. Einstellungen kann man nur bewusst machen, nicht aber befehlen. Dies zu verstehen und richtig anzuwenden erfordert in einer Organisation wie der Armee, in der viele andere Entscheidungen von Vorgesetzten getroffen und befohlen werden und die Unterstellten die Maßnahmen gehorsam ausführen, ein Neubedenken militärischer Strukturen. Für die Bundeswehr ist diese Situation nicht wirklich revolutionär. Schon seit Anfang ihres Bestehens verlangte sie von den Untergebenen den

„mitdenkenden Gehorsam" – im Gegensatz zu der NVA bis 1990, in welcher der „unbedingte Gehorsam"[5] gefordert wurde –, bei dem der Untergebene selbst über die Ausführung von Befehlen mit entscheidet[6]. In letzter Konsequenz muss sich der Ausbilder und Führer fragen, mit welcher Art von Untergebenem er den größten militärischen Erfolg haben wird.

Ausbildungsform: Die Frage nach der besten Methode ist in diesem Fall die Königsdisziplin. Frontalunterrichte, Referate oder Vorträge dürfen nur die Ausnahme sein. Jede Form, die eine Beteiligung ermöglicht sowie dazu beiträgt, eigene Einstellungen bewusst zu machen, führt dazu, die eigene Überzeugung zu überdenken und schneller ethisch wertvollere Entscheidungen zu treffen. Ein erfolgversprechendes Ethik-Training wird somit eingeübte und reflektierte Entscheidungskriterien beinhalten, aber auch Übungen, Moderation, Diskussionen und Rollenspiele.

Ausblick: In den letzten Jahren wurde in immer mehr Staaten der Welt deutlich, dass Soldaten nur dann erfolgreich sein können, wenn ihre Entscheidungen auch ethischen Überlegungen standhalten. Dabei gilt unbeschadet, dass Entschlossenheit, das Gefecht gewinnen zu wollen, nicht in einem Widerspruch zu ethischem Handeln steht.

Man kann mit gewisser Berechtigung die Schlacht von Solferino im Jahr 1859 als den Beginn betrachten, Kriege und Gefechte unter einem weitergespannten Gesichtspunkt zu sehen[7]. Einen weiteren deutlichen Schritt in diese Richtung stellen die Gründung der Vereinten Nationen (1945) sowie die Allgemeine Erklärung der Menschenrechte (1948) dar, auch wenn sich die Vereinten Nationen während des Kalten Krieges durch rivalisierende Interessen innerhalb des Sicherheitsrates nicht voll entfalten konnten. Immerhin hat der Generalsekretär Dag Hammarskjöld mit der Bildung von Blauhelm-Soldaten das Berufsbild des Soldaten signifikant erweitert. Von ihm stammt der Gedanke: „Frieden schaffen ist kein Job für Soldaten, aber nur Soldaten können es!"[8] Diese Entwicklung ist noch lange nicht zu Ende und die unzähligen Symposien, Kolloquien und Konferenzen, die in den letzten Jahren weltweit abgehalten wurden, sind ein Beleg für den großen Bedarf, Soldaten ethische Handlungssicherheit gewinnen zu lassen.

Anmerkungen:

[1] Dieser Ausspruch wird auch als „Goldene Regel" bezeichnet und findet sich in seinem Sinngehalt in allen Weltreligionen.

[2] Auch wenn diese Gebote in der Bibel stehen und somit zunächst verbindlich für Juden und Christen sind, gelten die Forderungen sinngemäß in allen Religionen. An dieser Stelle werden bewusst die Gebote der „zweiten Hälfte" hervorgehoben, weil diese auf das menschliche Miteinander zielen.

[3] Dies wird vor allem in der „Allgemeinen Erklärung der Menschenrechte" vom 10. Dezember 1948 deutlich.

[4] Die NATO ist mehr als lediglich eine Verteidigungsgemeinschaft. „Treaty" heißt Vertrag und schon in den Zeiten des Kalten Krieges hat sich die NATO um gemeinsame Aufgaben und Ziele gekümmert – bis hin zum Umweltschutz.

[5] Eid der NVA, Abschnitt 3 „Ich schwöre, ein ehrlicher, tapferer, disziplinierter und wachsamer Soldat zu sein, den militärischen Vorgesetzten unbedingten Gehorsam zu leisten, die Befehle mit aller Entschlossenheit zu erfüllen und die militärischen und staatlichen Geheimnisse immer streng zu wahren." Gültig bis zum 27. April 1990. An diesem Tag beschloss die Volkskammer der DDR eine neue Eidesformel für die Soldaten der NVA, auf welche diese am 20. Juli 1990 verpflichtet wurden.

[6] Näheres hierzu in den einschlägigen Kommentaren zum § 11 „Gehorsam" des Soldatengesetzes. Der Befehlsempfänger ist gesetzlich verpflichtet, zu prüfen, ob er gehorchen muss, gehorchen darf oder den Befehl nicht ausführen darf!

[7] Entscheidungsschlacht im Sardinischen Krieg, deren Grausamkeiten und Hilflosigkeiten der verwundeten Soldaten dazu führte, dass der Schweizer Kaufmann Henry Dunant das Rote Kreuz gründete.

[8] Zitiert nach Reinhold Robbe, Kolumne des Wehrbeauftragten 05/2008 in „Kompass" Organ der Katholischen Militärseelsorge.

Interkulturelle Kompetenz in der Bundeswehr

Uwe Ulrich

Einleitung

Durch die zunehmende Globalisierung, die Einbindung Deutschlands in internationale Strukturen und die Öffnung für Angehörige anderer Kulturen, verbunden mit dem demographischen Wandel, wird die Entwicklung Interkultureller Kompetenz zu einer überlebenswichtigen gesellschaftlichen Aufgabe. Auch die Bundeswehr muss sich dieser Entwicklung stellen. Die kulturelle und religiöse Vielfalt in der Bundeswehr, die multinationale Zusammenarbeit mit Verbündeten und Partnern aus der ganzen Welt sowie ggf. der Einsatzauftrag in fremdkulturellem Umfeld erfordern in wachsendem Maße Interkulturelle Kompetenz. Dies ist eine bundeswehrgemeinsame Aufgabe und leitet sich unmittelbar aus dem Konzept der Inneren Führung und dem Leitbild des Staatsbürgers in Uniform ab.[1]

Verständnis

Interkulturelle Kompetenz wird oft als eine „Schlüsselqualifikation" bezeichnet. Der Begriff der Schlüsselqualifikation ist nicht unproblematisch, sagt er doch nichts zu den übergeordneten Ziel- und Wertvorstellungen aus. Es macht einen Unterschied, ob am Anfang der Überlegungen „das Andere" oder „das Eigene", „das Trennende" oder „das Gemeinsame", die Frage nach dem „Wogegen" oder dem „Wofür" steht.

Deutsche Soldaten schwören, „der Bundesrepublik Deutschland treu zu dienen und das Recht und die Freiheit des deutschen Volkes tapfer zu verteidigen." Sie stehen damit für die Werteordnung des Grundgesetzes notfalls mit ihrem Leben ein. Daraus abgeleitet, bildet die Innere Führung für deutsche Soldaten stets Richtschnur, Kompass und Ankerpunkt für das eigene Handeln.[2] Hinsichtlich des Bezugspunktes bildet also immer die Frage nach dem „Wofür" und damit auch die Frage nach dem individuellen und kulturellen „Selbst" den Ausgangspunkt der Überlegungen. Selbstverständlich schließt das die anderen Fragen nicht aus – aber Interkulturelle Kompetenz kann in diesem Verständnis eben nicht nur als Mittel zum Zweck betrachtet werden. Dies erscheint insbesondere vor dem Hintergrund von teilweise sehr kritisch bewerteten Erfolgsaussichten aktueller Strategien zur Bekämpfung Aufständischer als überaus bedeutsam.[3]

Um es am Beispiel des Einsatzes der Bundeswehr in Afghanistan deutlich zu sagen: Die Bundeswehr bemüht sich nicht in erster Linie um die Interkulturelle Kompetenz des Personals, um bei der Bekämpfung von Aufständischen und beim Eigenschutz Vorteile zu haben. Allerdings sind möglicherweise auch Vorteile bei der Bekämpfung der Aufständischen und beim Eigenschutz zu erwarten, weil die Soldaten – hoffentlich authentisch – im Sinne eines sich seiner selbst und der eigenen Kultur bewussten und gegenüber einer anderen Kultur respektvoll agierenden Menschen wahrgenommen werden.

Kultur

In der klassischen Anthropologie wird Kultur als durch den Menschen zweckdienlich veränderte Natur bezeichnet. Kultur ist folglich etwas spezifisch Menschliches. Jeder Mensch wird in eine Kultur hinein geboren und richtet sich notwendigerweise daran aus. Kultur ist ein, für eine Gruppe notwendiges und typisches, nichtstatisches, teilweise unbewusstes Orientierungssystem. Sie umfasst Werte und Normen, die sich in Strukturen widerspiegeln, und beeinflusst das Wahrnehmen, Denken, Werten, Glauben und Handeln aller ihrer Mitglieder. Kultur vermittelt zudem Zugehörigkeit, Sicherheit und Verlässlichkeit. Dies bedient wesentliche menschliche Grundbedürfnisse und ermöglicht es, sich in der Welt zurechtzufinden.[4]

Vergleichbar einem Eisberg verfügen Kulturen über eine wahrnehmbare Oberfläche, wie etwa Architektur, Rituale, Mode, Symbole oder auch Sprache. Darunter verbirgt sich das Konzept von Werten, Bedeutungen und Interpretationen. Problematisch kann es werden, wenn gewohnte Bahnen verlassen werden und wenn dann z.B. beim Kontakt mit Personen aus einer anderen Kultur von den sichtbaren Anteilen einer fremden Kultur auf die dahinter liegenden unsichtbaren Wertkonzepte geschlossen wird. Dies geschieht meist auf der Grundlage von wertgebundenen Interpretationen, die das Produkt der eigenen kulturellen Erfahrungen sind. Hier liegt ein Dilemma begründet, ist dies doch auch ein fundamentaler Prozess der menschlichen Psyche, der es ermöglicht, Komplexität verstehbar zu machen und somit – zumindest vordergründig – Handlungssicherheit zu erzeugen.

Interkulturelle Kompetenz

Interkulturelle Kompetenz ist nicht als eigenständige Kompetenz zu betrachten, sondern setzt sich aus einem Bündel von Fähigkeiten mit Bezug auf die interkulturelle Situation zusammen.

Dies sind vor allem Ambiguitätstoleranz, Empathie, Rollendistanz und Kommunikationsfähigkeit. Ambiguitätstoleranz bedeutet, das Spannungsverhältnis zwischen unvereinbaren Gegensätzen auszuhalten. Dazu ist die Bereitschaft notwendig, sich aus dem bekannten Handlungsgefüge zu lösen und damit verbundene Unsicherheiten nicht notwendigerweise negativ zu bewerten.

Definition: „Interkulturelle Kompetenz umfasst die individuelle Fähigkeit und Bereitschaft der Angehörigen der Bundeswehr, sich im Grundbetrieb und Einsatz im Bewusstsein der eigenen kulturellen Prägung mit anderen Kulturen, Religionen, Lebenswelten und deren Besonderheiten angemessen auseinanderzusetzen, entsprechende Kenntnisse und Fertigkeiten zu erwerben, sowie Verständnis und Sensibilität für fremde Werte, Ansichten und Handlungsweisen zu entwickeln."

BMVg Fü S I 4: Vorläufiges Konzept zur Stärkung und Vermittlung Interkultureller Kompetenz in der Bundeswehr (VorlKonzept VermStärkgIkKBw) vom 13. November 2010.

Empathie beinhaltet die Bereitschaft und die Fähigkeit, sich in die Lage oder Befindlichkeit einer anderen Person hineinzuversetzen. Dies erfordert Sensibilität, Fingerspitzengefühl sowie die Fähigkeit zur Übernahme der Perspektive des Gegenübers. Unter Rollendistanz versteht man die Fähigkeit, die Differenz zwischen Selbstbild und Fremdbild zu reflektieren. Bei der Kommunikationsfähigkeit sind neben verbalen (Sprache) auch nonverbale (z.B. Gestik, Mimik) Verhaltensweisen sowie Inhalts- und Beziehungsaspekte zu berücksichtigen. Interkulturelle Kompetenz kann als eine erweiterte Form sozialer Kompetenz verstanden werden, da sie zur Herstellung sozialer Beziehungen in interkulturellen Kontexten nötig ist. Die Klärung eben dieser, meist gefühlsmäßig bestimmten, Beziehungsebene ist aber wesentlich, weil diese stets die Sachebene überstrahlt.

> „Es ist überhaupt nichts so wichtig im Leben, als genau den Standpunkt aus-
> zumitteln, aus welchem die Dinge aufgefasst und beurteilt werden müssen, und
> an diesem festzuhalten; denn nur von einem Standpunkte aus können wir die
> Masse der Entscheidungen mit Einheit auffassen, und nur die Einheit des
> Standpunktes kann uns vor Widersprüchen sichern." Carl von Clausewitz,
> „Vom Kriege", Bonn 1952, 16. Auflage, S. 890.

Zum Kernbestand Interkultureller Kompetenz gehört auch die Bereitschaft und die Fähigkeit zum Lernen, sich also mit Fremdem und Unbekann-
tem auseinanderzusetzen. Gerade dies kann mit Blick auf systemische Behar-
rungskräfte des psychischen Apparates problematisch sein. Dinge, die man
nicht kann, sind unangenehm und werden womöglich vermieden oder ver-
drängt. Solche Hürden sind letztlich nur durch Erfahrung zu überwinden, was
es so schwer macht, Vorurteile zu brechen oder ernsthaft „lessons learned"
Prozesse zu betreiben. Es ist für den Lernenden nämlich kaum möglich, einen
Veränderungsprozess vom Ergebnis her zu denken. Rein kognitiv orientierte
Ansätze gehen daher oftmals ins Leere.[5] Um den Mut aufzubringen, sich auf
Neues, ggf. Fremdes, einzulassen, ist Vertrauen in sich und andere, das Bewusstsein seiner selbst aber auch Gelassenheit notwendig – klassische soldatische Tugenden. Es geht also zuallererst darum, sich der eigenen Mitte, der eigenen Identität, des eigenen Standpunktes bewusst zu werden. Dieser Ansatz
hat, wie das nebenstehende Zitat von Clausewitz belegt, eine lange Tradition in
deutschen Streitkräften. Es geht darum, einen persönlichen Standpunkt zu
entwickeln, ihn nicht der Beliebigkeit preiszugeben, sondern mit innerer Überzeugung zu vertreten – einen solchen aber auch anderen zuzugestehen, zu akzeptieren und zu respektieren. Der Zusammenhang zu insbesondere ethischen
Aspekten der Inneren Führung liegt auf der Hand.

Es gilt, sich der Bedeutung der eigenen kulturellen Prägung als not-
wendigem Orientierungssystem bewusst zu werden, um zu verhindern, dass
eigene Vorurteile die Bewertung fremder Handlungsweisen unbewusst beeinflussen. Darüber hinaus geht es im Rahmen kulturspezifischer Ausbildungen
darum, ein Bewusstsein sowohl für kulturelle Gemeinsamkeiten, aber auch
Unterschiede zu entwickeln, sowie kulturelle Vielfalt zu akzeptieren. So können die Voraussetzungen geschaffen werden, mögliche Synergien im Sinne des
Auftrages zu nutzen, persönliche Beziehungen als Basis der inhaltlichen Zusammenarbeit aufzubauen, aber auch, um mögliche Frustrationen im Rahmen

des Selbstmanagements zu meistern. Nur so kann die Voraussetzung für situativ angemessenes Handeln im interkulturellen Kontext geschaffen werden.

Wirkungsfelder

Zusammen mit den Entwicklungen im Rahmen der anstehenden Reformen der Bundeswehr, lässt die gesellschaftspolitische Entwicklung dauerhaft eine wachsende ethnische, kulturelle und religiöse Vielfalt auch innerhalb der Bundeswehr erwarten. Hinzu kommt die Einbindung der Bundeswehr in multinationale Strukturen. Die hohe Bedeutung Interkultureller Kompetenz im Grundbetrieb liegt auf der Hand.

Die **Interkulturelle Einsatzberatung** (IEB) umfasst im Schwerpunkt die Beratung von militärischen Entscheidungsträgern bei Vorbereitung und Durchführung von Einsätzen der Bundeswehr in Einsatzgebieten, die Beratung aller Soldatinnen und Soldaten, die im Einsatzgebiet mit Entscheidungsträgern und der Bevölkerung Kontakt aufnehmen und halten, sowie das Erschließen und die Pflege von Kontakten zu relevanten Personen sowie deren Nutzung zur Informationsgewinnung.

BMVg Fü S II 2: Konzept zur Wahrnehmung der Interkulturellen Einsatzberatung in der Bundeswehr (Konzept IEBBw) vom 24. Juli 2009, S. 3.

Der Einsatzauftrag in fremdkulturellem Umfeld erfordert ebenfalls die am Auftrag und der Funktion orientierte Interkultureller Kompetenz der Angehörigen der Bundeswehr auf allen Ebenen. Denn Kultur ist stets Teil des Rahmens, in dem militärische Einsätze geführt werden. Wird die Bedeutung von Kultur ignoriert, erhöht sich das Risiko, dass das Ziel eines Auftrages oder Einsatzes nicht erreicht und erfolgreiches Zusammenwirken verhindert wird. Ein Verständnis von Kultur über das gesamte Spektrum militärischer Einsätze und Vorgänge erhöht auf allen Ebenen das Lagebewusstsein, erhöht den Schutz der Truppe.[6] Interkulturelle Kompetenz, im Sinne einer Couterinsurgency Strategie eher als Instrument verstanden, bietet jedoch keine Erfolgsgarantie.[7] Gleiches gilt auch für die Sammlung und Aufbereitung soziometrischer oder landeskundlicher Daten. Sie bieten sicher eine erste Orientierung, ersetzen aber nicht das Urteil der handelnden Personen in der konkreten Situation. Hier setzt die Interkulturelle Einsatzberatung an, die zu einem tieferen Verständnis der Rolle kultureller Aspekte in der jeweiligen Situation beitragen soll. Sie wird getragen von dem umfassenden, interdisziplinär ausgerichteten Urteil von speziell auf die Region ausgebildetem Fachpersonal vor Ort sowie der Möglichkeit des Rückgriffs auf Beratungsexpertise eines Expertennetzwerkes in Deutschland.

Bedeutung

Interkulturelle Kompetenz ist in allen diesen Wirkungsfeldern sowohl auf der Ebene des Einzelnen als auch auf der organisatorischen und strategischen Ebene von Bedeutung. Augenfällig wird dies an einer langen Reihe von Beispielen im Rahmen militärischer Auslandseinsätze. Zeigen Soldaten vor Ort mangelnde kulturelle Sensibilität, kann dies rasch von strategischer Relevanz sein und die Sicherheit der Truppe sowie den gesamten Einsatz bis hin zum Image einer ganzen Nation gefährden. Anders herum ist aber auch davon auszugehen, dass die ernsthafte und durchgehende Berücksichtigung dieser Thematik in der Führungskultur und auf der politisch-strategischen Ebene seine Wirkung auf den Einzelnen und damit schließlich auch auf den Einsatzerfolg nicht verfehlen wird.[8]

Didaktik und Methodik

Interkulturelle Kompetenz kann grundsätzlich nur durch einen möglichst intensiven, auf Dauer angelegten und an den Prinzipien der Erwachsenenbildung orientierten, ganzheitlichen Lehr-/Lernprozess erreicht werden. Sie wird nicht erst bzw. nur in der Bundeswehr entwickelt. Es handelt sich vielmehr um eine gesamtgesellschaftliche Aufgabe. Im Sinne der Konzeption der Inneren Führung muss das Bemühen um Interkulturelle Kompetenz alle Bereiche des militärischen Dienstbetriebes durchdringen, um erfolgreich zu sein. Nach diesem Verständnis kann Interkulturelle Kompetenz nicht nur im Sinne von Unterrichtseinheiten gelehrt und gelernt werden. Sie ist vielmehr als integraler Bestandteil der militärischen Ausbildung zu verstehen, ebenengerecht zu vermitteln und im Rahmen des gesamten Dienstbetriebes zu stärken.[9] Dies sollte durch Fachleute oder solche Vorgesetzte geschehen, die z.B. den Lehrgang „Interkulturelle Kompetenz für Multiplikatoren" am Zentrum Innere Führung besucht haben.

Interkulturelle Trainings können in der Bundeswehr formal etwa den klassischen Themenfeldern Innere Führung, Politische Bildung, Menschenführung, Lebenskundlicher Unterricht, Ethische Bildung und Landeskunde zugeordnet werden. Sie können helfen, eigenkulturelle Orientierung und Bewertungsprozesse bewusst zu machen und Handlungssicherheit in kulturellen Überschneidungssituationen zu schaffen. Generell lassen sich interkulturelle Trainingsmaßnahmen danach unterscheiden, ob sie kulturallgemein oder kulturspezifisch sind. Durch kulturallgemeine Trainingselemente entwickeln die Teilnehmer das Bewusstsein und die Sensibilität für andere kulturelle Orientierungssysteme.

Um eine erste Orientierung in einem fremden Umfeld zu erreichen, sind Modelle und Trainings auf der Basis von Kulturdimensionen und Kulturstandards gut geeignet. Sie bergen aber stets die Gefahr, dass die kulturelle Realität ganz anders aussieht. Bei oberflächlicher Betrachtung können außerdem vorhandene Vorurteile verstärkt werden, was zu realitätsverzerrenden Stereotypen führen kann. Häufig stellt man daher fest, dass – ein zudem oft unzureichendes – Wissen über eine Kultur allein nicht zur besseren Auftragserfüllung führt. Mitunter wird nach einfachen Lösungen im Checklisten- bzw. Taschenkartenformat gefragt. Die Notwendigkeit solcher vereinfachten Verhaltensregeln ist selbstevident, sie können aber auch dazu führen, dass sich die Betroffenen in falscher Sicherheit wiegen. Interkulturelle Kompetenz ist eben deutlich mehr als nur do's and dont's.

Bezogen auf die Teilnahme an Auslandseinsätzen sollte die Vor- und Nachbereitung in Fragen Interkultureller Kompetenz idealtypisch in vier Phasen durchgeführt werden. Die erste Phase ist eine kulturallgemeine Sensibilisierung, die alle Soldaten von Beginn ihrer militärischen Laufbahn sowohl in der Truppenausbildung als auch im Rahmen der lehrgangsgebundenen Ausbildung durchlaufen. Auf dieser Grundsensibilisierung baut die kulturspezifische Vorbereitung auf. Hier werden kulturelle Aspekte des konkreten Einsatzgebietes praxisnah und mit Bezug zum militärischen Auftrag vermittelt. Im Einsatzgebiet sollte möglichst ein Vorort-Coaching erfolgen. Dies kann durch den Interkulturellen Einsatzberater erfolgen, ergänzt durch Truppenpsychologen oder Militärseelsorger. Nach Abschluss des Auslandseinsatzes folgt die Reintegrationsphase. Die Verarbeitung der im Einsatz gemachten Erfahrungen und das Einleben in der Heimat beinhaltet meist auch kulturspezifische Aspekte und sollte daher gezielt in entsprechende Seminare einbezogen werden – auch deshalb, um die Erfahrungen gezielt auswerten und wieder in die Lehre, Ausbildung und Einsatzvorbereitung einfließen zu lassen.

Zentrale Koordinierungsstelle Interkulturelle Kompetenz

Die Vermittlung und Stärkung von Interkultureller Kompetenz ist eine bundeswehrgemeinsame Aufgabe, deren Gestaltung und Koordinierung in zentraler Verantwortung erfolgt. Das Zentrum Innere Führung hat dazu eine „Zentrale Koordinierungsstelle Interkulturelle Kompetenz" (ZKIkK) eingerichtet. Sie ist die zentrale Ansprechstelle für den Themenkreis Interkulturelle Kompetenz. Dies umfasst u.a.:

- die Erstellung und Bewertung von Grundlagendokumenten und Ausbildungshilfen sowie deren Bereitstellung für die Bedarfsträger,

- die Beratung bei der Gestaltung von Ausbildungsprogrammen zu Inhalten des Themengebietes Interkulturelle Kompetenz,

- den Aufbau und die Gestaltung einer webbasierten Informations- und Lernplattform,

- die lehrgangsgebundene Aus- und Weiterbildung der Multiplikatoren.

Forschungs- bzw. Lehreinrichtungen wie die Universitäten der Bundeswehr, die Fachhochschule des Bundes, die Bundesakademie für Wehrverwaltung, die Führungsakademie der Bundeswehr, die Akademie der Bundeswehr für Information und Kommunikation und nicht zuletzt das Zentrum Innere Führung halten einschlägige Lehrangebote bereit. Hier kommt es zukünftig darauf an, die Lehrangebote aufeinander abzustimmen und insbesondere voneinander zu profitieren. Hierzu leistet die ZKIkK einen wesentlichen Beitrag.

Weitere Dienststellen wie das Amt für Geoinformationswesen der Bundeswehr, die Gruppe Wehrpsychologie im Streitkräfteamt, das Sozialwissenschaftliche Institut der Bundeswehr sowie das Zentrum Operative Information setzen sich mit Interkultureller Kompetenz in Form von Lehre, Forschung und Beratung auseinander. Hinzu kommt, dass diese Thematik von ressortübergreifender Bedeutung ist und auch in vielen Nichtregierungsorganisationen und im privaten Consulting- und Coaching-Sektor eine bedeutende Rolle spielt. Darüber hinaus gilt es auch, über nationale Grenzen hinweg zu schauen und mit dem Ziel eines gegenseitigen Austausches in Kontakt mit einschlägigen Dienststellen anderer Streitkräfte zu treten. Die ZKIkK ist hier federführend mit dem Aufbau einer interdisziplinären Expertenplattform befasst. Dies beinhaltet die Durchführung von Fachveranstaltungen und die Teilnahme an entsprechenden Tagungen im In- und Ausland, aber auch im Bedarfsfall die Vermittlung von Fachleuten – auch außerhalb der Bundeswehr.

Mit Blick auf die bevorstehenden Reformen der Bundeswehr, unter Berücksichtigung der demographischen Entwicklung und der Auftragslage der Bundeswehr wird die Bedeutung der Thematik Interkulturelle Kompetenz voraussichtlich weiter wachsen. Daher gilt es, den beschrittenen Weg konsequent weiter zu gehen.

Anmerkungen:

[1] Vgl. BMVg Fü S I 4: Vorläufiges Konzept zur Stärkung und Vermittlung Interkultureller Kompetenz in der Bundeswehr (VorlKonzept VermStärkgIkKBw) vom 13. November 2010.

[2] Vgl. ZDv 10/1 „Innere Führung" vom 28. Januar 2008, S. 10.

[3] „In der Praxis bleibt das Trilemma der Aufstandsbekämpfung unlösbar: Die drei Ziele – bestmöglicher Schutz der eigenen Truppen, Abgrenzung feindlicher Kämpfer von Nichtkombattanten und die physische Eliminierung der Aufständischen – können nicht gleichzeitig erreicht werden." Rudof, Peter: Zivil-militärische Aufstandsbekämpfung. Analyse und Kritik der Counterinsurgency-Doctrin. SWP Studie S 2, Januar 2011, S. 17.

[4] Vgl. Thomas, Alexander & Kinast, Eva & Schroll-Machl (Hrsg.): Handbuch Interkulturelle Kommunikation und Kooperation. Band 1, 2003, S. 21ff.

[5] Vgl. Thomas, Alexander & Kinast, Eva & Schroll-Machl (Hrsg.): Handbuch Interkulturelle Kommunikation und Kooperation. Band 1, 2003, S. 167-226.

[6] Vgl. Ministery of Defence UK, Development, Concepts and Doctrine Centre (Hrsg): Die Bedeutung von Kultur für das Militär. Joint Doctrine Note. Januar 2009 (Übersetzung), Nr. 103.

[7] Vgl. Rudof, Peter: Zivil-militärische Aufstandsbekämpfung. Analyse und Kritik der Counter-insurgency-Doctrin. SWP Studie S 2, Januar 2011, S. 12ff.

[8] Vgl. Tomforde, Maren: Interkulturelle Kompetenz im Auslandseinsatz: Eine Anforderung an alle. In: MGFA (Hrsg.): Wegweiser durch die Geschichte. Auslandseinsätze. Potsdam 2010, S. 262ff.

[9] Vgl. BMVg Fü S I 4: Vorläufiges Konzept zur Stärkung und Vermittlung Interkultureller Kompetenz in der Bundeswehr (VorlKonzept VermStärkgIkKBw) vom 13. November 2010.

Literatur und Quellen

ZDv 10/1 „Innere Führung" vom 28. Januar 2008.

BMVg Fü S II 2: Konzept zur Wahrnehmung der Interkulturellen Einsatzberatung in der Bundeswehr (Konzept IEBBw) vom 24. Juli 2009.

BMVg Fü S I 4: Vorläufiges Konzept zur Stärkung und Vermittlung Interkultureller Kompetenz in der Bundeswehr (VorlKonzept VermStärkgIkKBw) vom 13. November 2010.

Zentrum Innere Führung (Hrsg.): Interkulturelle Kompetenz in der Bundeswehr. Eine Einführung für Multiplikatoren. Arbeitspapier 1/2011. (Im Druck)

Ministery of Defence UK, Development, Concepts and Doctrine Centre (Hrsg): Die Bedeutung von Kultur für das Militär. Joint Doctrine Note. Januar 2009 (Übersetzung).

Thomas, Alexander & Kinast, Eva & Schroll-Machl (Hrsg.): Handbuch Interkulturelle Kommunikation und Kooperation. Band 1: Grundlagen und Praxisfelder, Göttingen, 2003.

Tomforde, Maren: Interkulturelle Kompetenz im Auslandseinsatz: Eine Anforderung an alle. In: MGFA (Hrsg.): Wegweiser durch die Geschichte. Auslandseinsätze, Potsdam 2010.

Rudof, Peter: Zivil-militärische Aufstandsbekämpfung. Analyse und Kritik der Counterinsurgency-Doctrin. SWP Studie S 2, Januar 2011.

Führungsbegleitung in den Streitkräften – Konzept und Wirkung

Martin Scherm / Stephan Scherer

Einleitung

Menschen verantwortungsvoll im Sinne der militärischen Aufträge zu führen – dieses Primat der Inneren Führung gilt heute mehr denn je. Die mit der Führung von Menschen verbundenen Aufgaben innerhalb der Bundeswehr sind in der jüngeren Vergangenheit deutlich anspruchsvoller und gefahrvoller geworden. Transformations- und Umstrukturierungsprozesse führen zu einer Verdichtung von Handlungszusammenhängen, auf allen Hierarchieebenen ist nun tendenziell mehr Verantwortung angesiedelt. Verkürzte „Stehzeiten" in den Funktionen sorgen für Randbedingungen, die einer neuen Führungskraft nahe legen, mit den Geführten zeitnah ansprechende Ergebnisse zu erzielen – und dies nicht nur mit Blick auf die eigenen Karriereziele. Auslandseinsätze als Beitrag zur Lösung kriegsähnlicher Konflikte haben zudem den Kontext von Führung sehr schmerzhaft um die Dimensionen von Traumatisierung, Verwundung und Tod erweitert.

Menschen zu führen bedarf einer entsprechend positiven Grundhaltung den Geführten gegenüber.[1] Es bedarf des inneren Antriebs, des Wissens und der Intelligenz, in komplexen Situationen die angemessenen Entscheidungen zu treffen. Vor allem bedarf es jedoch einer Reihe von sozialen Kompetenzen und Fertigkeiten, z.B.: Menschen positiv motivieren können (nicht: sie primär über Druck anzutreiben), mit dem eigenen Vorbild für ein Klima der gegenseitigen Unterstützung zu sorgen, notwendige Maßnahmen und Regeln durchzusetzen und im Falle von zwischenmenschlichen Konflikten die gegenseitige Wertschätzung aufrecht zu erhalten. Bei diesen Kompetenzen dürfte es sich in allen Organisationen, nicht nur in militärischen, um ebenso wichtige wie eher knappe Güter handeln.

Menschenführung, so möchte man meinen, gehört mithin nicht nur zum Kern der Inneren Führung, sie stellt eine der wesentlichen Anforderungsmerkmale für den militärischen Alltag *überhaupt* dar. Und doch werden (jenseits offizieller Bekundungen und Regelwerke) nicht selten Zweifel laut, ob diese Kompetenz in der Vergangenheit immer die notwendige Aufmerksam-

110

keit erfahren hat: „Überall heißt es, Menschenführung sei das Wichtigste, aber niemand hat je nach meiner Qualifikation dafür gefragt".[2] Diese Erfahrung als die eines Einzelnen abzutun, wäre wenig klug, weil sie den dahinter stehenden Appell übersehen würde: den *tatsächlichen* Stellenwert von Führungskompetenzen für die militärische Realität anzuerkennen. Mehr noch artikuliert sich in ihr auch der Wunsch nach *innovativen* Ausbildungskonzepten für das militärische Führungspersonal. Diese sollten die Veränderungen in den Streitkräften reflektieren. Die erlebten komplexen Anforderungen in der Praxis des Führens müssen demzufolge zwangsläufig ihren Niederschlag auch in der Aus- und Weiterbildung finden.

Hier setzt das am Zentrum Innere Führung entwickelte und seit über zehn Jahren in der militärischen Führungspraxis erfolgreich praktizierte Konzept der „Führungsbegleitung in militärischen Organisationen" (kurz FMO) an. Es fasst den Erwerb der Kompetenz, Menschen erfolgreich führen zu können, als einen individuellen dynamischen Lernprozess auf. Dieser erstreckt sich – wenn wir als Führende dafür offen sind – über die gesamte Karrierespanne.

Das Konzept der FMO

Die Führungsbegleitung setzt an der Erkenntnis an, dass eine Führungskraft für den Erfolg ihrer Tätigkeit nicht nur klare Zielsetzungen braucht, sondern auch Rückkopplung und Beratung hinsichtlich der eingesetzten Mittel, des Steuerungsverhaltens und vor allem der erreichten Effekte. Gerade hinsichtlich der Rückkopplung des Steuerungsverhaltens existieren generell im Bereich der Führungskräfte Defizite, ehrliches Feedback erhalten diese umso seltener, je höher sie in der Hierarchie angesiedelt sind.[3] Rückkopplung zum Zweck der eigenen Entwicklung wird umso wichtiger, je schneller Führungskräfte in der Hierarchie aufsteigen. Lernprozesse in der Verwendung im eigenen Tempo und Stehzeiten, die ein sukzessives Entwickeln auf einem neuen Dienstposten zulassen, gehören vielerorts zur Vergangenheit. Fachlich hoch qualifizierte Führungskräfte, die bis dahin kaum Führungserfahrung gewinnen konnten, müssen oft aus dem Stand schwierige Aufgaben in neuen Teams übernehmen. Über Erfolg und Effektivität entscheidet hier die Fähigkeit, andere Menschen zu gewinnen und deren Leistungsbereitschaft abzurufen.

Die FMO hat auf der Basis eines formativen und summativen Evaluationsvorgehens verschiedene Weiterentwicklungen erfahren, die in das Prozessdesign Eingang gefunden haben. Das Design trägt in einer zweigleisigen

Strategie dem Bedarf nach Rückkopplung zum eigenen Führungsverhalten und der Notwendigkeit nach Entwicklung Rechnung:

1)   Die begleiteten Führungskräfte („Fokuspersonen") erhalten mit dem sogenannten 360°-Feedback[4] die Möglichkeit einer individuellen Standortbestimmung. Hierbei wird ihre Selbsteinschätzung auf zentral wichtigen Kompetenzfeldern der Führung mit der Fremdeinschätzung verglichen, d.h. mit der Sicht von relevanten Personen aus ihrer unmittelbaren Tätigkeitsumgebung. Der Abgleich zwischen Selbst- und Fremdbild stellt einen sehr starken Reiz dar, das eigene Führungs-Selbstkonzept kritisch zu reflektieren, und legt die Basis für ggf. erforderliche Änderungseffekte.[5] Das 360°-Feedback wird in einem längsschnittlichen Design zweimal *vor* (t_0, t_1) und zweimal *nach* (t_2, t_3) der Führungsbegleitung erhoben, so dass die Wirkung der FMO über eine Veränderung der Feedbackwerte überprüft werden kann (siehe *Abbildung 1*). Das für die FMO entwickelte Feedback-Instrument *„Leadership Navigator"* („LeNa", Version 2) berücksichtigt genau solche *Führungskompetenzen,* die unmittelbar aus der ZDv 10/1 zur Inneren Führung bzw. aus der Beurteilungsvorschrift 20/6 abgeleitet und für den Erfolg militärischer Führung hoch bedeutsam sind. Folgende Kompetenzen werden thematisiert:

- Verantworten und Vertrauen

- Führen und Delegieren

- Konfliktfähigkeit

- Auftrags- und Teamorientierung

- Transparenz.

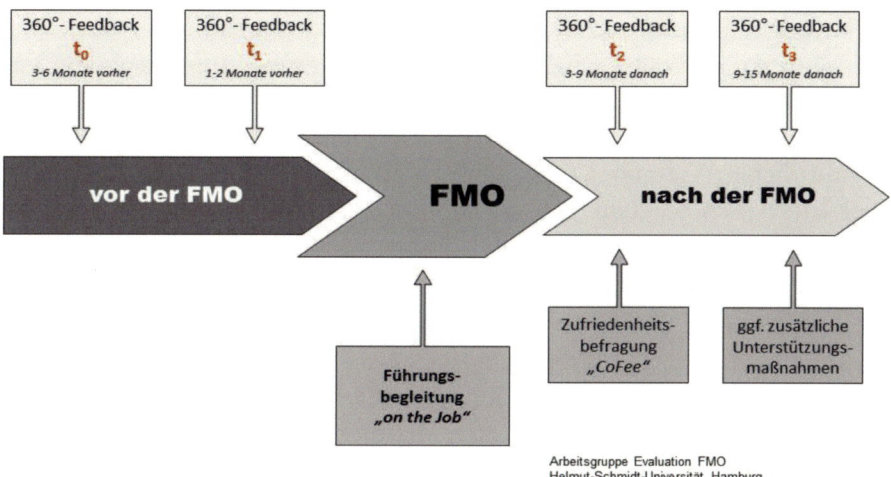

Abbildung 1

Prozessmodell der Führungsbegleitung

2) Die FMO findet dort statt, wo die militärischen Führungskräfte die größten Chancen auf Entwicklung besitzen: on the job. Sie stützt sich auf drei Phasen. In der *ersten* Phase wird die spezifische Bedarfslage der anfordernden Einheit bzw. des Teams abgeklärt. Hierbei ist hervorzuheben, dass die FMO ein freiwilliges Angebot darstellt. Jede Fokusperson gibt eine entsprechende schriftliche Erklärung über ihre Teilnahme sowie eine Datenschutzerklärung bzgl. der Einwilligung über die Verarbeitung der anfallenden individuellen Feedbackdaten ab. Zudem werden die Zielsetzungen abgestimmt und die weiteren Maßnahmenschritte zeitlich terminiert. Schließlich werden die Erhebungen des 360°-Feedbacks eingeleitet.

Die *zweite* Phase ist die eigentliche Kernphase der FMO und erstreckt sich in der Regel über einen zweiwöchigen Zeitraum. Anders als bei den sonst

113

auf dem Markt praktizierten Coachingansätzen befindet sich ein FMO-Team aus drei bis fünf Offizieren und Unteroffizieren direkt *vor Ort*. Da jeder Coach maximal zwei Fokuspersonen begleitet, ist eine individuelle Betreuung sichergestellt. Die ersten Maßnahmen finden zeitlich abgestimmt auf den Dienstbetrieb statt.

In der ersten Woche wird auf der Basis narrativer Interviews die Lage der Fokusgruppe insgesamt (Teamanalyse) sowie jeder einzelnen Fokusperson eruiert. Am Ende der Woche werden die Ergebnisse des 360°-Feedbacks in einem ausführlichen Vieraugen-Gespräch eröffnet, aus diesem und den Ergebnissen der Interviews ergeben sich die individuellen Stärken und die Entwicklungsbedarfe. Daraus werden schließlich individuelle Zielvereinbarungen abgeleitet.

In der zweiten Woche arbeiten die Führungsbegleiter/-innen mit den Fokuspersonen intensiv an der praktischen Umsetzung der Zielvereinbarungen. Die Begleitung ist im Wesentlichen auf die oben genannten fünf Kompetenzfelder fokussiert, kann jedoch auch deutlich darüber hinausgehen. Die Schritte der eigentlichen Begleitungsphase werden mit den Aufgaben im Tagesdienst abgestimmt und mit Weiterbildungsmodulen aus den Feldern wie z.B. Kommunikation, Konfliktverhalten und Transparenz in der Führung verbunden. Die schrittweise, authentische Umsetzung der angestrebten Verhaltensänderung wird anschließend durch die Coaches im Dienstbetrieb aktiv begleitet und bei Bedarf mit zusätzlichen Rollenspielen oder verwandten Methodenansätzen unterstützt. Darüber hinaus werden der anfordernden Dienststelle auf die Zielvereinbarung ausgerichtete individuelle und ganzheitliche Weiterbildungen und Teamentwicklungsmaßnahmen angeboten.

Die *dritte* Phase der FMO beinhaltet zeitlich gestaffelte Follow-up-Maßnahmen zur weiteren Unterstützung der Fokuspersonen. Je nach Bedarf kann es sich dabei um Workshops oder eine erneute Beratung vor Ort, um telefonische Coachingsitzungen usw. handeln. Unmittelbar am Ende der FMO-Kernphase wird die Resonanz bei den teilnehmenden Fokuspersonen mittels einer Zufriedenheitsbefragung ermittelt, frühestens drei Monate danach wird eine erste Wiederholung der Kompetenzeinschätzung mit dem 360°-Feedback (Erhebung t_2) eingeleitet. Um die langfristigen Wirkeffekte überprüfen zu können, wird zudem frühestens neun Monate nach der Kernphase eine weitere Feedbackerhebung (t_3) durchgeführt.

Unabhängig von den jeweiligen Modalitäten der Durchführung gilt für die Führungsbegleitung folgendes Prinzip: Alle auf die Fokuspersonen bezogenen Inhalte und Ergebnisse der FMO inklusive der Resultate des 360°-Feedbacks unterliegen der Vertraulichkeit.

Die Wirkeffekte

Wie prinzipiell jede Maßnahme zur Entwicklung von Führungskräften muss sich auch die Führungsbegleitung an ihren wahrnehmbaren Effekten messen lassen. Die Führungsbegleitung stellt sich der wissenschaftlich fundierten Evaluation, indem grundsätzlich jede(!) einheits- oder teambezogene Maßnahme in ihren Wirkungen nachgehalten wird. Sie setzt dabei einen hohen nationalen und internationalen Standard hinsichtlich der Transparenz des abgestimmten Beratungsprozesses, des Nachweises an Effekten sowie des damit verbundenen kontinuierlichen Verbesserungsprozesses. Bis dato liegen nach unserem Kenntnisstand weltweit keine Publikationen zu vergleichbar ambitionierten Coachingprozessen und Evaluationsstrategien im militärischen Bereich vor.

Die Messung der *Entwicklung* erfolgt über die fremdbezogenen Feedbackergebnisse, d.h. die Einschätzungen der Feedbackgeber aus der Umgebung der im Mittelpunkt stehenden militärischen Führungskraft. Denn vor allem die geführten, aber auch die vorgesetzten und gleichgestellten Personen sind im Alltagsgeschehen die Adressaten bzw. Empfänger des Führungshandelns. Sie sind insofern die unmittelbaren „Experten" auch für die Wahrnehmung von individuellen Entwicklungsprozessen. Die Vermutung liegt zunächst nahe, dass aus Sympathie oder – im Gegenteil – aus wechselseitigen Konflikten oder schlicht einer überkritischen Haltung heraus unrealistische Einschätzungen abgegeben werden. Die Praxis der Führungsbegleitung und die Ergebnisse der Evaluation geben demgegenüber wenig Anlass zur Sorge, denn die Feedbackgeber zeichnen in der Regel in ihren Einschätzungen durchaus realistische Bilder des beobachteten Führungsverhaltens. Grundsätzlich kämen für das Aufzeigen von Effekten auch die Selbsteinschätzungen der begleiteten Soldaten in Frage. Je nach Ausgangslage vor der FMO und den individuellen Dispositionen können diese jedoch durchaus anfällig für selbstwertdienliche Verzerrungen sein, die dann zu wenig realistischen Selbstbildern führen.

Für die Überprüfung der Wirksamkeit werden die Feedbacks *vor* der FMO mit denen *nach* der FMO verglichen: Im Sinne der anvisierten Wirkungen wird nach der FMO eine verbesserte Kompetenzlage erwartet (attestiert durch die Fremdeinschätzungen). In der empirisch fundierten Evaluationsforschung werden die feststellbaren Wirkungen über sogenannte „Effektstärken" abgebildet. Vereinfacht lässt sich sagen, dass im Vergleich größere Effektstärken auch stärkere Wirkungen von Maßnahmen, Programmen etc. abbilden.[6]

Die vorliegenden Resultate stützen sich auf einen Untersuchungszeitraum von drei Jahren, das abgebildete mittlere Zeitintervall der Kompetenzmessung „vor und nach der FMO" beträgt 8.6 Monate. Die über die FMO erreichten Effektstärken (auf Basis von n=597 Fremdeinschätzungen für n=99 Fokuspersonen) sind in *Abbildung 2* dargestellt.

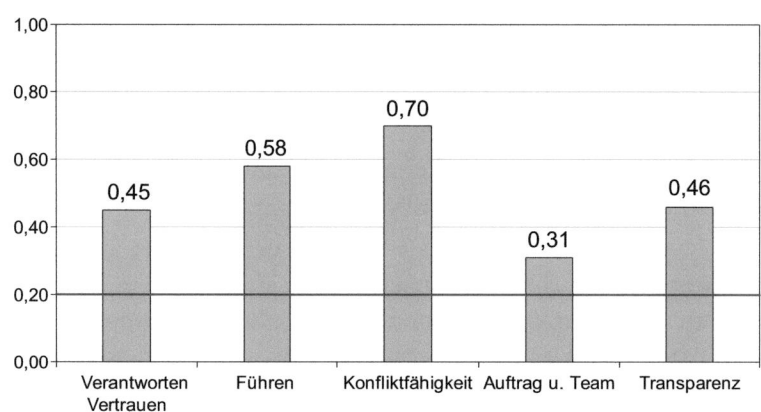

Abbildung 2
Wirkeffekte der FMO

Für alle fünf Kompetenzdimensionen zeigen sich (korrigierte) *Effektstärken*, die *über* dem international akzeptierten unteren Grenzwert von d=.20 liegen (dieser Wert markiert die Schwelle, ab der von praktisch *wirksamen* Effekten gesprochen wird). Die Effektstärken legen zwei Interpretationen nahe. *Erstens* zeigen sich im Mittel *alle* Kompetenzdimensionen in einem Ausmaß verbessert, so dass man von deutlichen, praktisch relevanten und positiven Effekten sprechen kann. Verbessert zeigen sich die begleiteten militärischen Führungskräfte vor allem auch auf der für den Dienstalltag so wichtigen Dimension „Führen". Dieser Befund lässt sich übergreifend als *Breitbandeffekt* der FMO bezeichnen: Die Wirksamkeit erstreckt sich über mehrere zentrale Bereiche des Führungshandelns (und nicht nur auf einen Fähigkeitskorridor). Unterstellen wir, dass Entwicklung nur dort stattfinden kann, wo ein Bedarf mit der individuellen Entwicklungsbereitschaft auf ein entsprechendes Angebot trifft, so lässt sich rückschließen, dass eben gerade auch die individuellen Bedarfslagen vielfältig sind.

Zweitens ist festzustellen, dass die Kompetenzdimensionen in unterschiedlicher Weise profitieren. Hinsichtlich der Dimensionen „Konfliktfähigkeit" und „Führen" ist die FMO in der Lage, deutlich größere Verbesserungseffekte zu erzielen als etwa bezüglich der „Auftrags- und Teamorientierung". Eine schlüssige Erklärung liegt zumindest für die Gegenüberstellung von „Konfliktfähigkeit" und „Auftrags- und Teamorientierung" nahe: Der konstruktive Umgang mit Konflikten im zwischenmenschlichen Umgang (als Folge von Meinungsverschiedenheiten, Streit, herabsetzenden Bemerkungen o.ä.) stellt die Beteiligten vielerorts vor Probleme. Hier ist der Bedarf folglich unübersehbar und wird zu Beginn der FMO auch entsprechend klar artikuliert. Und die Führungsbegleitung ist mit dem Coachingangebot im Bereich Konfliktfähigkeit sehr erfolgreich. Hinsichtlich der „Auftrags- und Teamorientierung" ist die Lage eine deutlich andere, denn dort zeigen sich zu Beginn der FMO höhere Ausgangswerte, mithin ist diese Kompetenz in der Wahrnehmung der beteiligten Führungskräfte bereits vorab deutlich besser ausgeprägt. Entsprechend schwieriger ist es, zu deutlichen Verbesserungen zu gelangen.

Abschließend bleibt festzuhalten, dass die Führungsbegleitung nachgewiesenermaßen ein sehr wirksames Angebot zur Verbesserung der individuellen Führungsfähigkeit darstellt. Perspektivisch gilt es, ihr Anwendungsspektrum zu erweitern und das Konzept entlang neuer Bedarfe weiter zu entwickeln.

Anmerkungen:

[1] Vgl. die entsprechende Passage in der ZDv 10/1, 2008, S. 24.

[2] Diening, Deike: Grund in Sicht. In: Der Tagesspiegel, Nr. 20874, 31. Januar 2011, S. 3.

[3] Vgl. zu dieser Problematik auch Longenecker, Clinton O./Gioia, Dennis A.: The executive appraisal paradox. In: The Executive, 6. Jg., 1992, Heft 2, S. 18-28.

[4] Lepsinger, Richard/Lucia, Anntoinette: The art and science of 360° feedback. San Francisco 1997; Scherm, Martin/Sarges, Werner: 360°-Feedback. Göttingen 2002.

[5] Scherm, Martin: Multiperspektivische Kompetenzfeedbacks. Funktion, Bedeutung und Güte der Selbst- und Fremdbeurteilung beruflichen Verhaltens. Unveröffentlichte Habilitationsschrift, Hamburg 2009, S. 56ff.

[6] Für weitergehende Überlegungen und Erläuterungen – auch zur Frage einer Vergleichsgruppe – siehe Scherm, Martin/Scherer, Stephan: Feedbacksysteme im Coachingprozess: Forschungsergebnisse und Praxis. In: Robert Wegener, Agnès Fritze, Michael Loebbert (Hrsg.), Coaching und Forschung im Dialog, Wiesbaden 2011, S. 135-147.

Literatur:

Diening, Deike: Grund in Sicht. In: Der Tagesspiegel, Nr. 20874, 31. Januar 2011, S. 3.

Lepsinger, Richard/Lucia, Anntoinette: The art and science of 360° feedback, San Francisco 1997.

Longenecker, Clinton O./Gioia, Dennis A.: The executive appraisal paradox. In: The Executive, 6. Jg., 1992, Heft 2, S. 18-28.

Scherm, Martin: Multiperspektivische Kompetenzfeedbacks. Funktion, Bedeutung und Güte der Selbst- und Fremdbeurteilung beruflichen Verhaltens. Unveröffentlichte Habilitationsschrift, Hamburg 2009.

Scherm, Martin/Sarges, Werner: 360°-Feedback, Göttingen 2002.

Scherm, Martin/Scherer, Stephan: Feedbacksysteme im Coachingprozess: Forschungsergebnisse und Praxis. In: Robert Wegener, Agnès Fritze, Michael Loebbert (Hrsg.), Coaching und Forschung im Dialog, Wiesbaden 2011, S. 135-147.

ZDv 10/1: Innere Führung. Bonn 2008.

ZDv 20/6: Bestimmungen über die Beurteilungen der Soldatinnen und Soldaten der Bundeswehr. Bonn 2007.

Belastungsmanagement aktiv gestalten – die Aufgabe von Peers in der Psychosozialen Notfallversorgung der Bundeswehr

Paula B. Schneider / Hans Walter Braun / Bernd Abel

Die Teilnahme an einem militärischen Auslandseinsatz birgt die Gefahr, nicht nur körperliche, sondern auch psychische Verwundungen und Verletzungen zu erleiden. Jeder der Beteiligten kann mit Ereignissen oder Geschehnissen konfrontiert werden, welche die individuellen Bewältigungsmöglichkeiten weit übersteigen. Dies geht vielfach mit Gefühlen von Macht- und Hilflosigkeit, intensiver Furcht, Schuld und Bestürzung einher.

Soldatinnen und Soldaten der Bundeswehr werden wiederkehrend mit Extremsituationen konfrontiert. Aufgrund ihrer Ausbildung gehören sie häufig zu denjenigen, die medizinische Erste-Hilfe leisten. Sie werden zur Unterstützung der Rettungskräfte bei Großschadensereignissen und Naturkatastrophen eingesetzt wie bspw. beim ICE-Unglück von Eschede (1998), bei der Oderbruchflut (1999) oder dem Tsunami in Südostasien (2004). Auch Unglücksfälle (z.B. während einer Übung im Jahr 2007 stürzt ein Kampfpanzer in die Elbe; militärische Flugzeugabstürze) oder Suizidhandlungen von Soldatinnen und Soldaten geschehen.

Durch die zunehmende Teilnahme an Auslandseinsätzen in Krisenregionen werden die Soldatinnen und Soldaten darüber hinaus gezwungen, sich mit Kampfhandlungen, lebensbedrohlichen Situationen, Terrorakten und schweren Unfällen auseinanderzusetzen. Verwundung, Tod und Trauer, Zerstörung und Gewalt sowie Hilflosigkeit und Ohnmacht gegenüber Unrecht, Not und Elend sind Teil des Einsatzes. Weitere Belastungsfaktoren sind Aspekte wie hohe Dienstzeitbelastungen oder erschwerte Lebensumstände mit mangelhaften hygienischen Bedingungen und fehlender Intimsphäre.

Die lange Trennung von Familie und Freunden, eingeschränkte Kommunikationsmöglichkeiten, die Abwesenheit an Feiertagen, anstehende Geburtstage der nächsten Angehörigen, der verpasste erste Schultag oder die versäumten ersten Worte des eigenen Kindes werden oft als sehr bedrückend erlebt.

Nach der Rückkehr aus dem Einsatz wird zudem häufig die mangelnde

Wertschätzung aus dem Kameradenkreis und durch Vorgesetzte sowie der fehlende Rückhalt durch die Gesellschaft kritisiert.

Sowohl die alltäglichen Belastungen als auch die Extremsituationen haben einen Einfluss auf die psychische Gesundheit und die Leistungsfähigkeit des Einzelnen. Darüber hinaus wirken sie sich auf die Familie und das soziale Umfeld aus. Bei Extremsituationen bzw. besonders belastenden Erlebnissen, den sogenannten *kritischen Ereignissen*, sind zudem psychische Spätfolgen nicht auszuschließen.

Das Präventions- und Behandlungskonzept der Bundeswehr

Eine moderne, effektive Bundeswehr – samt der Politiker, die der Bundeswehr ihr Mandat erteilen – hat die Verantwortung, psychischen Belastungen aktiv zu begegnen. Das Präventions- und Behandlungskonzept der Bundeswehr umfasst eine Vielzahl von unterschiedlichen Maßnahmen. Diese sind u. a. im *„Rahmenkonzept zur Bewältigung psychischer Belastungen von Soldaten"*[1] sowie im *„Medizinisch-psychologischen Stresskonzept der Bundeswehr"*[2] festgeschrieben. Die darin enthaltenen einsatzbezogenen Maßnahmen werden den drei Phasen Einsatzvorbereitung, Einsatzdurchführung und Einsatznachbereitung zugeordnet (vgl. Abb. 1).

Phase I Einsatzvorbereitung	Phase II Einsatzdurchführung	Phase III Einsatznachbereitung
• Reduzierung von zu erwartenden Belastungen • Stärkung der psych. Belastbarkeit	• Stabilisierung bzw. Wiederherstellung der psych. Belastbarkeit • Verhinderung von Folgeschäden	• Verhinderung von Folgeschäden • Behandlung von Folgeschäden

Abb. 1: Das Drei-Phasen-Konzept

In der *ersten Phase* werden zwei Strategien verfolgt. Zum einen wird angestrebt, vorhersehbare Belastungen durch organisatorische und administrative Maßnahmen bereits im Vorfeld des Einsatzes zu verringern. Zum anderen soll die psychische Belastbarkeit des Einzelnen gestärkt werden. So ist u.a. das Einsatz vorbereitende Lehrgangsangebot des Zentrums Innere Führung darauf ausgelegt, dass sich Soldatinnen und Soldaten mit möglichen Belastungen auseinandersetzen. Der individuellen Stressbewältigung dienen speziell entwickelte Informationsmaterialien wie die Schriftenreihe zum Thema „Psychische Belastungen durch Einsätze in Krisengebieten"[3] oder Produkte mit Entspannungsübungen für Alltag und Einsatz.

Die *zweite Phase* umfasst die Zeit während des Einsatzes. Hier gilt es, die psychische Belastbarkeit zu stabilisieren oder ggf. nach kritischen Ereignissen wieder herzustellen. Gerade wenn Geschehnisse die gewohnten Bewältigungsmechanismen überfordern, können gezielte Maßnahmen der Psychosozialen Notfallversorgung hilfreich sein.

Die *dritte Phase* erfolgt nach dem Einsatz. In ihr sollen potentielle Folgeschäden verhindert – oder wenn dies nicht möglich ist – erkannt und behandelt werden. Als schnell greifende präventive Maßnahme gelten in diesem Zusammenhang die *Einsatznachbereitungsseminare*.

Die Teilnahme an einem Einsatznachbereitungsseminar ist für alle Soldatinnen und Soldaten nach dem Einsatz verpflichtend. Darüber hinaus ist es möglich, Familienangehörige mit einzubeziehen. Durch die jeweiligen Seminare führen geschulte Soldatinnen und Soldaten, die am Zentrum Innere Führung die *Zentrale Moderatorenausbildung* durchlaufen haben. Themen der Einsatznachbereitung sind u.a. Empfindungen, emotionale Spannungen, Belastungen und ggf. Konflikte, die mit dem zurückliegenden Einsatz zusammenhängen. Das Ziel ist, dass die Seminarteilnehmer im Kameradenkreis den Einsatz gedanklich abschließen können. Dieses erleichtert nicht nur das zukünftige Miteinander, sondern fördert auch die individuelle Leistungsfähigkeit und die Bereitschaft, sich erneut Belastungen auszusetzen.

Über die präventiven Maßnahmen im Einsatznachbereitungsseminar hinaus, können Moderatoren bei Bedarf und mit Zustimmung der Betroffenen weiterführende psychologische und medizinische Interventionen vermitteln. In diesem Zusammenhang greift ein weiterer Baustein des Präventions- und Behandlungskonzeptes, das sogenannte „*Drei-Ebenen-Konzept*" der Bundeswehr (vgl. Abb. 2).

Ebene 1	Hilfe durch
	- Vorgesetzte
	- Kameraden
	- psychische Selbsthilfe
	Psychosoziale Notfallversorgung nach kritischen Ereignissen durch Truppenpsychologen, Truppenärzte und Peers
Ebene 2	Hilfe durch
	- Truppenpsychologen
	- Truppenärzte
	- Militärseelsorger
	- Sozialarbeiter
Ebene 3	Hilfe durch
	- Psychiater
	- Psychologische/Ärztliche Psychotherapeuten

Abb. 2:   Das Drei-Ebenen-Konzept

Im Rahmen des Drei-Ebenen-Konzeptes wird das Hilfsangebot für Soldatinnen und Soldaten hinsichtlich verschiedener fachlicher Stufen untergliedert. Die *erste Ebene* besteht aus der psychischen Selbst- und Kameradenhilfe bzw. der Hilfe durch Vorgesetzte des Vertrauens. Auf der *zweiten Ebene* greift das psychosoziale Netzwerk, bestehend aus Truppenpsychologe, Truppenarzt, Katholische und Evangelische Militärseelsorge und Sozialdienst der Bundeswehr. Die *dritte Ebene* wird aktiviert, wenn Personen mit einer speziellen Zusatzausbildung erforderlich sind. Dazu zählen Mediziner mit der Fachrichtung Psychiatrie sowie Mediziner und Psychologen mit einer zusätzlichen Ausbildung zum ärztlichen bzw. psychologischen Psychotherapeuten.

Der Peer als Teil des Präventions- und Behandlungskonzeptes

Der „*Peer*" (sprich: pier) ist Teil des Gesamtkonzeptes. Die entsprechende Soldatin bzw. der entsprechende Soldat ist neben ihrer/seiner Hauptverwendung zusätzlich in der Gesprächsführung mit belasteten Personen geschult.

Peers arbeiten im präventiven Bereich. Sie haben gelernt, mit Menschen in Notsituationen umzugehen. Sie sind in der Lage, über die allgemeine Kameradenhilfe hinaus psychische (Erste-)Hilfe zu leisten. Sie können nicht nur als Teil der Psychosozialen Notfallversorgung im Rahmen eines Auslandseinsatzes tätig werden (vgl. Drei-Phasen-Konzept, Abb. 1), sondern generell bei belastenden Ereignissen. Als (Erst-)Helfer bei der Bewältigung von Belastungen werden sie als Bindeglied zwischen der Ebene der Kameradenhilfe und der Ebene des psychosozialen Netzwerkes angesiedelt (s. Abb. 2).

Der englische Begriff Peer steht generell für eine Person, die aus der gleichen Gruppe kommt, ein Ebenbürtiger bzw. ein Gleicher unter Gleichen. Bei Polizei, Feuerwehr und anderen Rettungsdiensten wird auch von einem „kollegialen Krisenhelfer" gesprochen. Der Peer arbeitet nicht nur in derselben Berufsgruppe, sondern kennt auch die dort herrschende (informelle) Sprache. Er ist mit den Arbeitsabläufen und der Art und Weise vertraut, wie miteinander umgegangen wird.

In der Bundeswehr wird mit dem Peer-Konzept der Grundgedanke verfolgt, dass sich ein Soldat durch einen anderen Soldaten aus dem eigenen Umfeld besser verstanden fühlt und diesem deshalb stärker vertraut als einem Außenstehenden. Der Peer findet häufig einen rascheren und direkteren Zugang zu dem Betroffenen als beispielsweise ein Soldat aus einer vollkommen anderen Truppengattung oder ein Mitglied des psychosozialen Netzwerkes. So leisten Peers bei Menschen psychosoziale Unterstützung, denen es oft schwer fällt, Hilfe anzunehmen. Zu Hause wollen sie oftmals nicht über ihre Erlebnisse reden, weil sie sich nicht verstanden fühlen oder die Familie nicht belasten wollen. Teilweise dürfen sie es auch nicht (wegen der Schweigepflicht). Der Schritt, einen Kameraden anzusprechen, fällt in vielerlei Hinsicht leichter, wird jedoch nicht immer gewagt. Anders als bei sichtbaren körperlichen Verwundungen oder Verletzungen gehen psychische Verwundungen und Verletzungen oftmals fälschlicherweise mit dem Gefühl einher, ein „Versager" oder ein „Weichei" zu sein. Es werden Nachteile im Kameradenkreis und bei der Karriere befürchtet. Der Grundsatz, dass ein von psychischen Reaktionen betroffener Soldat keine mit Defiziten behaftete Person ist, sondern die Umstände der Situation ausschlaggebend für die Reaktion des Betroffenen sind, setzt sich jedoch mehr und mehr in der Bundeswehr durch. Der Peer leistet hier einen wichtigen Beitrag. Darüber hinaus kann er vermitteln, dass die Chancen oftmals sehr gut dafür stehen, dass ein Betroffener seine psychische Stabilität wiedererlangt.

Hintergründe des Peer-Konzeptes

Das Peer-Konzept der Bundeswehr orientiert sich an dem amerikanischen Critical Incident Stress Management (CISM) Konzept von Mitchell und Everly. Es handelt sich um standardisierte Verfahren, die nach erheblichen Stressbelastungen eingesetzt werden. Das umfassende, mehrteilige Modell ist national und international anerkannt. In Deutschland ist es die am weitesten verbreitete Methode im Bereich der psychosozialen Notfallversorgung. Anwender sind neben der Bundeswehr beispielsweise der Malteser Hilfsdienst, das Deutsche Rote Kreuz, die Johanniter Unfallhilfe, der Arbeiter Samariter Bund, das Technische Hilfswerk, die Stiftung Mayday, die Bundesvereinigung Stressbearbeitung nach belastenden Ereignissen und etliche Berufsfeuerwehren.

Zu dem CISM-Modell zählen u.a. vorbeugende Unterrichte, die auf die kritischen Ereignisse vorbereiten, Einzelgespräche mit stark Betroffenen direkt am Ort des Geschehens (Gespräch nach dem SAFER-Modell), strukturierte Kleingruppengespräche kurz nach dem Ereignis (Defusing) oder strukturierte Gruppengespräche in einem Zeitraum von bis zu vier Wochen nach dem Ereignis (Debriefing). Darüber hinaus werden Informationsveranstaltungen für größere Gruppen wie z.B. Hilfskräfte, Zeugen oder Angehörige durchgeführt, Familien gezielt unterstützt und im Anschluss an Gespräche Nachsorgemaßnahmen sowie weitere Hilfeangebote wie Therapie oder seelsorgerische Begleitung vermittelt.

Die Bausteine des CISM-Modells sind zeitlich und inhaltlich aufeinander abgestimmt. Für einen Betroffenen können mehrere Maßnahmen zum Tragen kommen, für andere kann bereits eine Maßnahme ausreichen, um die Arbeitsfähigkeit wiederherzustellen und am gewohnten Leben wieder teilzuhaben. Generell dienen alle Bausteine der psychischen Stabilisierung. Darüber hinaus soll der Entwicklung von langfristigen psychischen Belastungen bzw. Spätfolgen entgegengewirkt werden.

Der Peer arbeitet in diesem Modell eng mit der fachlich höheren Ebene zusammen. Am Ort des Geschehens leistet er direkte psychische Erste-Hilfe und vermittelt ggf. weiterführende Angebote. Bei den Gruppengesprächen, aber auch bei den unterschiedlichen Informationsveranstaltungen unterstützt er aktiv den jeweiligen Gesprächsleiter (z.B. den Truppenpsychologen). Dabei gilt jedoch der Grundsatz, dass eine Soldatin/ein Soldat nach einem kritischen Ereignis nur dann als Peer tätig wird, wenn keine eigene akute Betroffenheit vorliegt. Ein Peer muss entsprechend seiner Aufgaben über ein breites Hintergrundwissen über Stresssymptome, Traumatologie u.ä. verfügen sowie verschiedene Formen der Gesprächsführung mit belasteten Personen beherrschen.

Die Ausbildung zum Peer

Die zweiwöchige Ausbildung zum Peer findet überwiegend zentral am Zentrum Innere Führung in Koblenz statt. Darüber hinaus werden vereinzelt am Flugmedizinischen Institut der Luftwaffe in Fürstenfeldbruck und beim Schifffahrtsmedizinischen Institut in Kiel diese Lehrgänge durchgeführt.

Ausgebildet werden Soldatinnen und Soldaten aus allen Truppengattungen, Teilstreitkräften und Dienstgradgruppen. *Voraussetzung für die Teilnahme* ist eine gewisse Restdienstzeit, soziale Kompetenz und vor allem Freiwilligkeit. Die Person sollte als guter Zuhörer bekannt sein, bei seinen Kameradinnen und Kameraden ein besonderes Vertrauen genießen und über Toleranz und Verständnis für Stressreaktionen verfügen. Darüber hinaus sollte sie sich bewusst sein, dass der Einsatz als Peer nicht nur eine hohe Flexibilität, sondern auch eine hohe Stressresistenz erfordert. Ein Gespräch mit jemand zu führen, der Dinge erlebt hat, welche die gewohnten Bewältigungsmechanismen weit überfordern, kann sich auch auf den Zuhörer belastend auswirken. Der Peer sollte daher selber emotional stabil sein.

Vermehrt besuchen auch zivile Kräfte aus verschiedenen Bereichen (Polizei, BKA, Feuerwehr und Rettungskräfte) die Peerlehrgänge in Koblenz, um sich im Bereich der Psychosozialen Notfallversorgung ausbilden zu lassen. Am Zentrum Innere Führung finden die Lehrgänge mit durchschnittlich zwölf Teilnehmern statt. In den zur Verfügung stehenden zwei Wochen werden im Teamteaching von zwei Dozenten theoretische und praktische Inhalte vermittelt. Zu den *theoretischen Inhalten* gehören beispielsweise Grundlagen aus den

Bereichen:

Soziale Wahrnehmung; Kommunikation und Gruppendynamik; Stress und Stressmanagement; Psychotraumatologie; Posttraumatische Belastungsstörung; das Präventions- und Behandlungskonzept der Bundeswehr; Psychoedukation; Konzepte der Psychosozialen Notfallversorgung (z.B. die unterschiedlichen standardisierten Gesprächsformen); Planung und Organisation/Koordinierung von Einsätzen in der Psychosozialen Notfallversorgung; Standards bei der Durchführung; Rolle, Rechte und Pflichten des Peers.

Neben der theoretischen Auseinandersetzung werden viele Bereiche in *praktischen Übungen* vertieft. Ein wesentlicher Bestandteil des Lehrganges sind hierbei Rollenspiele. In ihrem Rahmen kann das in der Theorie erlernte Wissen zur Gesprächsführung in die Praxis umgesetzt werden. Die Rollenspiele werden von Kameraaufnahmen begleitet, die eine intensive Nachbesprechung mit Videoanalyse ermöglichen. Dieses Vorgehen stößt bei vielen Teilnehmern zunächst auf Skepsis. Im Rahmen des Lehrganges wird es jedoch als äußerst hilfreich erlebt. Die Teilnehmer fühlen sich sehr gut auf ihre Tätigkeit als Peer vorbereitet.

Für Peers, die bereits einige Zeit in der Psychosozialen Notfallversorgung tätig waren, bietet das Zentrum Innere Führung Supervision an. Auch die Teilnahme an einem Auffrischungslehrgang bzw. an einer einwöchigen Weiterbildung ist möglich.

Die Notwendigkeit von Peers

Die steigende Anzahl belastender Ereignisse im Einsatzland führt zu vermehrtem Auftreten posttraumatischer Belastungsstörungen (PTBS). Die Zahl der mit der Diagnose PTBS betroffenen Soldaten schnellte in den letzten Jahren in die Höhe: So waren in 2010 insgesamt 521 Soldaten erkrankt (Stand Oktober 2010). Experten beziffern die tatsächliche Zahl der erkrankten Soldaten auf viermal so hoch! Schon seit einigen Jahren ist bekannt, dass durch gezielte Maßnahmen in der Psychosozialen Notfallversorgung die Zahl der Neuerkrankungen verringert werden kann.[4]

Peers können nicht nur bei belastenden Ereignissen im Auslandseinsatz helfen, sondern sind auch bei psychischen Extremsituationen im Inland Teil des Gesamtkonzeptes zur Psychosozialen Notfallversorgung der Bundeswehr. Die Ausbildung der Peers kommt dann zum Tragen, wenn Kameraden und

Vorgesetzte an ihre Grenzen stoßen. Es handelt sich um einen Ansatz, bei dem sowohl die beteiligten Soldatinnen und Soldaten als auch die Bundeswehr insgesamt profitieren.

Das gegenwärtige Peer-Konzept darf jedoch nicht als starres System aufgefasst werden. Seine Wirksamkeit liegt vor allem im offenen und flexiblen Umgang mit den gesammelten Erfahrungen sowie der Bereitschaft, diese in den richtungsweisenden Grundlagendokumenten und der Ausbildung zu integrieren.

Anmerkungen:

[1] BMVg (Bundesministerium der Verteidigung), Fü S I, Rahmenkonzept zur Bewältigung psychischer Belastungen von Soldaten, 1. Änderung mit 1. Ergänzung vom 22.03.2004, Bonn.

[2] BMVg (Bundesministerium der Verteidigung), Fü San I, 1-Az 42-13-40/PSZ III Az 6-66-01-10 vom 20.12.2004, Medizinisch-psychologisches Stresskonzept der Bundeswehr.

[3] BMVg, (Bundesministerium der Verteidigung), Führungsstab der Streitkräfte I 4, Dreiteilige Broschüre: I. Vor dem Einsatz - „Belastungen vorbeugen", II. Im Einsatz - „Belastungen erkennen, minimieren und bewältigen", III. Nach dem Einsatz - „Nur kein Rückkehrstress!", Stand Juli 2002, 4. überarbeitete Auflage.

[4] Fü San I 1, Hintergrundinformationen PTBS vom 14.01.2010 (AZ 42-13-16).

Aspekte der Menschenführung im Wandel von Gesellschaft und Militär

Peter Hans Gorski

Als Dozent im Bereich Menschenführung treffe ich seit Jahren auf Lehrgangsteilnehmer, die den Lehrgang „Menschenführung – Führen, Gestalten, Verantworten" besuchen, um „fertige Rezepte" zu erhalten, die sich im Truppenalltag schnell und unkompliziert anwenden lassen. Solche militärische Vorgesetzte sind schnell enttäuscht, wenn sie gleich zu Beginn des Lehrgangs erfahren müssen, dass es derartige „Rezepte" nicht gibt.

Andere Lehrgangsteilnehmer kritisieren, dass die Menschenführung in ihrem dienstlichen Bereich nicht den Stellenwert hat, den sie als „tragende Säule" der Inneren Führung haben sollte. Einige sprechen in diesem Zusammenhang sogar von der Menschenführung als „Stiefkind" im Truppenalltag. Die Fülle an Aufgaben und Verpflichtungen – vor allem im Einsatz – lasse zu wenig Raum für Menschenführung übrig. Auch Weiterbildung im Bereich Menschenführung stelle eher die Ausnahme dar. Kurze Stehzeiten und eine überzogene Null-Fehler-Kultur seien weitere Gründe. Solche und ähnliche Aussagen fallen immer wieder, wenn Lehrgangsteilnehmer eine aktuelle „Bestandsaufnahme" geben, wie sie die Menschenführung in ihrer Praxis des Truppenalltags und im Einsatz wahrnehmen. Selbstverständlich gibt es auch positive Beispiele aus der Truppe, wo sie täglich praktiziert und gelebt wird. Menschenführung ist nichts Besonderes. Sie findet immer statt, auch wenn sie schlecht praktiziert wird.

Was ist von den oben genannten Aussagen im Wandel von Gesellschaft und Militär zu halten? Die deutsche Gesellschaft ist einem großen Wandel unterworfen. Globalisierung, Weltwirtschafts- und Finanzkrise, zunehmend stark eingeschränkte Finanzen sowie eine zunehmend kritische und schnelllebige Bevölkerung mit einem deutlichen Hang zum Individualismus und Egoismus lassen diesen Wandel erkennen. Alle deutschen Staatsbürger, also auch die Soldatinnen und Soldaten der Bundeswehr als Staatsbürger in Uniform, sind davon betroffen. Die aktuellen und zukünftigen Herausforderungen, denen sich Soldatinnen und Soldaten heute zu stellen haben, sind Einsätze in Krisenregionen der Welt, Bündnisverpflichtungen, die Aussetzung der Wehrpflicht, die Reduzierung von Truppenstärke sowie Strukturveränderungen von erheblichem Ausmaß. Erschwerend kommt eine Bevölkerung hinzu, die ein „freundliches Desinteresse" an den eigenen Soldatinnen und Soldaten mit deren spezifischen Herausforderungen und Belastungen zeigt.

Brauchen wir eine neue Art von Menschenführung, die diesem Wandel gerecht wird oder reicht es, wenn wir uns auf Prinzipien der Menschenführung besinnen, wir diese nach ihrer aktuellen Bedeutung gewichten und sie auf das Notwendige für Gegenwart und Zukunft praktisch ausrichten? Vorgesetzte brauchen keine „Rezepte". Was sie brauchen, ist ein solides Fundament, eine grundlegende Haltung für den Umgang mit Menschen, ohne die gute Menschenführung nicht gelingen kann.

Manchmal erlebe ich die Menschenführung wie einen nächtlichen Sternenhimmel. Es gibt viele Sternbilder, mit Hilfe derer man sich gut orientieren kann, wenn man sie nur kennt und auch praktisch wieder erkennen kann. Es gibt viele Prinzipien und Grundsätze in der Menschenführung, die bis heute ihre Gültigkeit behalten haben. Die Grundsätze „Führe so, wie du geführt werden willst", „Führe mit Herz und Verstand" oder „Gehe stets mit gutem Beispiel voran" sind allgemein bekannt und akzeptiert. Vorgesetzte aller Ebenen sollten sich heutzutage dieser Prinzipien und Grundsätze wieder gewahr werden. Sie sollten sie nicht nur kennen, sondern sich an ihnen orientieren und sie praktisch mit dem richtigen Gespür für aktuelle Erfordernisse anwenden. Viele von ihnen haben sich dieser Herausforderung längst gestellt und sie vorbildlich angenommen. Sie leben Menschenführung und bekommen dafür auch Anerkennung von ihren Vorgesetzten und von ihren anvertrauten Soldatinnen und Soldaten.

Andere „bekennen" sich nur „pro forma" zur Menschenführung, sie machen ihre Karriere, haben aber das Wichtigste verspielt: Das *Vertrauen* ihrer untergebenen Soldatinnen und Soldaten. Dieser Typus von Vorgesetzten ist wahrhaft „vorgesetzt". Er wäre aber niemals „vorgewählt", wenn die Soldatinnen und Soldaten diese Wahl zu treffen hätten. Die formale Autorität reicht bei Vorgesetzten bei weitem nicht aus.

Graf von Baudissin, der „Vater der Inneren Führung", formulierte bereits 1954 überaus treffend: „Der Sachdisziplin gegenüber steht die Sachautorität dessen, der die Verantwortung für das Ganze trägt und das sachliche wie menschliche Zusammenspiel leitet. Eine innere Autorität muss dazukommen, wenn die menschlichen Qualitäten des Vorgesetzten anerkannt und verstanden sind."[1] Vorgesetzte benötigen für eine zeitgemäße Menschenführung eine grundlegende Haltung und Schlüsseleigenschaften. Diese müssen an den Grundsätzen und Prinzipien der Menschenführung ausgerichtet sein. Auf einige dieser *Schlüsseleigenschaften und -begriffe*, die aktuell von Bedeutung sind und in Zukunft von Bedeutung sein werden, soll später noch näher eingegangen werden. Sie sind sowohl auf wissenschaftliche als auch auf praktische Erkenntnisse gestützt, die ich selbst in meiner über 10-jährigen Führungspraxis, u. a. auch als Vorgesetzter im Einsatz in einer Krisenregion, und im Erfahrungsaustausch mit zahlreichen anderen erfahrenen Vorgesetzten verschiedener Führungsebenen sammeln durfte.

In Zeiten wie heute, in denen die Belastungen von Soldatinnen und Soldaten nicht nur zunehmen, sondern sogar extrem und sogar traumatisch sein können, kommt dem *persönlichen Gespräch* im engsten Kameradenkreis und mit Vorgesetzten des Vertrauens eine zunehmend größere Bedeutung zu. Diesem Bedarf können und dürfen sich Vorgesetzte nicht entziehen. Aber welche Grundhaltung sollten Vorgesetzte in diesen Gesprächen einnehmen? Es geht in Gesprächen um viel mehr als „nur" um den gegenseitigen Austausch von Daten, Fakten und Zahlen auf der Sachebene der Kommunikation. Wenn über (Extrem-) Belastungen gesprochen wird, dann geht es neben Sachverhalten vor allem auch um die mit den Belastungen verbundenen Emotionen. Diese in Gesprächen zu verbalisieren, ist für Betroffene äußerst hilfreich, entlastend und beruhigend. Sie brauchen Vorgesetzte, die sich nach ihrem Befinden erkundigen und die ihnen zuhören, wenn es ihnen schlecht geht. Daran werden immer wieder Vorgesetzte von ihren anvertrauten Soldatinnen und Soldaten in der Praxis gemessen.

Die Bedeutung, einen Ansprechpartner zu haben, wurde bereits vor Jahren von Professor Tausch herausgestellt.[2] Es ist wichtiger, akut belasteten Soldatinnen und Soldaten zuzuhören, als ihnen lösungsorientiert Ratschläge an die Hand zu geben, die sie in einer angespannten Lage gar nicht benötigen oder gar nicht wollen. In der Lehre am Zentrum Innere Führung wird das seit Jahren daran deutlich, dass Lehrgangsteilnehmer sich Methoden der aktiven Beteiligung wünschen, in denen sie über ihre Erfahrungen und ihre Emotionen sprechen können. Das ist bemerkenswert, weil sich gerade Soldaten im Regelfall schwer mit dem Verbalisieren von Emotionen tun. Soldatinnen haben es da schon etwas leichter, aber nicht unbedingt leicht. Was in Gegenwart und Zukunft bei Vorgesetzten vermehrt gefragt sein wird, sind *kommunikative* und *soziale Fähig- und Fertigkeiten*, vor allem die *„Kunst" des Zuhörens, die Konfliktfähigkeit* und *die Zusammenarbeit im Team*. Damit sind nicht das Führen von Monologen und die persönliche Selbstdarstellung gemeint, wie Soldatinnen und Soldaten in Einsatznachbereitungsseminaren beispielsweise immer wieder deutlich zu verstehen geben. Nichts schreckt heutzutage mehr ab als diese „Unsitte" bei Vorgesetzten.

Es geht also neben der fachlichen vor allem um die soziale Kompetenz von Vorgesetzten, „als Inbegriff all jener Fähigkeiten, die das Menschliche und Zwischenmenschliche betreffen."[3] Diese Erkenntnisse sind sehr aktuell, aber keinesfalls neu: „Damals wuchs das Bewusstsein, dass ein Profi idealerweise auf zwei Kompetenz-Säulen stehen sollte: der Fachkompetenz und der sozialen Kompetenz. In der Wirklichkeit war oft das Kompetenzprofil … vorzufinden: fachlich hoch qualifizierte Führungskräfte, aber in der Fähigkeit, mit Menschen umzugehen, gering entwickelt: … Ich selbst war ja auch so ein Spätentwickler auf der Beziehungsebene und durfte nun feststellen, dass dies gar kein erbärmliches Einzelschicksal war, sondern im Berufsleben offenbar weit verbreitet, besonders bei Männern."[4] Diese Erkenntnisse stammen bereits aus der Zeit Anfang der siebziger Jahre. Wer hätte gedacht, dass diese heute immer noch sehr aktuell sind? Anvertraute Soldatinnen und Soldaten erwarten heute mehr von ihren Vorgesetzten als das noch vor Jahren der Fall war. Es steht auch mit dem Leben und mit (Extrem-) Erfahrungen und -belastungen der Soldatinnen und Soldaten wieder mehr auf dem Spiel als das beispielsweise zu Zeiten des „Kalten Krieges" der Fall war. Vorgesetzte sollten sich gerade deshalb wieder verstärkt auf ihre soziale Kompetenz besinnen.

Wie können Vorgesetzte ihre soziale Kompetenz praktisch weiter entwickeln? Dazu sei im Folgenden der Schwerpunkt exemplarisch auf drei „Schlüsseleigenschaften" gesetzt, die für Vorgesetzte von besonderer Bedeutung sind. Der „Vater der Gesprächstherapie", Karl Rogers, hat diese drei Schlüsseleigenschaften als Grundhaltungen im Gespräch immer wieder betont: *Authentizität*, bedingungslose *Wertschätzung und Empathie*.[5]

Genau diese drei Eigenschaften wünschen sich oder vermissen oftmals die Soldatinnen und Soldaten in der Praxis des Grundbetriebs und des Einsatzes. Dadurch kommt es zu Leidensdruck und zu einem Handlungsbedarf. Unzufriedenheit, schlechte Motivation, schlechte Stimmung, Anlässe zu Beschwerden und Eingaben sind die Folge, die die Truppe zusätzlich belasten und für eine Fülle an zusätzlicher Arbeit sorgen.[6] Dabei geht Energie verloren, die an anderen Stellen sinnvoller eingesetzt werden könnte.

Authentizität

Vorgesetzte auf allen Ebenen müssen sich davor hüten, sich zu verstellen. Sie dürfen keine Rolle spielen, keine Maske tragen, die sie nach Dienst ablegen, wenn sie die Kaserne verlassen. Erfahrungen aus allen Einsatzländern zeigen, dass Vorgesetzte, die sich derart verhalten, im Einsatz irgendwann ihr wahres Gesicht zeigen, das dann häufig im Widerspruch zu der vorher gespielten Rolle steht. Im Einsatz gelingt es Vorgesetzten nicht, eine Rolle beizubehalten, da sie Tag und Nacht unter Beobachtung stehen. Die Vorgesetzten werden im Einsatz unter dieser ständigen Beobachtung „gläsern". Sie dürfen keine Schauspieler sein, sondern müssen so sein, wie sie wirklich sind: Vorgesetzte(r) und Mensch. Das ist kein Widerspruch, sondern gehört untrennbar zusammen. Es handelt sich um eine Kernforderung an militärische Vorgesetzte: Authentizität.

Wer als Vorgesetzte(r) authentisch ist, verhält sich echt, unverfälscht und transparent. Diese Vorgesetzten sind und bleiben so, wie sie wirklich sind und schaffen auf diese Weise bei ihren Soldatinnen und Soldaten Vertrauen. Dieses Vertrauen trägt sie. Es erlaubt Fehler und auch Fehlverhalten, sofern Vorgesetzte sich dazu bekennen und dieselben Fehler nicht immer wieder machen. „Rollenspieler", die Fehler nicht zugeben, oder diese sogar vertuschen, verlieren Gesicht, Ansehen und Vertrauen. Sie sind nicht berechenbar und gehören auf die Bühne eines Theaters, aber nicht auf die Stelle eines Vorgesetzten.

Ist das Vertrauen einmal „verspielt", wird es sehr schwer, es wieder zu erlangen. Vertrauen ist eine „Pflanze", die nur noch sehr langsam wächst oder sogar verkümmert, wenn man sie entwurzelt hat. Vorgesetzte sollten also sehr darauf achten, dass sie als Mensch stets authentisch sind und bleiben. Fehlende Authentizität ist ein gravierender Mangel an sozialer Kompetenz. Vorgesetzte ohne Authentizität besitzen ein schweres Handicap. Fehlende Authentizität ist daher unakzeptabel.

Bedingungslose Wertschätzung

Ein alter Grundsatz in der Menschenführung lautet: „Wer Menschen führen will, muss Menschen mögen." Für das Wort „mögen" kann man auch „wertschätzen" verwenden. Für „Wertschätzung" gibt es in der Führung keine Alternative. Soldatinnen und Soldaten benötigen die Wertschätzung ihrer Person durch ihre Vorgesetzten. Damit einher geht der Wunsch nach Anerkennung für ihr Tun und Handeln. Vorgesetzte sind demnach dann sozial kompetent, wenn sie ihre Soldatinnen und Soldaten als Mensch und Individuum wertschätzen und ihnen angemessen Lob und Anerkennung für ihr Tun und Handeln gewähren.

Die Praxis zeigt, dass das nicht selbstverständlich ist. Viele Vorgesetzte sind leider immer noch der Ansicht, dass kein Tadel bereits Lob genug sei und man es mit Lob auch nicht übertreiben dürfe, da sich die Soldatinnen und Soldaten zu schnell daran gewöhnten. Vorgesetzte sollten nachdenklich werden, wenn sie sich nicht mehr daran erinnern können, wann sie eine oder einen ihrer anvertrauten Soldatinnen/Soldaten zum letzten Mal für eine gute Leistung gelobt haben.

Fakt ist nicht erst seit Maslow[7], dass Menschen Lob, Anerkennung und Wertschätzung brauchen. Es handelt sich um menschliche Bedürfnisse und Wünsche, die Menschen realisiert sehen wollen. Damit leistet Wertschätzung einen wichtigen Beitrag zur Motivation von Soldatinnen und Soldaten. Bedeutsam ist, dass Lob maßvoll und gerecht angewandt wird. Aber auch im Ansprechen und Verbessern von Mängeln steckt in der Menschenführung Wertschätzung. Wer mir etwas wert ist, dem helfe ich auch, sich weiter zu entwickeln und aus Fehlern zu lernen. Hier kommt es allerdings wesentlich auf den gewählten Ton an, der bekanntlich die Musik macht. Der „Schall" spielt dabei auch eine Rolle: „Wie es in den Wald hinein ruft, so schallt es heraus." Ein unangemessener Umgangston wird regelmäßig als Geringschätzung und sogar als Entwürdigung wahrgenommen, die einen Verstoß gegen die Achtung der Würde des Menschen im Sinne des Grundgesetzes darstellt.[8]

Empathie

Um den Nachweis sozialer Kompetenz zu erbringen, bedarf es noch einer weiteren Grundhaltung von militärischen Vorgesetzten: der Empathie. Der Begriff Empathie steht für das menschliche Einfühlungsvermögen, die Fähigkeit, sich in andere hineinversetzen und sie so besser verstehen zu können. Es ist wichtig, Soldatinnen und Soldaten unvoreingenommen zu begegnen und sich auf Gespräche mit ihnen einzulassen, wann immer sich die Gelegenheit dazu bietet.

Es ist eine ausgewiesene Qualität von Vorgesetzten, wenn sie sich ehrlich dafür interessieren, wie es ihren Soldatinnen und Soldaten beispielsweise auf Patrouille ergangen ist, wie es ihnen physisch und psychisch geht und was sie ggf. dringend benötigen. In Gesprächen geht es nicht nur um das Verstehen reiner Sachinhalte, sondern auch darum zu verstehen, was anvertraute Soldatinnen und Soldaten bewegt und was in ihnen vor allem in belastenden Situationen vorgeht. Besitzen Vorgesetzte Empathie, dann darf es beispielsweise nicht dazu kommen, dass nach Rückkehr einer Patrouille ins Feldlager, die in Afghanistan unter schweren Beschuss geraten war und in der die Soldaten um Leib und Leben fürchten mussten, lediglich gefühlskalt vom verantwortlichen Kompaniechef der Befehl erteilt wird, dass die Sachschadensmeldung für die Gefechtsfahrzeuge bei ihm am nächsten Morgen pünktlich auf dem Schreibtisch zu liegen habe.

Fehlende Empathie wird auch an Pseudogesprächen sichtbar, bei denen das Gesprächsergebnis von Seiten des Vorgesetzten vorab festgelegt wurde und praktisch gar kein echtes Gespräch zustande kam. Fehlende Empathie ist ebenfalls ein gravierender Mangel an sozialer Kompetenz, ein schweres Handicap, das nicht akzeptabel ist.

Authentizität, Wertschätzung und Empathie sind bereits gegenwärtig und mit hoher Wahrscheinlichkeit auch in Zukunft Schlüsseleigenschaften verantwortlicher militärischer Vorgesetzter bei der Führung ihrer anvertrauten Soldatinnen und Soldaten. Fachliche und soziale Kompetenz sind gefragt. Vorgesetzte, die diese Eigenschaften besitzen und praktizieren, können zu Recht von sich sagen, dass sie am Puls der Zeit sind und zeitgerecht Menschen führen. Wem das bislang nicht gelingt, der hat die Möglichkeit, die damit verbundenen Fähigkeiten und Fertigkeiten zu erlernen und zu verinnerlichen. Dazu leistet der Bereich 2 „Menschenführung, Fürsorge und Betreuung" am Zentrum Innere Führung Jahr für Jahr seinen Beitrag in Theorie und Praxis. Menschenführung, eine der drei „tragenden Säulen" der Inneren Führung, ist und bleibt für die Bundeswehr in Gegenwart und Zukunft wie bisher unverzichtbar. Wer anderes postuliert, verkennt die Realität, vor allem die Einsatzrealität. Wolf Graf von Baudissin formulierte dazu 1978: „Innere Führung bedeutet militärische Führung unter Berücksichtigung sozialer und individueller Aspekte".[9]

Anmerkungen:

[1] Von Baudissin, Wolf: Probleme praktischer Menschenführung in zukünftigen Streitkräften. Vortrag in Essen am 29.10.1954 . „Aus Politik und Zeitgeschichte". Beilage zur Wochenzeitung „Das Parlament" vom 01.12.1954.

[2] Tausch, Reinhard: „Jemanden zum Reden haben" aus „Psychologie Heute", Heft 1 (1998).

[3] Schulz von Thun, Friedemann: Klarkommen mit sich selbst und anderen: Kommunikation und soziale Kompetenz. Reinbek bei Hamburg 2004, S. 17.

[4] Schulz von Thun, Friedemann: a.a.O., S. 17.

[5] Rogers, Carl R.: Der neue Mensch, 1981, S. 67f.

[6] Vgl. Unterrichtung durch den Wehrbeauftragten. Jahresbericht 2010. 52. Bericht, S. 31f.

[7] Vgl. Maslow, Abraham H.: Motivation und Persönlichkeit. Reinbek bei Hamburg 1981, S. 72f.

[8] Unterrichtung durch den Wehrbeauftragten, Jahresbericht 2010, 52. Bericht, S. 31.

[9] Baudissin, Wolf Graf von: Gedanken zur Inneren Führung. In: Die „Innere Führung" auf dem Weg zur dritten Gestaltungsphase? Eine Dokumentation der aktuellen Kritiken von und an den Thesen Wolf Graf von Baudissins. Hrsg. und eingeleitet von Dieter S. Lutz. - Hamburg: Institut für Friedensforschung und Sicherheitspolitik (IFSH), 1978 (= IFSH, Diskussionsbeiträge, H. 10), S. 4.

Konfliktmanagement und Motivation – Herausforderungen für den militärischen Führer

Stefan Schmitz / Frank Liepold

Einleitung

Im Rahmen von Führungsbegleitungen in militärischen Organisationen (FMO) erfahren wir zunehmend, dass im praktischen Dienst der Streitkräfte die Bedeutung der Führungskompetenz „Konfliktmanagement" stärker in den Vordergrund rückt. Das Bedürfnis zur individuellen Persönlichkeitsentfaltung/ -entwicklung, gerade auch im privaten Bereich, beeinflusst zunehmend den beruflichen Alltag. Persönliche Interessen spielen eine immer größere Rolle und stehen häufig im Kontrast zu den „unternehmerischen Zielen".

Weil die Ressourcen „Personal und Zeit" in unserer kostenorientierten, schnelllebigen Gesellschaft (genauso in der Bundeswehr) knapper werden, bewegen sich Führungskräfte zwangsläufig in dadurch entstehende Konfliktsituationen mit ihren Mitarbeiter(inne)n, Vorgesetzten und häufig genug auch mit sich selbst. Konkurrenzdenken und extrem karriereorientiertes Handeln verstärken diesen Zustand. Deshalb ist die moderne Führungskraft als Konfliktmanager für eine nachhaltige Motivations- und Vertrauensbildung im Umfeld gefordert. Sei es bei unmittelbarer persönlicher Betroffenheit („Sandwichposition") oder in der Funktion des Moderators in ihrem Verantwortungsbereich.

Neben so wichtigen Qualifikationen wie der ausgeprägten sozialen Wahrnehmung und der Fähigkeit, als anerkannter vertrauensfördernder Teamplayer dialogfähig auftreten zu können, ist eine weitere Befähigung von unverzichtbarem Wert: Konflikte so zu handhaben, dass sie nicht nur gelöst werden, sondern daraus auch noch ein Motivationsanstieg für die Beteiligten entstehen kann.

Erinnern Sie sich bitte an das, was Ihnen in der Ausbildung zum Vorgesetzten diesbezüglich bereits mit auf den Weg gegeben wurde und/oder Ihnen aus alltäglichen Situationen als Erlebnis noch präsent geblieben ist. Führen Sie sich während des Lesens der nächsten Seiten einmal Situationen vor Augen, erlebt als Vorgesetzter oder als Untergebener. Denken Sie an Beispiele, in denen die Art der Konflikthandhabung das Motivationspotenzial und somit die

Leistungsfähigkeit von Mitarbeitern/Mitarbeiterinnen sowohl positiv als auch negativ (u.a. Modell) beeinflusst haben.

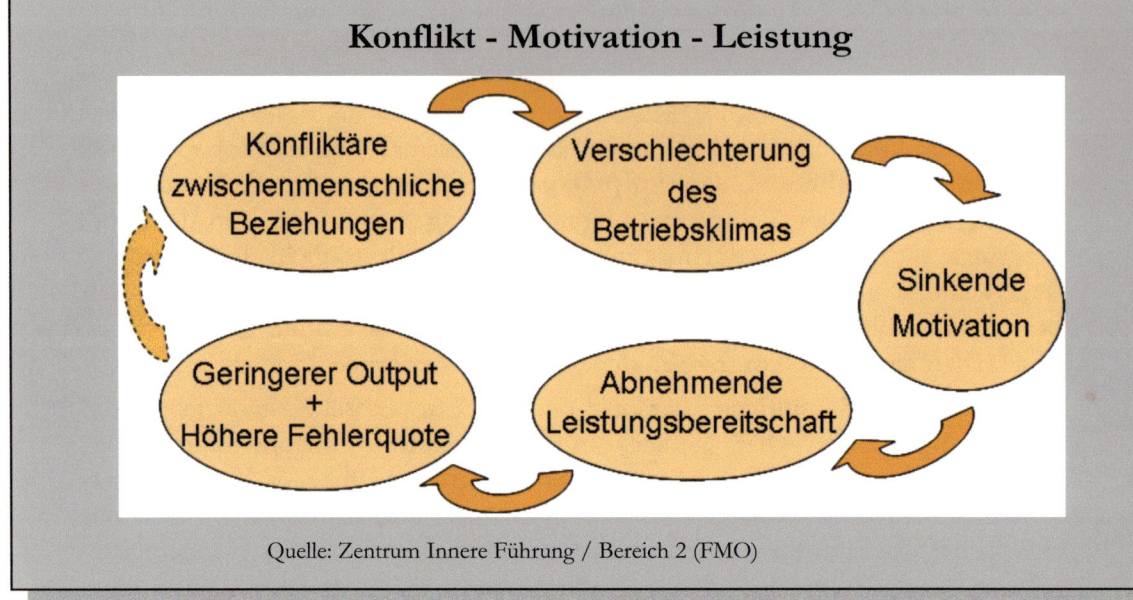

Konflikt - Motivation - Leistung

Quelle: Zentrum Innere Führung / Bereich 2 (FMO)

Motivation als Herausforderung

„Wenn wir uns fragen, warum Menschen in einer bestimmten Art und Weise handeln, dann stellen wir die Frage nach ihren Motiven."[d]

Im Kern dieser Aussage wird deutlich, dass es nicht zuerst darum geht, ob jemand motiviert ist. Im Vordergrund sollte vielmehr das Prüfkriterium stehen, wie jemand motiviert ist bzw. motiviert werden kann. Es ist eine Herausforderung und Führungsaufgabe zugleich, diese Frage immer wieder aufzugreifen, für den eigenen Verantwortungsbereich richtig zu deuten und treffsicher umzusetzen. Eine schon ältere, aber immer noch weit verbreitete Motivationstheorie führt uns dabei zurück auf die Bedürfnispyramide von Abraham Maslow[2]. Diese in fünf Motivgruppen (physiologische Grundbedürfnisse/Sicherheit/ soziale Beziehungen/soziale Anerkennung/an der Spitze die individuelle

Selbstverwirklichung) eingeteilte und einer wertebezogenen Hierarchie aufge-
stellte Theorie basiert auf dem Prinzip der relativen Vorrangigkeit der jeweils
niedrigeren Bedürfnisse. Relativ deshalb, weil die Befriedigung höherer Bedürfnisse nicht zwangsläufig aufgeschoben oder gar blockiert wird. Die Be-
dürfnisbefriedigung ist dabei nicht nur von der persönlichen Entwicklung und
Situation, sondern auch von der gesellschaftlichen Entwicklung (Bsp.: Soldat
der Bundeswehr versus Soldat der ANA[3]) abhängig.

Nach Porter und Lawler entwickelt sich Motivation wie folgt:

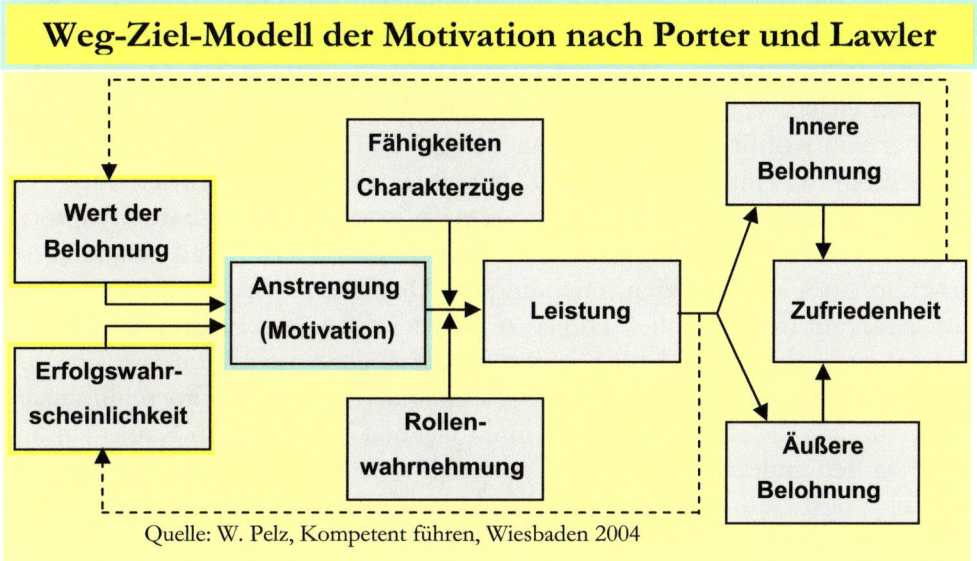

Quelle: W. Pelz, Kompetent führen, Wiesbaden 2004

Der Wert der Belohnung (im folgenden Anreizwert) multipliziert mit
der Erfolgswahrscheinlichkeit stellt als Ergebnis die Höhe der Motivation heraus. Nachfolgendes Beispiel soll diese Formel plausibel verdeutlichen:

Der *Eine* hat schon 24 Mal den 10 km-Lauf gewonnen und ihm wird
für den nächsten Sieg eine Auszeichnung in Aussicht gestellt.

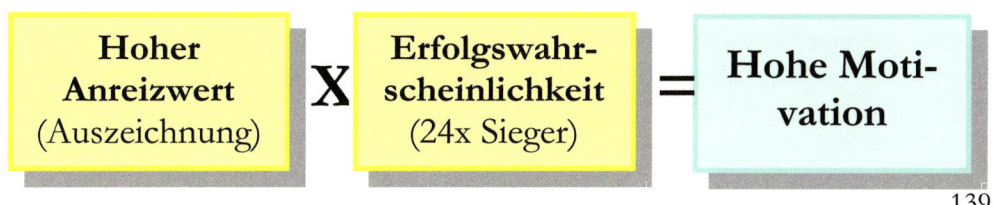

Im Gegensatz dazu hat der *Andere* die Strecke noch nie geschafft und er ist dennoch als Teilnehmer der Kompanie ins Rennen geschickt worden. In der Folge wird Demotivation bzw. (auch) Frustration auftreten. Eine kontraproduktive ggf. konfliktäre Entwicklung zeichnet sich ab.

„Führen ist von Natur aus konfliktträchtig"

Diese These – insbesondere die mögliche Wirkung daraus – unterstreicht, dass die erfolgreiche Konflikthandhabung zu einer der wichtigsten Führungsaufgaben zählt. Führungskräfte haben Entscheidungen zu treffen und diese auch durchzusetzen. Das Erstellen von Beurteilungen und der damit verbundene Konkurrenzkampf nach oben, zur Seite und nach unten ist dabei nur ein Beispiel von vielen. Vorgesetzte werden in ihrer Führungsrolle nicht nur als Verursacher von Konflikten, sondern auch in der Vermittlerfunktion bei Konflikten in ihrem Verantwortungsbereich immer wieder mit konkurrierenden Ansichten und Argumenten konfrontiert. Das Wissen um erkennbare Symptome und den systematischen Umgang mit Konflikten ist deshalb, und gerade in der Funktion eines Vorgesetzten, unabdingbar. Der Begriff des Konfliktes (= das Aufeinandertreffen einander entgegen gesetzter Interessen, Strebungen und Motive) ist in der Praxis häufig eine tendenziell eher negativ belegte Empfindung. Er führt zu Spannungen oder Auseinandersetzungen – im schlimmsten Fall dazu, dass die Konfliktparteien ihren eigenen Untergang in Kauf nehmen, wenn sie den anderen mit ins Verderben stürzen können. Die Auswirkungen auf Leistungsbereitschaft und -fähigkeit im Umfeld sind dementsprechend suboptimal. Doch Konflikte können auch positive Veränderungen bewirken. Bei einer zweckmäßigen Konflikthandhabung eröffnet sich die Möglichkeit, von Weiterentwicklungen zu profitieren und so den Einzelnen und/oder das Team positiv zu stimulieren. Dieser Fall tritt ein, wenn mindestens ein Kompromiss, im Idealfall eine „Win-Win-Situation", erreicht werden kann. „Win-Win" bedeutet hier, dass alle Parteien profitieren, weil durch kreative Ansätze, über den ersten Kompromiss hinaus, effektivere gemeinsame Lösungswege gefunden werden. Das Nutzen der positiven Aspekte eines Konfliktes führt so zur Verbesserung des Arbeitsklimas, dieses wiederum zur Motivations- und Leistungssteigerung. In jedem Fall sollten in einem Konflikt von allen Parteien die zwei Seiten der Medaille betrachtet, also die Perspektiven gewechselt werden.

Konflikte bewegen sich häufig zunächst auf einer emotionalen Ebene und verlassen sehr schnell die sachbezogene Kommunikation und Wahrnehmung. Das subjektive Empfinden führt eher unbewusst zu einer emotionalen Blockade – diese Blockade gilt es zu überwinden, damit eine gemeinsame Problemlösung ermöglicht werden kann. Wichtige Voraussetzung für eine erfolgreiche Konfliktbewältigung ist das Wissen über den Aufbau eines strukturierten Konfliktgespräches[4] und das überlegte Umsetzen im Verlaufe des gemeinsamen Dialogs. Der Gesprächsaufbau steht im engen Kontext zum Kennen und Beherrschen der wesentlichen Grundlagen einer zielgerichteten Gesprächsführung. Die Voraussetzungen für hilfreiche, entlastende Gespräche sind nach Carl Rogers[5] in erster Linie Echtheit, Wertschätzung und Empathie.

Quelle: Zentrum Innere Führung / Bereich 2 (FMO)

In diesem Zusammenhang kann ein in der Praxis erfolgreich angewendetes Verhaltensmuster empfohlen werden:

- Bleiben Sie authentisch. Verstellen Sie sich nicht, um anderen zu gefallen oder andererseits besondere Härte zu demonstrieren.

- Beachten Sie die Wirkung der Körpersprache.

- Gut zu kommunizieren heißt vor allem, gut zuhören zu können.

- Schaffen Sie bei Konfliktgesprächen eine entspannte Atmosphäre.

- Nehmen Sie sich Zeit für das Gespräch.

- Zeigen Sie aufrichtiges Interesse an Ihrem Gesprächspartner.

- Gehen sie ohne Vorurteile in das Gespräch.

- Versuchen Sie, sich in die Situation Ihres Gegenübers zu versetzen.

- Fordern Sie das ehrliche Feedback. Ertragen Sie auch konstruktiv-kritische Auffassungen mit Geduld.

Alle diese Punkte sind Kennzeichen für ein gutes Kommunikations-verhalten. Auch das spontane Gespräch (auf Sach- *und* Beziehungsebene) auf dem Flur oder im Kaffeeraum besitzt einen unschätzbaren Stellenwert. Denn es hilft, Zugangs- und Berührungsängste abzubauen, Transparenz zu schaffen und gegenseitiges Vertrauen zu stabilisieren.

Zusammenfassung

Die Führungsaufgabe fordert unter anderem, den militärischen Alltag in der Rolle als Vorgesetzter zu gestalten. Praxis und Wirklichkeit machen es häufig sehr schwer, die wissenschaftlich anerkannten Theorien und Modelle einfach zu implementieren. Eine besondere Herausforderung für die heutige moderne Führungskraft ist – neben der Anpassungsfähigkeit bei sich verändernden Strukturen, Aufgaben und finanziellen Ressourcen – der Individualität von Menschen, mit denen der Vorgesetzte täglich viel Zeit verbringt und für die er Verantwortung trägt, gerecht zu werden. Ein gut funktionierendes Team, aus-gestattet mit hohem Sachverstand und ausgeprägter sozialer Kompetenz, kann dabei immer hilfreich unterstützen.

Gegenseitige respektvolle Wertschätzung schafft ein vertrauensvolles, durch hohe Motivation geprägtes Arbeitsklima. In einem solchen Umfeld sollte vorhandenes Konfliktpotenzial mittel- und langfristig eher gering gehalten bzw. gezielt, für die Teamentwicklung nutzbar (als Wettbewerbs-/ Leistungs-anreiz), eingesetzt werden können.

Wichtig ist, dass der Vorgesetzte „den Menschen" mit allen seinen Stärken und Schwächen kennt und mag. Er ist gut beraten, wenn er ihn für sich und die gemeinsame Aufgabe gewinnt – dabei auch seine Belange und Bedürfnisse beachtet und ihn auf dem Weg zum Ziel mitnimmt. So werden wichtige Voraussetzungen geschaffen, um gemeinsam im Grundbetrieb und im Einsatz bestehen zu können.

Anmerkungen:

[1] D. Krech, R. S. Crutchfield: Theory and Problems of Social Psychology ("Individuum im sozialen Umfeld"), New York 1962, S. 180f.

[2] A. H. Maslow, Motivation und Persönlichkeit, Rowohlt-Verlag, Reinbek 1981, S. 62f.

[3] Afghan National Armee

[4] Dr. J. Selter, Konflikte …: vorbeugen und kompetent bearbeiten, Berlin 2004, S. 14f.

[5] C. Rogers, Entwicklung der Persönlichkeit, Stuttgart 1973.

Beteiligungsrechte in den Streitkräften – Chance zur Gestaltung oder lästige Pflicht?

Ralf Kemmer / Cathérine Lisa Schleicher

Chance zur Gestaltung

Zwei der hauptsächlichen Gestaltungsfelder der Inneren Führung befassen sich mit der „Menschenführung" und dem Bereich „Recht und soldatische Ordnung". Gerade die für Soldatinnen und Soldaten, sowie für die zivilen Angehörigen der Bundeswehr normierten Beteiligungsrechte sollen diesen Gestaltungsfeldern praktischen Ausdruck verleihen und damit den Staatsbürger in Uniform mit einbeziehen, fordern und fördern.

„Beteiligungsrechte als militärischer Führungsgrundsatz bedeutet Teilhabe an allen Entscheidungsprozessen. Dieser Führungsgrundsatz spiegelt in besonderer Weise das Leitbild vom – Staatsbürger in Uniform – wider. Ziel ist die verantwortungsvolle Zusammenarbeit zwischen Disziplinarvorgesetzten und Untergebenen."[1]

Die angemessene Vertretung der Interessen der Angehörigen der Bundeswehr durch die entsprechenden Organe und Gremien, die Beteiligung von Vertrauenspersonen und Personalvertretungen nach Soldatenbeteiligungsgesetz (SBG) und Bundespersonalvertretungsgesetz (BPersVG) an den sie betreffenden Maßnahmen stellt das Erleben rechtsstaatlicher Grundsätze und Werte sicher. Wir brauchen Angehörige der Bundeswehr, die motiviert sind und eigenständig sowie aus Einsicht im Sinne der übergeordneten Führung denken und handeln. Die Beteiligung von militärischem und zivilem Personal ist eine Möglichkeit, in einem partnerschaftlichen Verhältnis Eigenständigkeit und Selbstverantwortlichkeit zu fördern und damit auch die Motivation im Dienstalltag und die Identifikation mit der Bundeswehr weiter zu steigern. Durch die Einbeziehung der Soldatinnen und Soldaten sowie der zivilen Beschäftigten wird die Führungsphilosophie der Bundeswehr in die Tat umgesetzt und im Dienstalltag praktisch gelebt.

Damit ist die gesetzlich verankerte Beteiligung als eine Chance für den Einzelnen und für die Bundeswehr im Ganzen zu begreifen, steigert sie nicht zuletzt auch die Qualität der Entscheidungen, da die Erfahrungen der Angehörigen der Bundeswehr in den Führungsprozess mit einfließen können und dieser dadurch transparenter wird.

Vor dem Hintergrund der Novellierung des SBG aus dem Jahre 1997 ist diese Chance jedoch auch immer im Licht einer *„Ausgewogenheit zwischen den Anforderungen des militärischen Dienstes und der Verwirklichung der Grundsätze der Inneren Führung sowie der Steigerung der Effektivität und Einsatzfähigkeit der Streitkräfte"*[2] zu sehen. Dies gebietet gerade auch der sogenannte „Zweiklang der Personalvertretung", welcher als allgemeiner Grundsatz des Beteiligungsrechts in den § 2 BPersVG und § 1 SBG zum Ausdruck kommt: Danach soll die Beteiligung dem Wohle der Beschäftigten bzw. einer fürsorglichen Berücksichtigung der Belange des Einzelnen dienen. Im gleichen Maße soll Beteiligung aber auch zur Erfüllung der der Dienststelle obliegenden Aufgaben bzw. zur wirkungsvollen Dienstgestaltung beitragen. Der verfassungsrechtliche Auftrag der Streitkräfte ist somit in den Fokus gerückt und stellt eine natürliche und nicht die Grundrechte der Einzelperson unverhältnismäßig einschränkende Grenze der Beteiligungsmöglichkeiten dar.

Lästige Pflicht

Im Dienstalltag werden die Beteiligungsmöglichkeiten, obgleich als tragender Grundsatz der Inneren Führung anerkannt, leider mit wachsender Skepsis betrachtet. Diese Skepsis wächst nicht nur auf Seiten der Dienststellenleitungen und Disziplinarvorgesetzten, sondern auch bei beteiligungsrechtlich engagierten bzw. interessierten Kameradinnen und Kameraden. Dienststellenleiter und Dienststellenleiterinnen sowie Disziplinarvorgesetzte beklagen bspw. eine zusätzliche Erschwernis der Dienstabläufe durch das grundsätzlich als notwendig erachtete Beteiligungsverfahren. Vertrauenspersonen und Personalräte fühlen sich häufig nicht im angemessenen Umfang in die beteiligungsrechtlich relevanten Maßnahmen einbezogen und befürchten dadurch, die Interessen der von ihnen vertretenen Personen (-kreise) nicht gewährleisten zu können.

In den wenigsten Fällen basiert diese Einschätzung auf einer grundsätzlichen Ablehnung der Beteiligungsrechte. Vielmehr führt die praktische Umsetzung der aktuellen Gesetzeslage zu Friktionen, Hemmnissen und Erschwernissen, die im Rahmen von Gesetzesnovellierungen, angepasst an die geographische und personelle Entwicklung der Bundeswehr, verhindert werden könnten.

Hierzu ein praktischer Ansatz: Resultierend aus dem „gesetzlich intendierten Dualismus"[3] des SBG, findet soldatische Beteiligung in der Bundeswehr, je nach dem beteiligungsrechtlichem Charakter der Dienststelle, durch Vertrauenspersonen, deren Gremien oder durch die Gruppe der Soldaten im Personalrat der Dienststelle statt, soweit diese für Soldaten personalratsfähig ist. Die Interessen der zivilen Beschäftigten werden ausschließlich durch einen Personalrat vertreten.

Diesen Grundsätzen kann problemlos gefolgt werden, solange eindeutig bestimmbar ist, welchen beteiligungsrechtlichen Charakter eine Dienststelle hat und wenn das Personal einheitlichen Beteiligungstatbeständen unterfiele. Da dies in der Praxis nicht immer der Fall ist, ist derzeit bzgl. jeder Maßnahme seitens der Dienststellenleitung/der Disziplinarvorgesetzten zu prüfen, welcher Adressat von der Maßnahme betroffen ist und nach welchem Gesetz (SBG/BPersVG) die entsprechend notwendige Beteiligung durchzuführen ist. Weil gerade diese rechtlichen Differenzierungen in der Praxis nicht immer einfach zu treffen sind und auch die entsprechende Ausbildung (zeitlich) nicht immer gewährleistet oder vorausgesetzt werden kann, können hierdurch deutliche Zeitverluste und bürokratische Erschwernisse für die Auftragserfüllung entstehen. Im Falle einer Nichteinigung im Beteiligungsverfahren sehen das BPersVG und das SBG unterschiedliche Verfahren vor, etwa bei dem Vorschlagsrecht in einer Angelegenheit der Soldaten die Entscheidung des nächsthöheren Disziplinarvorgesetzten oder die Anrufung der Einigungsstelle beim BMVg in einer mitbestimmungspflichtigen Angelegenheit nach dem BPersVG, um die endgültige Entscheidung über die beteiligungspflichtige Angelegenheit herbeizuführen. Auch diesem Grundsatz kann ohne weiteres gefolgt werden, solange es sich um eine beteiligungsrechtlich relevante Maßnahme handelt, die nur eine Laufbahn- bzw. Statusgruppe betrifft und auch nur eine Dienststelle.

Eine problematischere Situation und damit auch eine große Handlungsunsicherheit tritt aber etwa für einen Kasernenkommandanten oder Standortältesten ein, wenn all diese Faktoren in einem Beteiligungsverfahren kumulieren. Dies kann man besonders an Standorten beobachten, die nach der Aufstellung der Streitkräftebasis und des zentralen Sanitätsdienstes eine Vielzahl von beteiligungsrechtlich zu differenzierenden Dienststellen aufweisen. Auch dienststellenübergreifende Maßnahmen des Kasernenkommandanten oder des Standortältesten sind unter Beachtung der entsprechenden Vorschriften des SBG oder BPersVG beteiligungspflichtig. In solchen dienststellenübergreifenden Fällen, die nicht nur die Soldaten betreffen, sondern auch das Zivilpersonal, wird fast zwangsläufig (nach BPersVG) der beim BMVg angesiedelte Hauptpersonalrat zu beteiligen sein, da für die TerrWV, das Heer, die SKB etc. erst dort ein gemeinsamer Vorgesetzter mit zugehöriger Personalvertretung besteht, bei dem die Maßnahme beteiligt werden kann.

Die Folge ist, dass eine beteiligungsrechtlich relevante Maßnahme einen langen, dem „Zweiklang der Beteiligung" nicht zuträglichen Weg durch die Instanzen nehmen muss. Wenn, begünstigt durch die Auswirkungen der Strukturreform, die Zahl solcher Standorte anwüchse, wird weder die Auftragserfüllung der Streitkräfte unterstützt, sondern eher gehemmt, noch kann die Beteiligung im Sinne der zu vertretenden Personen in angemessener und schneller Form durchgeführt werden.

Fazit

Hieraus folgt, dass die gesetzlichen Grundlagen der Beteiligung nicht zuletzt im Hinblick auf sich verändernde Rahmenbedingungen angepasst werden müssen, um zukünftig die Wahrung der Interessen der Soldatinnen und Soldaten und zivilen Beschäftigten mit der Erfüllung des verfassungsrechtlichen Auftrags der Streitkräfte weiter in Einklang bringen zu können.

Nur wenn die Grundideen der Beteiligung von den Disziplinarvorgesetzten und Dienststellenleitungen einerseits sowie den Beteiligungsgremien und -organen andererseits im täglichen Dienstalltag ohne durch den von undurchsichtigen Strukturen verursachten Zeit- und Effizienzverlust umgesetzt werden können, ist der Bundeswehr, deren Vorgesetzten und der Inneren Führung gedient. Die Chance zur Gestaltung sollte im Sinne einer zielorientierten Reform des BPersVG und SBG genutzt werden, um auch in der Zukunft die Vorteile der Beteiligung in einfachen und praktikablen Verfahren nutzen zu können. Das Festhalten an „Bewährtem", das in der Praxis Verwirrung und Verzögerung stiftet, kann nicht die Lösung sein. Allein das aufgezeigte Beispiel komplizierter Zuständigkeiten nach SBG und BPersVG zeigt, dass eine Anpassung der beteiligungsrechtlichen Grundlagen an die Bedürfnisse des soldatischen Dienstalltags aus heutiger Sicht alleiniger Garant dafür ist, die Interessenvertretung der Angehörigen der Bundeswehr übergreifend als Chance zur Gestaltung zu vermitteln.

Anmerkungen:

[1] ZDv 10/1 Nr. 640.

[2] Lorse, in: NZWehrr 2009, S. 184.

[3] Lorse, in: NZWehrr 2009, S. 185.

Militärische Gewalt im Fokus der Strafverfolgung – Eine Frage der Inneren Führung im Einsatz?

Stephan Weber

Manche Tage der Geschichte haben es zu einer ganz besonderen Berühmtheit gebracht, erzählen – wie zum Beispiel der 11. September (besser bekannt als *nine-eleven*) – eine eigene Geschichte oder stehen gar für einen Epochenwechsel. Zuweilen will es den Anschein haben, dass für Deutschland, zumindest für die Bundeswehr, der 4. September 2009 ein solcher Tag ist: der Tag, an dem ein deutscher Oberst als Kommandeur des *Provincial Reconstruction Teams* (PRT) in Kunduz einen Luftangriff auf zwei von irregulären Kräften in der Nähe entführte Tanklastzüge angefordert und dabei neben der erfolgreichen Bekämpfung legitimer militärischer Ziele einen größeren Kollateralschaden unter der afghanischen Zivilbevölkerung verursacht hat. Für viele hat – gefühlt – Deutschland damit seine Unschuld in puncto „Kriegführung" verloren. Jedenfalls hat die öffentliche Diskussion, ob man sich mit dem ISAF-Einsatz in einem „Krieg" befinde, dahingehend ein Ende gefunden, dass sich die Erkenntnis einer Teilnahme Deutschlands an einem nicht-internationalen bewaffneten Konflikt nunmehr endgültig durchgesetzt hat.[1]

Aus rechtspolitischer Sicht sind Tag und Ereignis dadurch bemerkenswert, dass die zuständige Strafverfolgungsbehörde, der Generalbundesanwalt, erstmalig im Zusammenhang mit der Anwendung militärischer Gewalt Ermittlungen gegen einen deutschen Soldaten wegen des Anfangsverdachts (unter anderem) eines Kriegsverbrechens nach dem Völkerstrafgesetzbuch aufgenommen (und mangels Vorliegens einer Straftat auch wieder eingestellt) hat.[2]

Neuland war hierbei allerdings nur die erstmalige Anwendung des Völkerstrafgesetzbuches, nicht die staatsanwaltschaftliche Aufklärung militärischer Gewalt im Zusammenhang mit den Auslandseinsätzen der Bundeswehr an sich. Erstmalig wurde wegen des Verdachts eines Tötungsdeliktes bereits ermittelt, als am 21. Januar 1994 im Somalia-Einsatz (UNOSOM II) ein deutscher Sicherungssoldat in Belet Huen einen Einheimischen bei einem Eindringversuch in das deutsche Feldlager erschossen hatte.[3] Auch dieser, wie alle Folgefälle (vgl. die sogenannten *Checkpoint*-Fälle in den letzten wenigen Jahren), endete ohne Anklageerhebung vor den Strafgerichten, da die Staatsanwaltschaften keine Anhaltspunkte für Straftaten feststellen konnten.

Was macht nun diesen Befund zu einer „Frage der Inneren Führung im Einsatz"? Der Versuch einer Antwort ist unter verschiedenen Blickwinkeln denkbar. Eine erste (oberflächliche) Idee gibt der Begriff „Grundsätze der Inneren Führung" des § 1 Abs. 3 des Wehrbeauftragtengesetzes. Dieser ist zwar nicht weiter gesetzlich definiert, jedoch versucht die Zentrale Dienstvorschrift der Bundeswehr zur Inneren Führung diese Grundsätze in ihren „konkreten Ausprägungen" zu finden. Zu diesen zählt sie unter anderem die Integration der Streitkräfte in Staat und Gesellschaft, das Leitbild vom „Staatsbürger in Uniform", die ethische, rechtliche und politische Legitimation des Auftrages sowie die Verwirklichung wesentlicher staatlicher und gesellschaftlicher Werte in den Streitkräften.[4] In diesen „Ausprägungen" lassen sich die persönliche strafrechtliche Verantwortlichkeit eines Soldaten und die staatsanwaltschaftliche Untersuchung im Verdachtsfalle als Umsetzung rechtsstaatlicher Grundsätze (Bindung der Exekutive an Recht und Gesetz, Gewaltenteilung etc.) thematisch trefflich verorten. Für die Praxis gelebter Innerer Führung hilft dies jedoch noch wenig.

Antworten auf praktische Fragen des Soldatenalltags sollten also eher in den sogenannten „Gestaltungsfeldern der Inneren Führung" gesucht werden[5], namentlich in den „hauptsächlichen Gestaltungsfeldern" (Menschenführung, Politische Bildung, Recht und soldatische Ordnung) wie auch in einigen „weiteren Gestaltungsfeldern". Lassen wir jedoch vorab noch Soldatinnen und Soldaten zu Wort kommen, insbesondere mit ihren ersten Reflektionen, wenn sie von staatsanwaltschaftlichen Ermittlungen gegen Kameraden hören, die im Einsatz militärische Gewalt ausüben mussten: „Wir sind hier in einem militärischen Einsatz, was hat da der Staatsanwalt überhaupt zu suchen?", wird oft gefragt, oder – ein Klassiker – die Bewertung „Wer die Schusswaffe einsetzt, steht mit einem Bein im Gefängnis!", aber auch „Wir riskieren unser Leben und wenn etwas passiert, lassen uns alle im Stich."

Solche und ähnliche emotional aufgeladenen Aussagen, die über alle Dienstgrade hinweg zu hören sind, sind Alarmzeichen, die auf mangelhafte Information, Lücken in der Ausbildung, fehlendes Vertrauen in Vorgesetzte, einschließlich der politischen und militärischen Führung der Streitkräfte, aber auch auf Friktionen in der rechtlichen wie tatsächlichen Ausgestaltung der Figur des „Staatsbürgers in Uniform", Kommunikations- und Identifikationsprobleme und vieles mehr hindeuten. All dies muss ernst genommen werden, die Innere Führung ist in ihrem Kern gefordert.

Die Sorge von Soldatinnen und Soldaten, für Handlungen im Rahmen der Auftragserfüllung im Einsatz strafrechtlich, disziplinarrechtlich oder haftungsrechtlich zur Verantwortung gezogen zu werden, fordert die Innere Führung vor allem in folgenden drei Komplexen heraus: Erstens, im Hinwirken auf Handlungssicherheit und Abbau hemmender Fehlvorstellungen und Ängste (politische Bildung und (Rechts-) Ausbildung). Zweitens, im Hinwirken auf Führungskompetenzen beim Umgang mit strafrechtlichen Ermittlungen gegen unterstellte Soldatinnen und Soldaten (Menschenführung). Drittens, im Hinwirken auf eine adäquate Fürsorge für Soldatinnen und Soldaten, die durch strafrechtliche Ermittlungen in eine Ausnahmesituation gelangen. Es ist offensichtlich, dass diese drei Komplexe ineinander greifen, sich gegenseitig bedingen und somit einer scharfen Abgrenzung nicht immer zugänglich sind. Im Einzelnen:

1. Politische Bildung und (Rechts-) Ausbildung: Bildung und Ausbildung sind wie überall geeignete Mittel, Unsicherheiten und Ängsten entgegenzuwirken. Bezogen auf die hier untersuchte Lage sollten Soldatinnen und Soldaten zweckmäßigerweise auf drei Ebenen erreicht werden. Basis sind die Erkenntnis und das Bewusstsein, im Status Soldat ein Teil der Exekutive und damit an Recht und Gesetz gebunden zu sein. Damit einhergehen muss das Wissen, dass Handlungen der Exekutive in einem Rechtsstaat durch die gesetzgebende und durch die rechtsprechende Gewalt kontrolliert werden. Einen rechtsfreien Raum gibt es nicht und kann es nicht geben. Auf den Einzelnen bezogen bedeutet dies, dass es verfassungsrechtliche Normalität ist, wenn einsatzbezogenes Handeln von Streitkräfteangehörigen unter bestimmten Voraussetzungen in einem parlamentarischen Untersuchungsverfahren oder in einem Strafverfahren untersucht werden.[6] Oft hilft der Hinweis, dass auch das Handeln von Polizisten, sogar von Staatsanwälten und Richtern im Verdachtsfalle untersucht werden kann und muss.

   Auf der zweiten Ebene müssen Soldatinnen und Soldaten – dies ist nahezu ein Gemeinplatz und in § 33 des Soldatengesetzes überdies vorgeschrieben – so ausgebildet werden, dass sie ihre Rechte und Pflichten kennen und im Einsatz rechtskonform handeln können. Es ist Aufgabe der Rechtsausbildung zur Handlungssicherheit beizutragen und den Einzelnen zu befähigen, im Rahmen seiner rechtlichen Befugnisse zu bleiben, diese im Bedarfsfalle aber auch voll auszuschöpfen und nicht aus Furcht vor Strafverfolgung dahinter zurückzubleiben.

Strafrechtliche Grundkenntnisse – etwa das Verständnis für die Verknüpfung der Merkmale Tatbestandsmäßigkeit, Rechtswidrigkeit, Schuld – sind hierbei hilfreich. Der Einsatz militärischer Gewalt erfüllt klar Tatbestände, die in Strafnormen gesetzlich als Unrecht festgeschrieben sind: Vorsätzlich oder fahrlässig begangene Tötungen und Körperverletzungen (z.B. beim Schusswaffeneinsatz), Sachbeschädigung (z.B. Zerstörung von Gebäuden, Fahrzeugen, Waffen), Freiheitsberaubung und Nötigung (z.B. Durchsuchungen, Festnahmen) bis hin zu „gefährlichen Eingriffen in den Straßenverkehr" (z.B. Checkpoint) und vieles mehr. Dem stehen aber Rechtfertigungsgründe entgegen, also „Erlaubnissätze", die das „Unrecht" und damit den Strafvorwurf entfallen lassen. Rechtfertigungsgründe können der gesamten Rechtsordnung entnommen werden. Im Einsatz sind dies hauptsächlich die Notwehr und Nothilfe (wie sie in den Rules of Engagement und der Taschenkarte „Regeln für die Anwendung militärischer Gewalt" ausgestaltet werden), vor allem aber Schädigungshandlungen auf der Grundlage und im Rahmen eines völker- und verfassungsrechtlichen Mandates sowie völkerrechtlich zulässige Kampfhandlungen in einem bewaffneten Konflikt.[7] Die Rechtsausbildung kann also mit der Zusage verbunden werden, dass bei der regelkonformen Ausübung militärischer Gewalt keine Gefahr einer strafrechtlichen Sanktion besteht. Zu ergänzen ist an dieser Stelle, dass selbst bei rechtswidrigem Handeln noch die persönliche Schuld (als weitere Voraussetzung der Strafbarkeit) zu prüfen ist, die zum Beispiel entfallen kann, wenn der Täter schuldunfähig ist, in einem entschuldigenden Notstand handelt, die Notwehr aus Verwirrung, Furcht oder Schrecken überschreitet oder sich in bestimmten Irrtumskonstellationen befindet.

Auf einer dritten Ebene sollten Soldatinnen und Soldaten über ihre rechtlichen Befugnisse hinaus auch über Kenntnisse der Grundsätze der Strafverfolgung verfügen, um die „Gefahren" einer staatsanwaltschaftlichen Ermittlung richtig einschätzen zu können. Hier stehen neben der rechtsstaatlich garantierten Unschuldsvermutung zahlreiche Verfahrensgrundsätze und -garantien, die ein faires Verfahren sicherstellen. Exemplarisch zu nennen sind der „in dubio pro reo"-Grundsatz, der Grundsatz, dass sich niemand selbst belasten muss, der Grundsatz des rechtlichen Gehörs oder das Recht auf eine effektive Verteidigung. All dies muss die einsatzrechtliche Vorbereitung ergänzen und gehört bereits seit langem zum Programm des Lehrgangsangebotes am Zentrum Innere Führung.

2. Menschenführung: Der Umgang mit Soldatinnen und Soldaten, auf denen der Verdacht einer Straftat lastet, vor allem wenn diese bei der Auftragsdurchführung begangen worden sein soll, stellt den militärischen Führer vor besondere Herausforderungen. Hier sind grundsätzlich alle Kompetenzen der Menschenführung gefragt,[8] so dass an dieser Stelle nur auf zwei besondere Spannungsfelder hingewiesen werden soll.

Der Vorgesetzte, vor allem der Disziplinarvorgesetzte, hat in besonderer Weise einen Spagat zu leisten: Auf der einen Seite hat er im Gespräch, im eigenen Handeln und als Vorbild auf existenzielle Sorgen und Ängste, unter anderem auch auf „Fragen nach Schuld und Versagen" seiner Soldatinnen und Soldaten, einzugehen. Dabei sollen „gegenseitiges Vertrauen und sichere Gefolgschaft" entstehen. Andererseits sind sie im Rahmen der Dienstaufsicht gefragt, rechtskonformes Verhalten der Untergebenen bei der Auftragserfüllung sicherzustellen und im Falle von vorwerfbaren Verfehlungen auch repressiv tätig zu werden. So kann es sein, dass gerade der Disziplinarvorgesetzte im Falle des Verdachts einer Straftat parallel disziplinar ermittelt oder die Ermittlungen der Staatsanwaltschaft unterstützen soll. Diesem Spagat kann er nicht ausweichen, er wird ihn nur durchstehen, wenn er sich seinerseits rechtskonform und fair verhält, insbesondere durch Wahrung der Verfahrensrechte des Betroffenen sowie durch Beachtung der Unschuldsvermutung ein Beispiel gibt. Nur so kann er als militärischer Führer authentisch bleiben und persönlich überzeugen.

Diese Frage liegt nahe an einem zweiten Aspekt der Menschenführung, nämlich der generellen Frage, wie mit Fehlern bei der militärischen Auftragserfüllung umgegangen wird. Während die Sozial- und Wirtschaftswissenschaften sich bereits seit langem mit den unterschiedlichen Facetten der „Fehlerkultur" befassen, bleibt dieser Begriff der Praxis der Streitkräfte weitgehend fremd. Dies gilt auch für die hier diskutierte Situation, die präziser mit dem Begriff der „Verdachtskultur" bezeichnet werden könnte.

Im juristischen Kontext ist die Frage schnell mit dem Hinweis auf die Unzulässigkeit einer Vorverurteilung – die Unschuldsvermutung – ab-

getan. Vorläufige rechtliche Möglichkeiten, wie das Verbot der Ausübung des Dienstes (§ 22 Soldatengesetz), die vorläufige Dienstenthe-
bung (§ 126 Wehrdisziplinarordnung) oder eine Versetzung aufgrund
von unannehmbaren Störungen, Spannungen oder Vertrauensverlus-
ten,[9] sind nur unter engen Voraussetzungen unter dem Gesichtspunkt
der Schadensminimierung bzw. dringender dienstlicher Gründe zuläs-
sig. Insgesamt lässt sich aber in der Vergangenheit immer wieder beobachten, dass unter politischem und medialem Druck auch weitergehende vorläufige Reaktionen und öffentliche Äußerungen erfolgen, die
der generellen Unschuldsvermutung und den Anforderungen an die
Grundsätze der Menschenführung nicht mehr gerecht werden. Mehr
Zurückhaltung und der angebrachte Hinweis auf noch nicht abge-
schlossene Ermittlungen, Kommunikation und Transparenz gegenüber
den betroffenen Personen, mehr Vertrauen in die Soldatinnen und Soldaten, ein entspannterer Umgang mit dem „Verdacht" insgesamt, wären aus der Sicht der Inneren Führung wünschenswert.

3.   Fürsorge: Die Zentrale Dienstvorschrift 10/1 umschreibt die Fürsorge
des Dienstherrn als „das ständige Bemühen, Soldatinnen und Soldaten
vor Schaden und Nachteilen zu bewahren", wobei „dienstlich veran-
lasste Belastungen (…) möglichst auszugleichen sind".[10] Der Hinweis
auf den dienstlichen Bezug ist ein wichtiges Kriterium der Differenzie-
rung. So muss sich das Maß an Fürsorge, das der Dienstherr im Falle
einer Strafverfolgung seinen Soldatinnen und Soldaten zukommen
lässt, nach dem Charakter der mutmaßlichen Straftat unterscheiden.

Grundsätzlich hält sich bei Straftaten von Bediensteten das Maß der
diesbezüglich erforderlichen Fürsorge in Grenzen. Oft ziehen sie sogar zusätzliche dienst- oder disziplinarrechtliche Folgen nach sich, da Straftaten in den
meisten Fällen zugleich ein Dienstvergehen darstellen oder der Dienstherr in
sonstiger Weise Schaden erleidet.[11] Differenzierungsmerkmal der hier behan-
delten Situation ist hingegen der Umstand, dass der Soldat gerade durch die
besonderen Gegebenheiten des Auslandseinsatzes, in den man ihn schickt,
insbesondere durch die Erfüllung seines militärischen Auftrages bis hin zum
befohlenen Waffen- und Kampfmitteleinsatz überhaupt erst in die Situation
bzw. den Verdacht gekommen ist, eine Straftat begangen haben zu können.
Ein typisches dienstliches Risiko hat sich verwirklicht, die Pflicht zur Fürsorge

ist also in einem deutlich höheren Maße gefordert. Zwei Regelungsbereiche, in denen mit Blick auf die Fürsorge die Situation des Soldaten im Auslandseinsatz erst kürzlich verbessert worden ist, mögen dies exemplarisch verdeutlichen.

Zum einen wurde der Rechtsschutz für Bundesbedienstete erheblich verbessert. Rechtsschutz bedeutet, dass einem Bediensteten unter engen Voraussetzungen ein zinsloses Darlehen für die notwendigen Kosten der Rechtsverteidigung (in der Regel Anwaltskosten) gewährt werden kann, wenn dieser wegen einer dienstlichen Tätigkeit einem Straf- oder Bußgeldverfahren oder einer zivil- oder verwaltungsrechtlichen Streitigkeit ausgesetzt ist.[12] Dies wurde 2008 dahingehend erweitert, dass nunmehr ein Anspruch auf Kostenübernahme durch den Bund besteht, wenn „Bundesbedienstete wegen einer dienstlichen Tätigkeit im Ausland einer Straftat gegen das Leben oder die körperliche Unversehrtheit beschuldigt oder verdächtigt (werden)", und zwar auch bereits schon dann, wenn staatsanwaltschaftliche Ermittlungen zu erwarten sind.[13] Diese Kostenübernahme, die nur bei Verurteilung wegen einer Vorsatztat rückwirkend entfällt, führt in Verbindung mit einem vereinfachten Anspruchsverfahren im Einsatzland zu einer deutlichen und auf die Besonderheiten der Einsatzsituation abgestimmten Verbesserung für die Soldatinnen und Soldaten.

Zum anderen wurde unter Fürsorgegesichtspunkten Anfang 2009 die Vorschriftenlage modifiziert, nach der Ernennungen und sonstige förderliche Verwendungsentscheidungen grundsätzlich nicht stattfinden sollen, solange Ermittlungen nach der Wehrdisziplinarordnung, gerichtliche Disziplinarverfahren oder strafrechtliche Ermittlungs- oder Gerichtsverfahren andauern.[14] Nach der Neuregelung können nunmehr während besonderer Auslandsverwendungen dienstliche Förderungen auch bei laufenden Disziplinar- oder Strafverfahren vorgenommen werden, wenn die Soldatin oder der Soldat „in Erfüllung des dienstlichen Auftrages gehandelt" hat und keine der Förderung entgegenstehende Erkenntnisse vorliegen. Damit können zukünftig unbillige Karrierenachteile vermieden werden, wenn Strafverfahren — etwa wegen der Unzugänglichkeit des Tatortes oder der schwierigen Verfügbarkeit von Zeugen — erst nach langwierigen Ermittlungen eingestellt werden können.

Neben den genannten Beispielen gilt die Pflicht zur Fürsorge natürlich umfassend. Auch unter den schwierigen Bedingungen eines Auslandseinsatzes muss so gut wie möglich sichergestellt werden, dass ein tatverdächtiger Soldat alle Möglichkeiten der Verteidigung erhält (z.B. Anwaltskontakt, notwendige Unterstützung der Verteidigung, ggf. Rückführung ins Heimatland, etc.), seine

Verfahrensrechte gewahrt bleiben (korrekte Belehrungen bei Vernehmungen, ggf. vorherige Feststellung der Vernehmungsfähigkeit nach traumatisierenden Situationen etc.) und ggf. sonstiger Schutz des Betroffenen und seiner Familie realisiert wird, etwa vor Rache, Diffamierung oder öffentlicher Neugier.[15]

Auch wenn an dieser Stelle auf begrenztem Raum nur ein Teil der Detailfragen angerissen werden konnte, wird deutlich, dass die staatsanwaltschaftliche Untersuchung von Akten einsatzbedingter militärischer Gewalt auf der einen Seite rechtsstaatliche Normalität ist, zugleich aber auf der anderen Seite das gesamte Spektrum der Inneren Führung im Einsatz fordert. Diese ist, wie so oft, in der Lage, praxistaugliche Antworten auf die für die Bundeswehr neuen Herausforderungen zu geben.

Anmerkungen:

[1] Regierungserklärung des Bundesministers des Auswärtigen vom 10. Februar 2010, Deutscher Bundestag, Plenarprotokoll 17/22, S. 1896f.

[2] Der Generalbundesanwalt beim Bundesgerichtshof, Az 3 BJs 6/10-4, Einstellungsverfügung vom 16. April 2010 (offene Version),
www.generalbundesanwalt.de – Presseerklärung 8/2010 vom 19. April 2010, zuletzt besucht am 13. März 2011.

[3] Dazu ausführlich Weber, Stephan: Die „Straf-Rechtspflege" in den Streitkräften – eine Kernaufgabe des Rechtsberaters wächst auf. In: Holger Zetzsche, Stephan Weber (Hrsg.), Recht und Militär, Forum Innere Führung, Band 26, Baden-Baden 2006, S. 147ff.

[4] Bundesminister der Verteidigung, Zentrale Dienstvorschrift (ZDv) 10/1 „Innere Führung" vom 28. Januar 2008, Rn. 316.

[5] Vgl. hierzu ausführlich Kapitel 6 der ZDv 10/1, a.a.O. (Fn. 4).

[6] Zum Verhältnis der beiden Regelungsbereiche Stephan Weber, Die parlamentarische Untersuchung von Auslandseinsätzen: Der Fall Murat Kurnaz. In: Dieter Weingärtner (Hrsg.), Die Bundeswehr als Armee im Einsatz, Forum Innere Führung, Band 33, Baden-Baden 2010, S. 143ff.

[7] Helmut Frister, Marcus Korte, Claus Kreß, Die strafrechtliche Rechtfertigung militärischer Gewalt in Auslandseinsätzen auf der Grundlage eines Mandats der Vereinten Nationen, Juristenzeitung 2010, S. 10ff.

[8] A.a.O. (Fn. 4), Rn. 604 ff, insb. Rn. 609 und 624.

[9] Richtlinien zur Versetzung, zum Dienstpostenwechsel und zur Kommandierung von Soldaten vom 3. März 1988, VMBl 1988, S. 76, 1998, S. 242; dies gilt auch für die vorzeitige Beendigung des Auslandseinsatzes: Beschluss BVerwG vom 12. August 2008, 1 WB 35/07.

[10] A.a.O. (Fn. 4), Rn. 661 und 660.

[11] Dies gilt auch für außerdienstlich begangene Straftaten, wenn dadurch das Ansehen der Bundeswehr oder die Achtung und das Vertrauen, die die dienstliche Stellung des Soldaten/der Soldatin erfordert, ernsthaft beeinträchtigt wird (§ 17 Abs. 2 Satz 2 Wehrdisziplinarordnung), vgl. zum Verhältnis Straftat/Dienstvergehen ausführlich Stephan Weber, a.a.O. (Fn. 3), S. 142ff.

[12] Gewährung von Rechtsschutz für Bundesbedienstete, VMBl 2006, S. 103ff.

[13] Rundschreiben des Bundesministeriums des Innern vom 24. Oktober 2008, Az. D 6 – 211 481/1.

[14] Bundesminister der Verteidigung, Zentrale Dienstvorschrift (ZDv) 20/7 „Bestimmungen für die Beförderung und für die Einstellung, Übernahme und Zulassung von Soldatinnen und Soldaten", Januar 2008 (Stand der Änderungen: 19. Februar 2010), Rn. 134-136.

[15] Vgl. Bundesministerium der Verteidigung, Fü S I 1, G1-/A1-Information „Ermittlungen in besonderen Auslandsverwendungen und Aufgaben der Disziplinarvorgesetzten, erweiterter Rechtsschutz" vom 25. November 2008.

„Ich bin dort nicht umsonst". Sinnkonstruktion und Legitimationsmuster für Auslandseinsätze der Bundeswehr

Peter Buchner

Legitimation als Ziel der Inneren Führung

Innere Führung erhebt den Anspruch, die Soldaten von der Notwendigkeit ihres Einsatzes zu überzeugen. „Die Ziele der Inneren Führung bestehen darin, die Frage nach der Sinnhaftigkeit des Dienens zu beantworten, d. h. ethische, rechtliche, politische und gesellschaftliche Begründungen für soldatisches Handeln zu vermitteln und dabei den Sinn des militärischen Auftrages, insbesondere bei Auslandseinsätzen, einsichtig und verständlich zu machen (Legitimation)".[1] Dieses Ziel der Inneren Führung, Legitimation, steht neben Integration, Motivation und der Gestaltung der inneren Ordnung.

Faktor Einsatzmotivation

Es gibt handfeste sozialwissenschaftliche Argumente für die Vermittlung des Sinnes eines Einsatzes, in den ein Soldat geschickt wird. Forschungen zur Einsatzmotivation zeigen, dass es nicht wie lange angenommen Angst vor Repressionen und Zwang ist, die die Soldaten zur Pflichterfüllung treiben. Auch Kameradschaft reicht als Ursache für Kohäsion und Motivation allein nicht aus. Bei Untersuchungen in Vietnam erkennt Charles Moskos, dass normative Überlegungen großen Einfluss ausüben. Heiko Biehl, Forscher am SOWI der Bundeswehr, stellt fest, „[d]ie Soldaten wollen von ihrem Einsatz überzeugt werden und den notwendigen Rückhalt in Politik und Gesellschaft erfahren."[2] Dies korrespondiert mit dem Sinnanspruch der Inneren Führung und kann mit rationaler Legitimation erfüllt werden.

Sinnbegriff und Legitimitätsvorstellungen

Handeln definiert Max Weber als menschliches Verhalten – einerlei ob äußeres oder inneres Tun, Unterlassen, Dulden – wenn und insofern als der oder die Handelnden mit ihm einen subjektiven Sinn verbinden. Ist das Handeln in seinem Ablauf am Verhalten anderer orientiert, nennt er es soziales Handeln.

Sinn ist davon im Verständnis Max Webers konstitutiver Bestandteil des Handelns. Er bildet den Hintergrund, der Handlungen eine Bedeutung zuweist.

Außerdem kann Handeln auf eine bestehende Ordnung orientiert sein. Erkennen die Handelnden die Geltung der Ordnung an, spricht Weber von Legitimität.[3] Dieser Rechtmäßigkeitsglaube begründet Unterstützung und Gefolgschaft – Weber nennt das altertümlich Fügsamkeit. Ein Geltenlassen aus freien Stücken im Gegensatz zu Macht oder Gewalt charakterisiert Legitimität. Quellen sind entweder der Glaube an die durch Tradition vorgegebene Ordnung (traditionale L.) oder die gefühlsmäßige Hingabe an eine Person (charismatische L.). Für die Moderne gilt rationale Legitimität als unhintergehbar. Sie basiert auf der nach rationalen Regeln geschaffenen legalen Ordnung, die sich gegen Kritik und Einwände begründen lässt. Dazu werden der Entscheidung konkrete Argumente zugeordnet. Daraus wächst ein Pflichtgefühl, das Sitten oder persönliche Interessen übersteigt. Dies ist ein Anspruch, den Vorgesetzte an ihre Soldaten gerne stellen.

Damit erfährt der Zusammenhang zwischen Sinn und Legitimation als Zielanspruch der Inneren Führung seinen wissenschaftlich fundierten Zugang und eine Begründung aus der Militärsoziologie.

Die Legitimationsfunktion des parlamentarischen Prozesses

Die Entscheidung zum bewaffneten Einsatz der Bundeswehr trifft das Parlament; der Bundestag entscheidet auf Antrag der Bundesregierung. Dies erlaubt, die Legitimation des Einsatzes aus dem parlamentarischen Prozess heraus zu entwickeln. Die Forschung weist Parlamenten die Funktionen Gesetzgebung und Wahl bzw. Kontrolle der Regierung zu. Dazu kommt die Artikulation von Ideen, d.h. die öffentliche Diskussion bevorstehender Entscheidungen. Plenarreden sollen nicht andere überzeugen, sie richten sich an die Öffentlichkeit. Politikwissenschaftler sprechen vom Anspruch des Parlaments als wichtigstes Forum der öffentlichen Meinung oder sinnbildlich von der offiziellen Bühne aller die Nation bewegenden politischen Fragen. Der Bundestag legitimiert so Regierungspolitik – und Außenpolitik gilt als Regierungsmetier – vor den Volksvertretern.

Legitimität wird hergestellt, indem die Argumente mit Vorstellungen von weiter Akzeptanz verknüpft werden. Dahinter steht das Demokratieverständnis, das alle Entscheidungen auf eine vorausgehende Entscheidung der

Bürger zurückführt. Dies erreicht der demokratische Verfassungsstaat organisiert als repräsentative Demokratie, indem die begründenden Argumente an die Grundlage zurückgekoppelt sind, auf der die Mandate erworben wurden, also politische Programme. Gleichzeitig liefern sie Verlässlichkeit, indem sie den Soldaten die politische Richtung weisen und Ziele verdeutlichen. Ihre Konkretisierung erfolgt im parlamentarischen Prozess. Dort werden Argumente ausgetauscht und die Soldaten können sich damit auseinandersetzen. Sprachlich vergleichen sie Argumente und Politik-Ziele. Deutlich wird ihr Beitrag im größeren Ganzen. Der Einsatz erhält Bedeutung vor dem Hintergrund der Ziele der Politik; er wird sinnvoll.

Die konkrete politische Entscheidung wird dabei an den konzeptionellen Vorstellungen über die deutsche Außen- und Sicherheitspolitik gemessen. Das bildet den Hintergrund, vor dem der Einsatz seine Bedeutung erhält, die sich den Soldaten als subjektiver Sinn erschließt. Damit wirkt die rationale Legitimation ganz im Sinne der Inneren Führung als Ausgleich zwischen den individuellen Rechten des freien Bürgers und den militärischen Pflichten, also zwischen individuellen Befindlichkeiten und institutioneller Entscheidung. So entsteht im parlamentarischen Prozess ein Band, aus dem die Soldaten die Bedeutung ableiten, die sie als Sinn ihres Einsatzes erkennen.

‚Gute' Gründe für den Einsatz von Streitkräften

Ein Staat wird seine Streitkräfte einsetzen, wenn es in seinem Interesse liegt. Darüber hinaus gibt es Anzeichen, dass aus der multinationalen Einbindung Deutschlands Verpflichtungen entstehen, mitzumachen. Äußerungen über die größere Verantwortung Deutschlands machen dies deutlich. Wenn NATO, EU, OSZE oder die VN um Unterstützung bitten, dann hat das hohes Gewicht. Neben der Mitgliedschaft in überstaatlichen Organisationen entstehen politische Verpflichtungen auch aus politischen Prozessen selbst. Beispielsweise wirkte die Londoner Konferenz als Signal der Unterstützung für Afghanistan. Dies geschieht umso stärker, je engagierter sich Deutschland einbringt; selbst zur Konferenz einzuladen wie 2001 auf dem Petersberg wirkt am stärksten. Politiker erklären seit Jahren, dass sie über Einsätze anhand von Interessen und politischen Verpflichtungen entscheiden. „Unsere Entscheidung ergibt sich (…) aus unseren Sicherheitsinteressen." und „[u]nsere Verantwortung ergibt sich aber auch aus Bündnisverpflichtungen", führte Verteidigungsminister zu Guttenberg in Übereinstimmung mit seinem Amtsvorgänger im Bundestag aus. Darüber hinaus sind es – eigentlich selbstverständlich – auch Bedrohungen, die es gilt, mit Streitkräften von Deutschland fernzuhalten, und damit das nahezu klassische Verständnis der Funktion der Bundeswehr begründen.

Die Programme zur Ableitung der Legitimation sind zum einen das Weißbuch der Bundesregierung. Zum anderen finden sich Entwicklungen, die Deutschland bedrohen, in der Europäischen Sicherheitsstrategie. Sie nennt Terrorismus, Massenvernichtungswaffen, regionale Konflikte, das Scheitern von Staaten und Organisierte Kriminalität. Über das klassische Verständnis von Bedrohung des Bundesgebietes mit Waffengewalt wie zur Zeit des Kalten Krieges geht sie hinaus.

Die deutschen Interessen listet das Weißbuch auf. Schlagwortartig sind dies Sicherheit und Wohlfahrt deutscher Bürger, Deutschlands Souveränität und Integrität, Krisenvorbeugung und Konfliktbewältigung, globalen Herausforderungen begegnen, Achtung der Menschenrechte und die Stärkung der internationalen Ordnung sowie der freie Welthandel als Grundlage für Wohlstand zur Überwindung der Kluft zwischen Arm und Reich. Dazu muss jeder Soldat der Bundeswehr bereit sein.

Politik hat einen offenen Charakter; stets sind bei politischen Entscheidungen Alternativen möglich. Dies erfordert Gestaltungsfreiheit der Politiker. Die Programme bilden deshalb keine hinreichenden Bedingungen, sondern sind lediglich die Ankerpunkte für den darauf folgenden parlamentarischen Prozess. An diesem offenen Charakter der Politik dürften auch Forderungen nach Kriterienkatalogen für Auslandseinsätze, wie sie hier und da erhoben werden, zukünftig scheitern.

Prinzipien deutscher Sicherheitspolitik

Ist die Entscheidung zum Einsatz gefallen, steht die Durchführung keineswegs im Belieben der Regierung. Das Wie legen die Verteidigungspolitischen Richtlinien fest. Sie fordern den Einsatz gegen Konflikte an ihrem Entstehungsort vernetzt zwischen den Akteuren, konfliktvorbeugend, so dass Gewalt erst gar nicht ausbricht bzw., dass die Maßnahme krisenpräventiv einer Gewalteskalation entgegen wirkt.

Damit stehen Maßstäbe zur Verfügung, anhand derer die Durchführung bewertet werden kann. Sie gehen über eine vielbeschworene Werterhetorik oder Menschenrechtssemantik weit hinaus. Sie reichen in der Konkretisierung weiter und sind damit analytisch ein schärferes Schwert.

Das Mandat

Um den Sinn des Einsatzes zu entschlüsseln, müssen die Analyseschritte auf den parlamentarischen Entscheidungsprozess angewendet werden. Anträge der Bundesregierung und die Plenarprotokolle bilden dafür die Grundlage. Die Argumente werden in Beziehung gesetzt zu den konzeptionellen Vorstellungen über die deutsche Außen- und Sicherheitspolitik, also zu den Interessen, politischen Verpflichtungen und Bedrohungen. Dies konstituiert die Bedeutung des Einsatzes und generiert den Sinn für die Soldaten.

Für das ISAF-Mandat beantragte die Bundesregierung zum Jahresbeginn 2011 die Verlängerung mit dem Ziel, Afghanistan bei der Aufrechterhaltung der Sicherheit so zu unterstützen, dass sowohl die afghanischen Staatsorgane als auch das Personal der VN und anderes internationales Zivilpersonal, das dem Wiederaufbau und humanitären Aufgaben nachgeht, in einem sicheren Umfeld arbeiten können. Es soll ein souveränes und hinreichend stabiles Afghanistan entstehen, das die in seiner Verfassung verankerten Menschenrechte achtet, das sich wirtschaftlich und sozial entwickeln kann und von dessen Boden keine Gefahr für die Region und die Staatengemeinschaft ausgeht. Deutlich wird daran die politische Verpflichtung Deutschlands, seinen Beitrag zu den Aktivitäten der Staatengemeinschaft zu leisten. Außerdem soll der Einsatz der Bedrohung entgegenwirken, die sonst von Afghanistan ausgehen würde – es handelt sich um Vorbeugung bei einem regionalen Konflikt.

Der CDU-Abgeordnete Henning Otte argumentierte in der Debatte: „Es ist notwendig, den von Rot-Grün im Jahre 2001 begonnenen Weg, das Land Afghanistan vom Terrorismus zu befreien und zivile friedliche Strukturen zu etablieren, fortzusetzen, um ihn zu einem Erfolg zu führen. Das Ziel dieses Einsatzes ist, das Land Afghanistan zu stabilisieren und damit auch die Sicherheit Deutschlands zu stärken." Er spricht aus dem Interessenkatalog des Weißbuches die Punkte an: Sicherheit und Wohlfahrt deutscher Bürger und globalen Herausforderungen begegnen.

Der Abgeordnete Gysi argumentiert dagegen und betont, dass der Konflikt militärisch nicht zu lösen sei. „Die Schlussfolgerung der NATO ist: mehr Soldaten, mehr Kriegsgerät (...) Auch die Bundeswehr plant für das nächste Jahr eine weitere Verlegung von schwerem Kriegsgerät, von Panzern, Artillerie und Tigerkampfhubschraubern." Damit bemängelt er das Wie, weil der Einsatz aus seiner Sicht nicht krisenpräventiv ist, da – wie er suggeriert – mit dem Einsatz von Soldaten zwingend die Anwendung von Gewalt einher geht. Gewalt, so fließt unterschwellig mit ein, provoziert Gegengewalt; die Entscheidung steht also im Widerspruch zu den Prinzipien deutscher Sicherheitspolitik.

Diese Auszüge aus der 85. Sitzung des Bundestages verdeutlichen die Sinnkonstruktion aus dem parlamentarischen Prozess heraus und illustrieren eine Methode zur Legitimation der Auslandseinsätze, die die wissenschaftliche Literatur als strukturierende qualitative Inhaltsanalyse beschreibt. Damit wurde ein Weg aufgezeigt, wie sich Legitimation als Ziel der Inneren Führung erarbeiten lässt. Der Sinn, den es den Soldaten für den Einsatz zu vermitteln gilt, ist dabei der politikprogrammatische Hintergrund, der sich aus den längerfristigen konzeptionellen Vorstellungen über die deutsche Außen- und Sicherheitspolitik ergibt und der bei den Soldaten Verhalten als soziales Handeln adelt.

Anmerkungen:

[1] ZDv 10/1, Nr. 401.

[2] Biehl, Heiko: Kampfmoral und Einsatzmotivation. In: Leonhard; Werkner (Hrsg.): Militärsoziologie – Eine Einführung, Wiesbaden: VS-Verlag 2005, S. 280.

[3] Weber, Max: Soziologische Grundbegriffe, Tübingen: Mohr Siebeck [6]1984, S. 55.

Literatur:

Biehl, Heiko: Kampfmoral und Einsatzmotivation. In: Leonhard; Werkner (Hg.): Militärsoziologie – Eine Einführung. Wiesbaden 2005: VS-Verlag, S. 268-286.

Gellner, Winand; Glatzmeier, Armin: Macht und Gegenmacht. Einführung in die Regierungslehre. Baden-Baden 2004: Nomos.

Wagner, Wolfgang: Qualitative Inhaltsanalyse: Die soziale Konstruktion sicherheitspolitischer Interessen in Deutschland und Großbritannien. In: Siedschlag (Hg.) Methoden der sicherheitspolitischen Analyse. Wiesbaden: VS-Verlag, S. 169-188.

Weber, Max: Soziologische Grundbegriffe, Tübingen 1984: Mohr Siebeck.

Zeh, Wolfgang: Parlamentarismus und Individualismus. In: Waechter, Kay (Hrsg.): Grundrechtsdemokratie und Verfassungsgeschichte, Wittenberg 2009: Universitätsverlag, S. 75-100.

Kann Politische Bildung in der Bundeswehr ihrem eigenen Anspruch noch gerecht werden?

Hans-Günter Fröhling

Im "Weißbuch 2006 zur Sicherheitspolitik Deutschlands und zur Zukunft der Bundeswehr" ist der Begriff „Herausforderung" nahezu auf jeder der 169 Seiten zu finden. Die Bundeswehr stellt sich den täglichen Lageentwicklungen – eben auch Herausforderungen genannt – mit der Proklamation des Zeitalters der Transformation. Ein Prozess permanenter Anpassung.

Durch den eingeleiteten Transformationsprozess soll sich die Bundeswehr – wie der Bundesminister der Verteidigung feststellt – konsequent an den Erfordernissen des Einsatzes ausrichten und entwicklungsoffen bleiben, um jederzeit auf denkbare Veränderungen reagieren zu können. Dabei kommt der politischen Begründung des Handelns für den Staatsbürger in Uniform große Bedeutung zu.[1] Hier liegt seit jeher das Aufgabenfeld der Politischen Bildung in der Bundeswehr. Will man die in der Überschrift aufgeworfene Fragestellung beantworten, kommt es zunächst darauf an, den vorgegebenen gesetzlichen Rahmen aufzuzeigen. Die sich daraus ergebenden Forderungen an die Politische Bildung in der Bundeswehr sind dann in Bezug zu den derzeitigen politischen Realitäten zu setzen.

Als einzige Organisation in unserem Staat wurde die Bundeswehr gesetzlich verpflichtet, staatsbürgerliche und völkerrechtliche Unterrichtung durchzuführen. § 33 Abs 1 Soldatengesetz (SG): „Die Soldaten erhalten staatsbürgerlichen und völkerrechtlichen Unterricht. Der für den Unterricht verantwortliche Vorgesetzte darf die Behandlung politischer Fragen nicht auf die Darlegung einer einseitigen Meinung beschränken. Das Gesamtbild des Unterrichts ist so zu gestalten, dass die Soldaten nicht zu Gunsten oder zu Ungunsten einer bestimmten politischen Richtung beeinflusst werden". Diese Verpflichtung soll durch Politische Bildung umgesetzt werden. Wie dies zu erfolgen hat, ist in der Zentralen Dienstvorschrift (ZDv 12/1) „Politische Bildung in der Bundeswehr" festgelegt. Darüber hinaus wurde die Politische Bildung als Gestaltungsfeld in die Führungskonzeption der Bundeswehr, die Innere Führung, integriert. Hier wird die Politische Bildung beauftragt, dem Soldaten die Werte und Normen der freiheitlich-demokratischen Grundordnung zu verdeutlichen und dazu beizutragen, dass er den Sinn und die Notwendigkeit seines Dienstes für Frieden, Freiheit und Recht erkennt und anerkennt.

Das Weißbuch stellt Innere Führung[2] mit dem kurzen Kapitel 3.4 nur mit einem Satz in Bezug zur Transformation: „Die Innere Führung hilft auch bei der Transformation der Streitkräfte.“[3] Die vorgelegte Beschreibung der Inneren Führung befasst sich nicht näher mit einzelnen Gestaltungsfeldern der Inneren Führung und gibt daher auch keine Hinweise mit Blick auf Politische Bildung.[4] Wer hoch motivierte einsatzbereite Streitkräfte will, muss sich darüber im Klaren sein, dass jeder zukünftige Einsatz nicht nur die institutionelle Legitimation durch das Parlament benötigt, sondern der dezidierten politischen Begründung. Es geht darum, jedem Soldaten den Sinn des jeweiligen Einsatzes zu vermitteln. Nur wenn die Staatsbürger in Uniform den Sinn verstehen, sich mit den sich daraus ergebenden Aufträgen identifizieren können, kann Einsatzbereitschaft überhaupt erst entwickelt werden. Die Rahmenbedingungen für diese Sinnvermittlung gestalten sich allerdings immer schwieriger. Hier ist es durchaus angemessen, von der im Weißbuch sehr nachhaltig dargestellten „Herausforderung“ zu sprechen. „Festredenformulierungen“, die nach wie vor von der Politischen Bildung fordern, dass sie Soldatinnen und Soldaten den Wert der freiheitlich-demokratischen Grundordnung Deutschlands verdeutlichen und sie überzeugen soll, dass es sich lohnt, auf dieser Grundlage als Staatsbürgerin und Staatsbürger in Uniform ihren Dienst für Frieden, Freiheit und Recht zu leisten, sind immer noch richtig. Nur müssen sie im jeweils aktuellen Kontext mit verständlichen, nachvollziehbaren Argumenten belegt werden.

Heute treffen Soldatinnen und Soldaten z.B. mit Blick auf den NATO-Einsatz in Afghanistan Feststellungen wie: „Es mangelt nicht nur an Truppen, es fehlt sogar eine klare Definition des Einsatzzieles!“ oder es werden Fragen gestellt: „Wann wäre der Auftrag ausgeführt? Wenn kein Taliban mehr schießt, das Drogenkartell zerbrochen und die afghanische Politik sauber und Herr im Hause ist?“ oder „wenn es der US-Präsident erklärt?“[5]

Da die bisher zur jeweiligen Mandatsverlängerung geführten Debatten im Deutschen Bundestag nach Meinung vieler Lehrgangsteilnehmer weder die aufgezeigten Fragen diskutiert, geschweige denn die reklamierten Antworten gegeben haben, findet sich die Politische Bildung in der Bundeswehr und vor allem diejenigen, die sie in der Praxis durchführen sollen, weiterhin mit der Frage konfrontiert, wie der politische Wille argumentativ sowie methodischdidaktisch optimal in der Ausbildung umzusetzen ist. Darüber hinaus ist es erste Aufgabe der Verantwortlichen des Primats der Politik, darauf zu achten, dass sie nicht das Vertrauen der Staatsbürger in Uniform verlieren. Mangelnde oder nicht nachvollziehbare Informationen stehen im Gegensatz zu den klaren Prinzipien des demokratischen Verfassungs- und Rechtsstaates. Wenn Mitglieder des Verteidigungsausschusses des Deutschen Bundestages klagen, über Monate keine Informationen über die Einsätze des Kommandos Spezial Kräfte (KSK) erhalten zu haben, gilt dies ebenfalls für die Mehrzahl der Staatsbürger in Uniform. Hier stellt sich die Frage: Wenn schon Politiker – noch dazu die Fachleute im Verteidigungsausschuss – sich nicht ausreichend informiert fühlen, wie soll der mit der Durchführung der Politischen Bildung beauftragte Vorgesetzte dann Rede und Antwort stehen können?

Clausewitz hat in seinem Werk „Vom Kriege" zum Ausdruck gebracht, dass der Krieg die fortgesetzte Staatspolitik mit anderen Mitteln sei. Daraus folgt, dass Krieg bzw. der Einsatz militärischer Kräfte von der Legitimation und Zielsetzung her keiner militärischen, sondern vor allem einer politischen Logik folgt. Ergo: die Politik muss für den Streitkräfteeinsatz Aussagen treffen, die Sinnstiftung und darauf aufbauend Sinnvermittlung ermöglichen.

Politische Bildung benötigt von der Politik Fakten, auf deren Grundlage nachfolgende Fragen und Themen behandelt werden können:

- Ist der Einsatz politisch legitimiert?

- Worin besteht die politische Notwendigkeit des Einsatzes?

- Macht der vorgesehene Einsatz militärisch Sinn?

- Ist auch die rechtliche Legitimation gegeben?

- Kann auf eine moralische Begründung zurückgegriffen werden?

Dies mündet letztlich in der Kernfrage nach dem WARUM des Einsatzes.

Mit dem Einsatz deutscher Truppen in Afghanistan lässt sich verdeutlichen, mit welcher nachvollziehbaren Ernsthaftigkeit Staatsbürger in Uniform das WARUM eines solchen Einsatzes prüfen. Wo ist das politische Ziel des bewaffneten Kampfes im Süden Afghanistans gegen die Taliban-Kämpfer, das militärisch erreicht werden könnte? Das politische Ziel ist der Neuaufbau stabiler ziviler staatlicher Strukturen.[6] Genau dieses Ziel konnte während all der

Jahre aber mit militärischen Mitteln nicht erreicht werden. Der bisherige militärische Kampf ist kein Ersatz für den politischen Wiederaufbau und Beleg für sein Scheitern. Für deutsche Soldatinnen und Soldaten würde dies bedeuten, Kampf bis zum Erfolg oder aber bis zur Niederlage. Was könnte also der sicherheitspolitische Nutzen eines Einsatzes der Bundeswehr im Süden Afghanistans sein? Das militärische und damit in Folge das politische Scheitern hinauszögern und darin Solidarität mit den NATO-Partnern beweisen, indem auch Deutschland eigene Opferzahlen aufweisen kann?

Das Weißbuch beruft sich auf deutsche Sicherheitsinteressen, ohne sie ausreichend in ein strategisches Konzept einzubinden. Auch der ehemalige Katholische Militärbischof Mixa stellt hierzu fest, dass das Weißbuch offen lässt, wie Einzelinteressen (z.B. unser Wohlstand) und die Interessen der Allgemeinheit (z.B. Stärkung der internationalen Ordnung) in Ausgleich gebracht werden können[7]. Er folgt damit den deutschen Bischöfen, nach deren Auffassung eine politische Begründung militärischer Einsätze in Krisenregionen erst dann moralisch überzeugend ist, wenn deutlich wird, dass „unsere Interessen" – zu deren Verteidigung deutsche Soldaten in internationale Einsätze geschickt werden – nicht gegen die Interessen der von den Kriegsfolgen am meisten betroffenen Bevölkerung durchgesetzt werden, sondern dass deren Interessen zumindest gleiche Berücksichtigung finden. Hier besteht eine politische und moralische Begründungspflicht[8].

Auch der im Weißbuch verwendete Begriff der „Prävention" – nämlich auf Kriegs- und Gewaltursachen möglichst schon zu reagieren, bevor sie sich krisenhaft entwickeln – ist nicht unproblematisch, da andere Staaten die Weißbuchaussage „ ... wirksame Ursachenbekämpfung ... erfordert, Risiken und Bedrohungen für unsere Sicherheit vorzubeugen und ihnen rechtzeitig dort zu begegnen, wo sie entstehen"[9], eher als vorbeugende Selbstverteidigung interpretieren und damit bereits auf sicherheitspolitische Risiken mit militärischer Gewalt reagieren könnten, ohne die völkerrechtlichen Vorgaben der Vereinten Nationen in vollem Umfang zu berücksichtigen.

Insofern überrascht es auch nicht, dass die Gemeinschaft Katholischer Soldaten (GKS) Aussagen im Weißbuch zu den Prinzipien für die Anwendung militärischer Macht und Gewalt vermisst und eine Selbstbindung der Politik an ethische Normen fordert[10]. Das, was Militärseelsorge und in der Politischen Bildung Tätige an Klarheit und Transparenz fordern, bewegt seit 2007 auch Teile der Regierungskoalition. So haben die CSU-Bundestagsabgeordneten

„Leitlinien für Auslandseinsätze der Bundeswehr" erarbeitet. Damit soll der Gefahr eines „Automatismus" für deutsche Militäreinsätze vorgebeugt werden. Die Leitlinie umfasst zehn Punkte:

- Ein Bundeswehreinsatz muss den Werten unseres Landes entsprechen.

- Er muss in Übereinstimmung mit dem Grundgesetz und internationalem Recht stehen.

- Die Anzahl der Einsätze muss überschaubar sein.

- Die Risiken müssen berechenbar sein.

- Es müssen klar definierte Bedingungen für die Beendigung festgelegt sein.

- Eine Abwägung der sicherheitspolitischen Interessen Deutschlands in Bezug auf: Konfliktbeilegung in Europa und Stabilität in Regionen,

    - die für Handelswege und Zugang zu Rohstoffen und Energie relevant sind,

    - von denen Migration nach Europa ausgehen

    - oder terroristische Aktivitäten drohen könnten.

    - Deutschland soll sich für Menschen- und Völkerrecht einsetzen.[11]

Auch wenn die CSU-Überlegungen wohl eher als ein erster Schritt in der Beschäftigung mit einem für die Bundeswehr sehr bedeutsamen Thema gewertet werden müssen, so bleibt doch festzustellen, dass dieser Ansatz aus Sicht der Staatsbürger in Uniform weiter verfolgt werden sollte, da hier die für die Politische Bildung wichtige Sinnstiftung von Einsätzen zwangsläufig intensiviert wird.

Für Soldatinnen und Soldaten entwickeln sich Einsätze mitunter dann zum Problem, wenn die Rechtmäßigkeit des militärischen Handelns hinterfragt wird. Dies kann beispielsweise dann der Fall sein, wenn die deutsche Marine vor und während des Irak-Kriegs im Rahmen ihres klar begrenzten Auftrages der „Operation Enduring Freedom" (OEF) amerikanischen und britischen Versorgungsschiffen Geleitschutz gewährt.[12] Nicht weniger schwierig ist es für deutsche Soldaten, die sich für Menschen- und Völkerrecht einsetzen sollen, wenn z.B. Angehörige der Bundeswehr mit amerikanischen Einheiten intensiv zusammenarbeiten müssen, die – wie der UN-Sonderberichterstatter für Folter, Manfred Nowak, feststellt – „Folter salonfähig machen und damit die geltende Rechtsordnung aushöhlen". Als Beispiele nannte er das US-Gefangenenlager Guantanamo, CIA-Geheimgefängnisse und weltweite Gefangenenflüge ohne Rechtsgrundlage, ebenso die Verhörmethoden, die bereits zur Anwendung gekommen sind[13].

Wenn der Generalinspekteur der Bundeswehr feststellt: „Das Eintreten für Menschenrechte, Demokratie und Rechtsstaatlichkeit sind nicht nur gelebte Tradition in der Bundeswehr. Vielmehr sind diese Werte auch geeignet, unseren Soldatinnen und Soldaten Orientierung und Richtschnur im Einsatz zu geben. Unsere Soldaten verstehen die politischen und kulturellen Zusammenhänge vor Ort und begegnen den Menschen mit Respekt und Verständnis"[14], dann ist dem uneingeschränkt zuzustimmen.

Diese Widersprüche werden nicht nur durch Soldaten wahrgenommen, sondern auch durch die deutsche Bevölkerung.[15] Unter solchen Rahmenbedingungen mögen zwar im Parlament Mandate problemlos verlängert werden, aber die Akzeptanz in der Bevölkerung[16] ist damit, wie Umfragen belegen, noch keineswegs gegeben. So fehlt sie zwangsläufig auch bei einer nicht bezifferbaren Anzahl von Soldaten. Das aufgezeigte Problem ist auch dem Bundesminister der Verteidigung bewusst: „Für die Bundeswehr als Armee im Einsatz gilt mehr denn je, unsere Soldatinnen und Soldaten sind auf den Rückhalt der Gesellschaft angewiesen. Wir müssen die politischen Begründungen für Auslandseinsätze für den Staatsbürger mit und ohne Uniform so einleuchtend wie möglich formulieren. Denn die Überzeugungskraft der Begründung hat unmittelbare Auswirkungen auf die Auftragserfüllung."[17]

Kann also Politische Bildung in der Bundeswehr ihrem eigenen Anspruch noch gerecht werden? So lautet der Titel der vorliegenden Betrachtungen. Welche Antwort kann auf diese Fragestellung gegeben werden?

Mehr denn je benötigen unsere Soldatinnen und Soldaten ein Verständnis für die sicherheitspolitischen Ziele unseres Landes sowie für die politischen und ethischen Begründungen der Auslandseinsätze. Hier sind in erster Linie die Politik, aber auch die Vorgesetzen in der Bundeswehr gefordert.[18] Die Politik hat sich in diesem Sinne den „Brotkorb hoch gehängt", wenn in der Zentralen Dienstvorschrift (ZDv 12/1) Politische Bildung gefordert wird: „Sie (die Soldaten) sollen überzeugt sein, dass ihr Auftrag politisch gewollt, militärisch leistbar sowie rechtlich und moralisch begründet ist."[19] Diese Vorgabe haben militärische Vorgesetzte in die Praxis umzusetzen.

Dabei fällt es zunächst nicht schwer, die institutionelle Legitimation von Einsätzen den Soldatinnen und Soldaten darzustellen und zu erläutern. Soll heißen: Wie lautet der Antrag, den die Bundesregierung ins Parlament eingebracht hat? Welche Argumente werden im Rahmen einer Bundestagsdebatte ausgetauscht? Wie entscheidet das Parlament? Wie lautet das Mandat?

Damit ist sichergestellt, dass der Staatsbürger in Uniform zwar die Argumente kennt, die zur Mandatierung geführt haben. Selbst wenn er sie nachvollziehen könnte, ist damit nicht in jedem Fall die persönliche Zustimmung verbunden, die eine wesentliche Grundlage der Einsatzmotivation des Einzelnen darstellt. Ist dieser Punkt erst erreicht, kann Politische Bildung in der Bundeswehr nur unter großem Aufwand rational meinungsbildend wirken. Vorgesetzte sind dann oft gezwungen, sich mit der persönlichen Ablehnung Einzelner auseinander zu setzen, was häufig nicht Ziel führend ist. Der Vorgesetzte kann nur dann im Sinne des Primats der Politik wirksam werden, wenn er über stichhaltige Begründungen zum Einsatz verfügt, die oftmals nicht in der erforderlichen Klarheit geliefert werden.

Zusammenfassend ist festzustellen, dass den Streitkräften und damit den für die Durchführung der Politischen Bildung Verantwortlichen zum einen Fakten und transparente Argumentationsstrukturen (Kriterien) zur Verfügung gestellt werden müssen, die nicht allein von den Streitkräften generiert werden dürfen. Zum anderen brauchen wir eine breite gesellschaftliche Diskussion zur deutschen Sicherheits- und Verteidigungspolitik. Hier reicht die bisherige Expertendiskussion bei weitem nicht aus. Es muss der Gefahr widerstanden werden, dass Politische Bildung in der Bundeswehr – aus der Not heraus – der improvisierende, verlängerte Arm der Regierung oder gar des Parlaments wird, der insbesondere die Legitimation und Notwendigkeit von Auslandseinsätzen bei den Soldatinnen und Soldaten „im Nachgang" zur politischen Entscheidung zu vermitteln hat.

Anmerkungen:

[1] Weißbuch 2006 zur Sicherheitspolitik Deutschlands und zur Zukunft der Bundeswehr, S. 4-5.

[2] Ebenda, S. 78-81.

[3] Ebenda, S. 81.

[4] Ebenda, S. 81.

Anm. Im Kapitel 7.5 Ausbildung, Bildung und Erziehung wird darauf hingewiesen, dass Offizier und Unteroffiziere eine umfassende politische und historische Bildung erhalten, S. 164.

[5] Anm.: Aussagen von Lehrgangsteilnehmern am Zentrum Innere Führung im Rahmen von Lehrgängen im Bereich Politische Bildung im Verlauf des Jahres 2006.

[6] Vgl. Der Einsatz in Afghanistan, www.einsatz.bundeswehr.de

[7] Vgl. Mixa, W.: Weißbuch 2006 - Ein neuer Orientierungsrahmen, in: Kompass, Nr. 1 Januar 2007, S. 26.

[8] Vgl. Die deutschen Bischöfe Nr. 82, Soldaten als Diener des Friedens, 20.November 2005, S. 10.

[9] Weißbuch 2006, S. 8.

[10] Vgl. Der Bundesvorsitzende der GKS, in: Kompass, Nr. 1 Januar 2007, S. 27.

[11] Vgl. Spiegel Online vom 11.01.2007: Kreuther Klausur, CSU fordert strikte Kriterien für Bundeswehreinsätze.

[12] Vgl. Die Welt vom 10.11.2006: Bundeswehr gab US-Kriegsschiffen Geleitschutz. Die Welt beruft sich auf Angaben des BMVg, dass eine deutsche Fregatte im Jahr 2002 zwölf Mal Kriegsschiffe und vierzehn Mal Hilfsschiffe der Briten und Amerikaner eskortierten.

[13] Vgl. Röttger, M.: Uno-Beauftragter: Washington macht Folter „salonfähig, höhlt das Recht aus", Hamburger Abendblatt vom 10.11.2006.

[14] Schneiderhan, W.: Soldat im Zeitalter der Globalisierung, in: Europäische Sicherheit Nr. 2, Februar 2007, S. 20

[15] Vgl. Bundespräsident Köhler anlässlich der Kommandeurtagung der Bundeswehr, Bonn 10. Oktober 2005.

[16] Sicherheitspolitik aktuell vom 19.03.2007, Nr. 19-03-789, www.isp-sicherheitspolitk.de. Am 13.und 14.03.07 wurden im Auftrag des „Spiegel" 1,000 Bundesbürger zum Afghanistan-Einsatz befragt: 57 Prozent der Befragten sprachen sich für die Beendigung des Einsatzes aus. 36 Prozent hielten es für richtig, das Engagement fortzusetzen. 4 Prozent sagten, die Präsenz der Bundeswehr solle verstärkt werden.

[17] Rede des Bundesministers der Verteidigung, Dr. F. J. Jung, anlässlich des 50jährigen Bestehens des Zentrums Innere Führung, Koblenz 30. November 2006.

[18] Deutscher Bundestag Drucksache 14/2529 vom 19.01.2000, Antwort der Bundesregierung auf eine kleine Anfrage.

[19] Zentrale Dienstvorschrift (ZDv) 12/1, Nr. 303.

Multinationalität und Innere Führung - Möglichkeiten und Grenzen

Karl Trautvetter / Ingo Wolf / Sven Oliver Hertel

Deutsche Sicherheitspolitik ist erfolgreich, weil sie auf einem festen Wertefundament steht und im deutschen Interesse auf Bündnisse und Kooperation mit unseren Partnern und Verbündeten setzt[1]. Darüber hinaus hat die Bundeswehr gemäß den Verteidigungspolitischen Richtlinien den Auftrag, die multinationale Zusammenarbeit zu fördern und sich der Aufgabe zu stellen, Partnernationen im Rahmen der Kooperation zu unterstützen.

Ein Beitrag zur Erfüllung dieser Aufgaben sind die durch das Zentrum Innere Führung im Rahmen bilateraler Vereinbarungen unter dem Thema „Streitkräfte in der Demokratie" durchgeführten Seminare. Verantwortlich für die Durchführung dieser Seminare der Internationalen Kooperation ist der Bereich 5 in Strausberg.

Der Reigen der Partnernationen im Rahmen dieser Kooperationen erstreckt sich von Südamerika und dabei im Besonderen von Argentinien, Uruguay und Chile, über die ehemaligen GUS-Staaten, unter anderem Russland, der Ukraine und der Mongolei, in den ostasiatischen Raum mit China und Indonesien bis nach Algerien, Äthiopien und Südafrika. Die Seminare finden im jährlichen Wechsel entweder in Strausberg oder im entsprechenden Partnerland statt. Kerninhalt der einwöchigen Seminare ist die Darstellung der Konzeption der Inneren Führung mit ihrem Leitbild des Staatsbürgers in Uniform.

Es ist im Rahmen jedes neuen Seminars ein Erlebnis und eine Herausforderung, sich im Vorfeld und während der jeweiligen Seminarwochen mit oftmals fremden und unterschiedlichen Kulturen, historischen Erfahrungen, Führungsphilosophien und soldatischem Verständnis auseinandersetzen zu dürfen. Aussagen und Fragen der Seminarteilnehmer wie: „Bei uns wäre es undenkbar, dass der Kommandeur eines Verbandes Urlaub macht, er müsste doch Sorge haben, dass sein Stellvertreter ihn nach seiner Rückkehr nicht mehr auf seinen Dienstposten lässt" oder der Hinweis eines Generals im Zuge eines Seminars an anwesende junge Offiziere „Hören sie gut zu, was hier über den Umgang mit Menschen gesagt wird. Kümmern sie sich um ihre Soldaten, sonst haben wir hier auch bald so etwas wie einen Wehrbeauftragten" zeigen nur ansatzweise die unterschiedlichen Mentalitäten, denen es mit interkultureller Kompetenz zu begegnen gilt.

Die Darstellung der Inneren Führung, die damit verbundene historische Herleitung und unsere Schlussfolgerungen mit dem Ergebnis des Staatsbürgers in Uniform müssen dabei jeweils auf die Besonderheiten der Partnernation abgestimmt sein. Voraussetzung dafür ist Empathie, Authentizität und die Fähigkeit, die deutschen Vorstellungen von Demokratie und Menschenführung so zu vermitteln, dass sich unser Gegenüber, trotz Formulierung klarer und nicht verhandelbarer Standpunkte, nicht angegriffen oder diskreditiert fühlt. Die Interessenschwerpunkte der Delegationen unserer Partnernationen und die Seminarinhalte, die im Gastland vermittelt werden sollen, werden durch intensive Gespräche im Vorfeld ermittelt und durch Vorträge, fachlichen Austausch und Pausengespräche im Rahmen der Seminare aus deutscher Sicht dargestellt.

Während der Seminare in Strausberg wird zusätzliches Informationsmaterial zur Verfügung gestellt und durch Besuche des Parlaments, des Wehrbeauftragten des Deutschen Bundestages sowie anderer gesellschaftlich, politisch und historisch relevanter Stätten im Großraum Berlin erlebbar gemacht. Die Kombination von Vorträgen und vertiefenden Exkursionen ist bestimmend für den Erfolg der Veranstaltungen. Die Teilnehmer erhalten die Gelegenheit, sich vor Ort einen persönlichen Eindruck zu verschaffen, Gesagtes mit Erlebtem zu vergleichen, zahlreiche Fragen an politisch und gesellschaftlich Verantwortliche zu stellen und zeigen sich von der Übereinstimmung der vorgestellten Theorie mit der Praxis vielfach beeindruckt.

Besonderer Wert wird dabei von deutscher Seite auf die Feststellung gelegt, dass eine einfache Übertragung der Inneren Führung auf andere Streitkräfte, insbesondere auf Grund unterschiedlicher historischer Erfahrungen und gesellschaftspolitischer Entwicklungen, weder gewollt noch uneingeschränkt denkbar ist. Wesentlicher Bestandteil aller Seminare ist daher die historische Herleitung der Inneren Führung als bewusster Kontrapunkt zu den Entwicklungen der Weimarer Republik und der nationalsozialistischen Diktatur.

Die große Herausforderung besteht in der Vermittlung der Erkenntnis, dass „Innere Führung" eine Geisteshaltung darstellt und mit dem Bild vom Menschen zu tun hat und sich daher aufgrund ihrer wesenseigentümlichen Unbestimmtheit, dort wo sie über verbindliche Handlungsanweisungen hinausgeht, einer begrifflichen Begrenzung entzieht.[2] Der Hinweis, dass die geistige und intellektuelle Auseinandersetzung mit der Inneren Führung eben nicht zu einer allgemein gültigen Definition führt, sondern im täglichen Dienst und im Einsatz zu ständiger Selbstreflexion beiträgt und man sie sich zu seinem eigenen Verständnis und geistigen Eigentum machen muss, trifft bei den Delegationsteilnehmern anfänglich häufig auf Skepsis.

Zu Beginn der Seminare ist auf Seiten der Delegationen und Seminarteilnehmer immer wieder von Interesse, ab welchem Dienstgrad und welcher Strukturebene Innere Führung in der Bundeswehr praktiziert und umgesetzt wird, welcher Stundenansatz für die Innere Führung innerhalb eines Wochendienstplanes vorzusehen ist, welche Rechte der Wehrbeauftragte des Deutschen Bundestages genau hat und wie die Funktion der Vertrauensperson als „Informant" des Disziplinarvorgesetzten in der Praxis funktioniert. Dieses falsche Grundverständnis von unserer Führungsphilosophie der Inneren Führung, das diese als definierbares, messbares und evaluierbares Konstrukt verstehen möchte, gilt es im Verlauf der Seminare und Besuche zu verändern. Die Vermittlung der Themen folgt der Absicht zu zeigen, dass militärische Führung und eine effektive, einsatzbereite Armee nicht nur mit der Anwendung der Grundsätze der Inneren Führung kompatibel sind, sondern durch diese eine wesentliche Stärkung erfahren. Vertrauen und Verständnis im Umgang mit Menschen stehen nicht im Widerspruch zu Befehl und Gehorsam.

Den ausländischen Delegationen wird die Innere Führung als politisches Prinzip vorgestellt, welches die Identität der Bundeswehr ausschließlich von unserer Verfassung und der freiheitlich-pluralistischen Zivilgesellschaft herleitet und damit deutschen Streitkräften jeglichen Eigenwert als Staat im Staate oder jede worauf auch immer gegründete Sonderrolle verwehrt. Zum anderen wird sie als eine militärische Konzeption vorgestellt, die als Normenlehre für die Menschen in den Streitkräften dient und damit konkrete Forderungen an jegliches Führungsverhalten stellt.

Auf die herausragende Rolle der Menschenführung, als eines der Kernelemente der Inneren Führung im praktischen Ausbildungs- und Einsatzbetrieb, wird besonders hingewiesen. Dabei stellen wir vor allem dar, dass aus deutscher Sicht eine zeitgemäße Menschenführung das Spannungsfeld zwischen der funktionalen Forderung zur Erfüllung der militärischen Aufgaben einerseits und der Achtung von Persönlichkeit und berechtigtem Anspruch des Soldaten als Staatsbürger andererseits ausgleichen muss. Die praktische Umsetzung des Menschenbildes unseres Grundgesetzes, ausgerichtet am Auftrag und dem Menschen zugleich, wird als entscheidende Grundlage für militärisches Führungshandeln vorgestellt. Sie ist aus unserer Sicht der Schlüssel für verlässliche und vertrauensvolle Gefolgschaft, militärische Leistungsfähigkeit sowie Zusammenhalt und Verbundenheit innerhalb eines Truppenteils. Dies führt konsequentermaßen zu einer eingehenden Vorstellung und Diskussion des deutschen Prinzips „Führen mit Auftrag".

Wenngleich in den Gesprächen sehr schnell Einigkeit darüber erzielt wird, dass es oberste Pflicht eines Truppenführers ist, zu führen und Dinge nicht einfach geschehen zu lassen, so ist doch unser deutsches Führungsverständnis, Eigeninitiative und das Mitdenken von Untergebenen bis zur untersten taktischen Ebene zu fördern, für unsere Gäste nicht immer sofort nachvollziehbar. Die Vorstellung, dass starre, keinen Handlungsspielraum zulassende Befehle die Ausnahme darstellen, hingegen Aufgaben, Aufträge und damit Entscheidungsbefugnis als die Standardinstrumente der Führung von der höheren Kommandobehörde bis hinunter auf Gruppenebene angewendet werden, ist vielen Delegationsteilnehmern noch fremd. Verantwortungsvolles und eigenständiges Handeln von Untergebenen, resultierend aus der Kenntnis der Lage und dem Verständnis der Absichten des Vorgesetzten, auszubilden und zu fördern, widerspricht häufig dem soldatischem Grundverständnis lebensälterer und dienstgradhöherer Seminarteilnehmer.

Die Forderungen des Prinzips „Führen mit Auftrag", die den Willen zur gewissenhaften Pflichterfüllung, die Bereitschaft zur Übernahme von Verantwortung, die Fähigkeit zu selbständigem schöpferischen Handeln und die gefestigte Persönlichkeit jedes einzelnen Soldaten voraussetzen, sind vielen Seminarteilnehmern gänzlich neu.

Das Ziel einen Soldaten auszubilden und zu erziehen,

- der als Staatsbürger in Uniform uneingeschränkt für all seine Handlungen einsteht und der sich aktiv an der Gestaltung des Gemeinwesens beteiligt,

- der aus- und weitergebildet in der Lage ist, die nationale und internationale Politik zu verstehen und dieses Verständnis in all sein Handeln einbringt, und der

- gleichzeitig als Einsatzsoldat überall, wohin ihn das Primat der Politik entsendet, seinen Auftrag erfüllt, wird oftmals als weit jenseits der eigentlichen soldatischen Aufgabe begriffen, in manchen Fällen sogar als Widerspruch zum bisherigen soldatischen und gesellschaftspolitischen Selbstverständnis empfunden. Deshalb versuchen wir aufzuzeigen, dass ein stabiles Verhältnis zwischen einem demokratischen Staat und seiner Armee aus deutscher Sicht auf Dauer nur erreicht werden kann, wenn die Grundsätze der Inneren Führung mit dem Leitbild des Staatsbürgers in Uniform angewendet werden.

Die zunehmende Demokratisierung vieler Länder verlangt von deren Streitkräften, sich innerhalb der Gesellschaft neu zu orientieren und ihr Selbstverständnis und das damit einhergehende Eigenbild neu zu definieren. Dabei suchen einige Nationen nach Modellen, mit denen diese Herausforderungen bereits erfolgreich bewältigt wurden. Das Beispiel der Bundeswehr in einem modernen, demokratischen und verlässlichen Deutschland wird als eine Möglichkeit dazu betrachtet und deren Projektion auf die eigene Situation untersucht.

Der Realisierungsdruck und die Notwendigkeit dieses Wandels, der anfänglich nicht immer aus streitkräfteeigener Einsicht erkannt wird, macht es erforderlich, Ängste bei den Verantwortlichen in den Streitkräften abzubauen und die Bereitschaft zu wecken, aus gesellschaftlichen Entwicklungen resultierende Veränderungen zuzulassen. Die Sorge dieser im Wandel begriffenen und um eine neue Positionierung bemühten Streitkräfte, sich auf ein neues ungewohntes Parkett zu begeben, Privilegien aufzugeben und sich vor zivilen Gremien verantworten zu müssen, führt anfänglich zu Skepsis gegenüber den deutschen, zum Teil als ungewohnt progressiv wahrgenommenen Ideen. Von den Teilnehmern wird in Pausengesprächen daher zunächst oft auf die unterschiedlichen gesamtgesellschaftlichen und streitkräfteinternen Grundsätze und Entwicklungen hingewiesen. Dennoch entwickelt sich in den Diskussionsrunden regelmäßig ein auf Vertrauen und Glaubwürdigkeit basierendes, partnerschaftliches Verhältnis, auf dessen Basis sich die Gäste zumeist nicht scheuen, das eigene System in einem intensiven und bereichernden Meinungsaustausch einer durchaus kritischen Betrachtung zu unterziehen.

Tatsächlich wird die Bundeswehr im Allgemeinen und die Innere Führung im Besonderen oft als nachahmenswertes Modell betrachtet. Die gelungene Integration der Soldaten der ehemaligen NVA, die relativ reibungslose Truppenreduzierung in den 1990er Jahren und die erfolgreiche Umwandlung von einer Ausbildungsarmee zu einer Armee im Einsatz werden in diesem Zusammenhang als herausragende Leistungen anerkannt.

Durchweg erfreulich ist zudem die herzliche Gastfreundschaft, die den deutschen Delegationen in den verschiedenen Ländern entgegengebracht wird. Damit einhergehend gelingt stets ein kurzer Blick in die gesellschaftlichen und militärischen Strukturen der gastgebenden Nation. Im Rahmen der Seminare im In- und Ausland konnte bislang eine große Anzahl an Multiplikatoren erreicht werden. Trotz gesellschaftlicher und streitkräfteinterner Unterschiede erscheinen insbesondere die jungen Stabsoffiziere beiderlei Geschlechts offen und interessiert für die Ideen der Inneren Führung. Ein ausgesprochen intensives Interesse ist bei den Offizieren festzustellen, die bereits im Rahmen von Lehrgängen in Deutschland waren und in diesem Zusammenhang die Innere Führung unmittelbar erlebt haben.

Ein Großteil der Delegations- und Seminarteilnehmer wird im Rahmen der Seminare „Streitkräfte in der Demokratie" jedoch zum ersten Mal mit Deutschland, der Bundeswehr und unserer Führungsphilosophie konfrontiert. Diese Begegnungen entstehen wie beschrieben aus der Notwendigkeit, Veränderungen innerhalb der Streitkräfte zu initiieren, um als Teil einer zunehmend demokratischeren Gesellschaft eine breitere Akzeptanz in der jeweiligen Gesellschaft und bei den politisch Verantwortlichen zu erfahren. Darüber hinaus stehen auch diese Streitkräfte in einem intensiven Wettbewerb mit der Industrie und sind daher auf der Suche nach geeigneten Attraktivitätsmerkmalen, um vor allem qualitativ, aber auch quantitativ ihre gesteckten Ziele erreichen zu können.

Unsere spezifische deutsche Ausformung von Streitkräften in der Demokratie übersteht regelmäßig die zu Beginn eines ersten Seminars vorherrschende skeptische Grundhaltung. Sie führt häufig zum ausgesprochenen Wunsch nach weiteren Veranstaltungen, bei denen die Gestaltungsfelder der Inneren Führung vertiefend behandelt und einem neuen und erweiterten Teilnehmerkreis vorgestellt werden sollen.

Durch das zunehmende Interesse an der Führungsphilosophie der Bundeswehr dient die Vermittlung der Inneren Führung auch als „Türöffner" für weitere Kooperationsmaßnahmen und partnerschaftliche Zusammenarbeit.

Damit leistet das Zentrum Innere Führung insgesamt, zum Teil fernab der Einsatzgebiete der Bundeswehr – aber oft auch ganz dicht daran –, einen in der Truppe möglicherweise weithin unbekannten Beitrag und trägt so seinen

Teil zur Schaffung von durch Vertrauen und gegenseitiger Akzeptanz geprägten militär- und sicherheitspolitischen Beziehungen bei.

Anmerkungen:

[1] Weißbuch 2006, Vorwort der Bundeskanzlerin, 5. Abschnitt.

[2] Vgl. Hartmann, Innere Führung, Erfolge und Defizite der Führungsphilosophie für die Bundeswehr, Berlin 2007, S. 207.

III. Anforderungen an eine zeitgemäße Führungsphilosophie für die Bundeswehr im 21. Jahrhundert

Einsätze in anderen Kulturkreisen bestimmen den heutigen Dienst in der Bundeswehr

Erwartungen der Zivilgesellschaft an eine militärische Führungsphilosophie im 21. Jahrhundert

Klaus Naumann

Die erkennbaren Erwartungen der Öffentlichkeit stehen in einem unübersehbaren und wohl möglich dauerhaften Spannungsverhältnis zur deutschen Sicherheitspolitik. Politik wie Streitkräfte werden in kommender Zeit damit zu rechnen haben. Das ist erst einmal der Ausgangsbefund. Hinter ihm verbirgt sich indessen ein differenziertes Bild.[1]

Natürlich ist es unangebracht, pauschal von „der" Öffentlichkeit oder „der" Zivilgesellschaft zu sprechen. Dazu ist die Bevölkerung in ihren Meinungen und Einstellungen zu heterogen, und dazu sind auch die Veränderungen im Meinungsklima, die nicht zuletzt von den Medien vermittelt werden, zu wechselhaft. Die Öffentlichkeit spricht nicht mit einer Zunge; sie äußert sich differenziert, widersprüchlich und wechselhaft, was in Wählervoten, Umfrageergebnissen, Internetforen oder Manifestationen zum Ausdruck kommt. Gleichwohl gibt es einigermaßen stabile Beobachtungen der öffentlichen Meinung, die es erlauben, relativ fest umrissene Einstellungen und lang anhaltende Trends zu erkennen.[2]

Auf dieser Grundlage lässt sich die folgende Diskrepanz im öffentlichen Meinungsspektrum beobachten, die das angesprochene Spannungsverhältnis unterfüttert. Zum einen genießt die Bundeswehr samt ihrer inneren Verfassung einen großen und stabilen Vertrauensvorschuss. Als Institution werden die Streitkräfte in dieser Hinsicht nur noch vom Bundesverfassungsgericht oder von der Polizei übertroffen. Dass das Sozialprestige des Soldaten oder des Offiziers oder die Attraktivität der Bundeswehr als Arbeitgeber hinter anderen Berufen bzw. Unternehmen zurückbleibt, steht auf einem anderen Blatt. Das Grundvertrauen der deutschen Öffentlichkeit in ihre Streitkräfte ist jedoch keine abstrakte Größe. Es schlägt sich nieder in der alltäglichen Akzeptanz der Bundeswehr, deren Angehörige nicht als anstößige Fremdkörper erscheinen, sondern als Mitbürger geachtet werden. Auf dieser Ebene ist jedes Selbstmitleid in den Streitkräften unangebracht. Wenn hingegen von dem fehlenden Rückhalt der Bundeswehr die Rede ist, steht etwas anderes zur Diskussion. Zivil-militärische Spannungen ergeben sich heute und wohl auch künftig daraus, dass die Ziele, Mittel und Kosten der deutschen Sicherheitspolitik öffentlich keine einhellige Zustimmung finden. Hier sind die Erwartungen geteilt, und diese Tatsache besagt etwas anderes als die These, es gebe ein „freundliches Desinteresse" gegenüber den Streitkräften. Aber der Reihe nach.

Nicht zu übersehen ist, dass sich mit der Veränderung der Auftragslage auch die öffentlichen Erwartungen gewandelt haben. Standen vor 1990 unter den Bedingungen des Kalten Krieges, der Blockkonfrontation und der deutschen Teilung die defensiven Gebote der (Landes-)Verteidigung im Vordergrund, so ist mit dem Übergang zu einer globalen und präventiven Sicherheitsvorsorge die Ziel- und Mitteldimension militärischer Auftragserfüllung diffus geworden. Im kollektiven Gedächtnis der Bundesdeutschen waren Soldaten und Streitkräfte auf das traditionelle Ziel der Verteidigung von „Heim und Herd" ausgerichtet. Zwischen den Streitkräften und der Bevölkerung bestand eine geradezu existentielle Risikogemeinschaft. Wenn die Abschreckung versagt hätte, wäre die militärische wie die zivile Seite davon unmittelbar betroffen gewesen. Als eine erfahrbare Größe besteht diese Risikogemeinschaft bei den Auslandseinsätzen nicht mehr. Die Streitkräfte sind vielmehr zum „Instrument" einer Politik geworden, die an fernen Orten, mit oftmals komplizierten Begründungen, unter hohen Aufwendungen und gelegentlich kaum absehbaren Fristen oft nur schwer messbare Sicherheitseffekte erzielen will. Die Entscheidungen für oder gegen diesen oder jenen Einsatz sind optional geworden – ein himmelweiter Unterschied zu den elementaren und plausiblen Geboten kollektiver Notwehr im traditionellen Verteidigungsfall.

Mit dieser tief greifenden Veränderung der Sicherheitspolitik hat sich zwar das grundsätzlich positive Verhältnis zur Bundeswehr nicht geändert (im Gegenteil, es ist seit den neunziger Jahren stabiler geworden!); verändert aber hat sich die öffentliche Erwartungshaltung gegenüber dem, was heute als Sicherheitsvorsorge bezeichnet wird. Seinen sichtbarsten Ausdruck hat dieser von der Politik nachvollzogene Wandel in der aktuellen Aussetzung der Wehrpflicht gefunden. Damit ist die traditionelle Klammer zwischen Wehrform, Auftrag und Staatsbürgerlichkeit gelöst worden. Im öffentlichen Erwartungshorizont ist davon zwar nicht das Konzept des Staatsbürgers in Uniform in Mitleidenschaft gezogen worden (obwohl dieses Konzept gewohnheitsgemäß eng mit der Wehrpflicht verbunden wird!), aber das Verhältnis der Zivilgesellschaft zum Schutz des Kollektivguts Sicherheit hat sich gleichwohl gewandelt. Vereinfacht gesagt, war dieses Gut vormals die Sache eines jeden Bürgers, so gilt es jetzt als Angelegenheit hochprofessioneller Experten und Spezialisten. Aus der als *gemeinsame Bürgeraufgabe* erfahrenen und propagierten Landesverteidigung ist aus der zivilgesellschaftlichen Perspektive ein *Versicherungsverhältnis* geworden: der Staatsbürger sieht sich – durchaus nicht nur unwillig – auf den Steuerbürger reduziert.[3]

Damit verändern sich auch die Erwartungshaltungen an die Streitkräfte und an die Sicherheitspolitik. Während der Stellenwert persönlicher Erfahrungen mit/im Militär abnimmt, die Bundeswehr aus der Fläche verschwindet und ihre Sichtbarkeit einbüßt, kehrt sie medial als Objekt der Politik, als Einsatzarmee und – das auch – in Gestalt von Heimkehrern, Kriegsopfern und Versehrten in die öffentliche Wahrnehmung zurück. Mehr noch als zuvor wird sie zu einem Politikum, das – wie der Sozialstaat – mit Erwartungen befrachtet wird. Die Rhetorik der Sparpolitik („billiger, aber besser") und der Reformvorschläge („Konzentration, Flexibilität, Effizienz") kommt solchen Erwartungen entgegen – hat aber mit beträchtlichen Einbußen an Glaubwürdigkeit zu rechnen, wenn sie diese Zielmargen verfehlt. Hier könnten sich Diskrepanzen zwischen öffentlichen Erwartungen und institutionellen Leistungen entwickeln, die im schlimmsten Fall das Schicksal der Bundesbahn oder der Deutschen Post ins Gedächtnis rufen werden.

Hinzu kommt die in den Meinungsumfragen messbare Haltung zur Sicherheitspolitik und zu den laufenden Auslandseinsätzen. Während das Konzept der Inneren Führung die Einbindung der Streitkräfte und ihrer aktuellen Aufträge in die Gesellschaft zu einer letztlich unabdingbaren legitimatorischen, integrativen und motivierenden Voraussetzung für eine demokratische Militärpolitik macht, zeigt sich gerade hier die größte Diskrepanz zwischen Politik und Öffentlichkeit. Diese Diskrepanz, das sei hier ausdrücklich betont, beruht nicht auf einer Missachtung der Streitkräfte. Sie macht sich fest an einer durchaus differenzierten Kritik der Auslandseinsätze, ihrer Ziele und ihres Mitteleinsatzes. Diese Kritik ist vielleicht nicht immer von fundiertem Wissen, aber gewiss nicht von Desinteresse oder Gleichgültigkeit getragen. So wie das Aufgabenspektrum der Streitkräfte differenzierter geworden ist, haben sich auch die öffentlichen Meinungen differenziert. Verteidigungsakte, Hilfsmaßnahmen, Geiselbefreiungen oder auch militärische Beiträge zur Bekämpfung von Terrorismus oder zum Sturz von diktatorischen Regimen finden durchaus Zustimmung. Das Einverständnis schwindet indessen mit zunehmendem militärischen Kampfeinsatz, mit unabsehbaren Einsatzfristen, mit unklaren Zielen und – das sei hinzugefügt – mit politischen Formeln und Verlautbarungen, die als Beschönigung empfunden werden können. Aus dieser Gemengelage könnte sich für die Streitkräfte und die Sicherheitspolitik eine brisante Stimmungsmischung entwickeln – etwa dann, wenn sich die politische Ablehnung an den laufenden Einsätzen verbinden sollte mit einer steuerbürgerlichen Kritik der institutionellen Strukturen und Leistungen (Kosten, Führung, Ausrüstung, Fürsorge usw.). Beides verlangt entschiedene Antworten sowohl der Politik wie des Militärs.

Wie ließe sich eine solche Entwicklung verhindern? Das große Vertrauen, das der Bundeswehr als Institution entgegengebracht wird, lässt sich noch in einer anderen Hinsicht deuten als nur der alltagspraktischen Akzeptanz der Soldaten. Dieses Vertrauen gründet auf dem Eindruck und der Erwartung, dass die ureigenen Führungsprinzipien und Leitideen der Streitkräfte, nicht zuletzt die Innere Führung, geeignet sind, die vorhandenen Probleme und Spannungen produktiv zu bearbeiten. Man sollte das solide Institutionenvertrauen gegenüber der Bundeswehr als öffentliche Aufforderung verstehen, von den aufgeklärten Führungsmaximen der Streitkräfte entschlossenen Gebrauch zu machen. Gerade wenn die Ausgangsthese zutrifft, dass in absehbarer Zukunft eine Diskrepanz zwischen der Sicherheitspolitik, den militärischen Maßnahmen und der Bevölkerung erhalten bleiben wird, kommt es umso mehr darauf an, das legitimationsstiftende, integrationsfördernde und motivierende Potential der Inneren Führung sichtbar und nachvollziehbar in Anschlag zu bringen. Worin könnte das bestehen?

Die Öffentlichkeit reagiert aufmerksam, wenn sie den Eindruck hat, in den Streitkräften werde die Menschenwürde mit Füßen getreten. Gewiss folgen die öffentlichen Aufmerksamkeitskonjunkturen gern den medialen Zuspitzungen; Klärungen der zugrunde liegenden Sachverhalte (ob die „Totenkopfbilder" von 2006 oder Ausbildungsprobleme auf der „Gorch Fock" 2010/11) sind oft schwierig und langwierig. Man sollte jedoch nicht übersehen, dass solche „Skandalisierungen" nur funktionieren, wenn und weil im Publikum ein waches Rechts- und Unrechtsbewußtsein vorhanden ist. Die Öffentlichkeit erwartet nicht nur die Klärung der Sachverhalte; sie erwartet auch eine – nicht nur formelhafte – Erklärung, auf welches Soldatenbild die Bundeswehrausbildung zugeschnitten ist.

Dieses Anliegen ist nicht zu trennen vom Auftrag der Einsatzarmee. Diesen Auftrag und seine komplizierte und unweigerlich umstrittene Ausführung zu begründen, ist nicht allein eine Sache der Politik. Eine Auffassung, die den „Primat der Politik" als alleiniges Rederecht und Begründungspflicht der Politiker definiert, würde es sich allzu bequem machen. Hier sind auch die Soldaten als Staatsbürger in Uniform gefordert. Die Öffentlichkeit wird keinen

Anstoß daran nehmen, wenn sich – wie vom letzten Bundespräsidenten gefordert – Offiziere sichtbar und hörbar in die laufende Debatte um die Sicherheitspolitik und die Auslandseinsätze einbringen. „Ich wünschte mir darum", so der damalige Bundespräsident Horst Köhler im September 2007 zu den zukünftigen Generalstabsoffizieren der Bundeswehr, „dass auch die hohen Offiziere der Bundeswehr noch stärker darauf hinwirken, die nötige außen- und sicherheitspolitische Debatte in Gang zu bringen. … Nehmen Sie das Führungspersonal in Staat, Wirtschaft und Gesellschaft tüchtig in die Zange (immer mit dem gebührenden Charme natürlich!)", denn „die politisch Verantwortlichen brauchen entsprechenden Kontroll- und Nachfragedruck."[4]

Die Hemmnisse, die sich dabei in den Weg stellen, scheinen weder in den Erwartungen der Öffentlichkeit noch im Geist der Inneren Führung zu liegen als vielmehr in einer Ängstlichkeit der Politik und einer übergroßen („vorauseilenden") Vorsicht des Militärs. Innere Führung ist nicht nur soziale Fürsorge, Pflege des Betriebsklimas und der Einsatzfähigkeit, sie fordert auch eine staatsbürgerliche Profilierung des Soldaten. Gewiss haben sich öffentliche Äußerungen im Rahmen der „erforderlichen Zurückhaltung" zu bewegen. Was aber als „erforderlich" zu gelten hat, muss Gegenstand einer offenen Klärung sein. Die Öffentlichkeit ist angesichts langwieriger und riskanter Einsätze dauerhaft auf begleitende Erklärungen, fördernde Kritik und sachkundige Anregungen angewiesen. Der Vater eines gefallenen Soldaten hat diese Erwartung einmal in den Worten ausgedrückt, „Wir ‚Menschen da draußen' und – in diesem speziellen Fall – wir Angehörigen von getöteten Bundeswehrsoldaten vertragen sehr viel mehr Wahrheit und Offenheit, als Politiker uns anscheinend zutrauen."[5] In diese Aufforderung darf man die Soldaten der Bundeswehr, besonders die Militärführung, getrost einschließen.

Anmerkungen:

[1] Vgl. Biehl, Heiko: Zustimmung unter Vorbehalt. Die deutsche Gesellschaft und ihre Streitkräfte. In: Wiesendahl, Elmar (Hrsg.), Innere Führung im 21. Jahrhundert. Die Bundeswehr und das Erbe Baudissins, Paderborn 2007, S. 103-116.

[2] Vgl. die seit 1996 jährlich erhobenen Bevölkerungsbefragungen des Sozialwissenschaftlichen Instituts der Bundeswehr zum sicherheits- und verteidigungspolitischen Meinungsklima.

http://www.sowi.bundeswehr.de/portal/a/swinstbw/!ut/p/c4/04_SB8K8xL
LM9MSSzPy8xBz9CP3I5EyrpHK94uyk-
OLyzLziEiAnJzWzuKQ0L12_INtREQBYWZRG/ (aufgesucht: 2.2.2001)

[3] Vgl. Klaus Naumann, Einsatz ohne Ziel? Die Politikbedürftigkeit des Militärischen, Hamburg 2008.

[4] Bundespräsident Horst Köhler, Rede beim Festakt aus Anlass des fünfzigjährigen Bestehens der Führungsakademie der Bundeswehr, Hamburg 14. September 2009.

[5] Der Spiegel, 38/2009, S. 75.

Die Fragen an die Konzeption der Inneren Führung im 21. Jahrhundert – gibt es Antworten?

Hans-Christian Beck / Christian Singer

Das geistige Fundament der 1955 aufgestellten neuen deutschen Streitkräfte mit dem Leitbild des „Staatsbürgers in Uniform" und der Konzeption der „Inneren Führung" als umfassende ethisch begründete, gesellschafts- und militärpolitische Führungskultur und -philosophie gehört zweifelsohne zu den kreativsten und innovativsten politischen Neuerungen, die während der 1950er Jahre in der Bundesrepublik Deutschland geschaffen worden sind.[1] Bei der Erarbeitung der Grundlagen dieser bis heute gültigen Führungsphilosophie der Bundeswehr haben wesentliche Gruppierungen aus Gesellschaft und Politik eng mit dem Militär zusammen gearbeitet, um einen tragfähigen geistigen Überbau der Bundeswehr zu schaffen.

Das Leitbild des Staatsbürgers in Uniform, die Konzeption der Inneren Führung wie auch ihre Grundsätze haben nichts von ihrer Sinnhaftigkeit eingebüßt. Auch wenn es bei der praktischen Umsetzung im Truppenalltag bis heute Beispiele gibt, die diesen Grundsätzen nicht entsprechen, so bestätigen doch auch hier Ausnahmen die Regel. Aktuell ist jedoch davor zu warnen, dass die viel zitierte Beschwörungsformel der „Bewährung" dieser Führungsphilosophie, wie sie in vielen Reden unserer Politiker und Spitzenmilitärs anklingt, zu einer reinen Worthülse verkommt.

Innere Führung muss heute infolge einer völlig veränderten Sicherheits- und Verteidigungspolitik fragen, ob Politik, Gesellschaft und Streitkräfte die richtigen Rahmenbedingungen schaffen, damit unsere Soldaten* ihre Aufgaben in den Auslandseinsätzen erfüllen können. Innere Führung war dabei von Anfang an als eine dynamische Konzeption angelegt, die der ständigen Weiterentwicklung bedarf. Dabei kommt es aber, wie bereits bei der Erarbeitung dieser Führungsphilosophie, auch heute auf ein enges Zusammenwirken von Politik, Gesellschaft und Militär an, damit sie nicht zu einer gesellschaftlich losgelösten, innerbetrieblichen Führungskultur der Streitkräfte reduziert wird.

Wie aus einigen Entwürfen, Papieren und Reden zur neuen Struktur der Bundeswehr zu entnehmen ist, wird zwar viel vom Fähigkeitsspektrum, Strukturen, Stationierung, Personal- und Truppenstärken, von Finanzen und

Rüstung sowie der Ausrichtung der Streitkräfte auf den Einsatz gesprochen, nicht aber von einer „geistigen Reform" bzw. „geistigem Überbau", der dem verteidigungspolitischem Umbruch seit 1990 und dem sicherheitspolitischen Paradigmenwechsel gerecht werden würde.

Eine „geistige Transformation" der Streitkräfte findet weder auf der politischen noch auf der militärischen Ebene statt. In den genannten Papieren ist kaum etwas über die Weiterentwicklung des Leitbildes vom Staatsbürger in Uniform und die Konzeption der Inneren Führung zu finden. Das grundsätzlich veränderte Berufsbild und das aktuelle Selbstverständnis des Soldaten würden dies aber zwingend notwendig machen.

Welche Anforderungen stellt nun die Innere Führung an die Politik? Für manche politisch Verantwortliche ist die Entwicklung einer nationalen Sicherheitsstrategie, als Grundlage deutscher Außen- und Sicherheitspolitik, für unser Land vorstellbar.[2] Besser und weitreichender wäre eine friedens- und sicherheitspolitische Strategie der Bundesrepublik Deutschland, eingebunden in eine sicherheitspolitische Strategie der EU und der NATO, da für deutsche Streitkräfte nur ein Einsatz zur Krisen- und Konfliktbewältigung im multinationalen Verbund in Frage kommt. Daraus folgend gilt es Antworten auf die Fragen zu finden wie z.B.: Wofür setzen wir Streitkräfte ein? Was entspricht unserem nationalen und europäischen Interesse? Bei welchen Bedrohungen sind wir bereit, Streitkräfte einzusetzen? Geht es um die Verhinderung von Staatszerfall, Bürgerkriegen, Aufständen, terroristischen Ausbildungslagern, Völkermord und Vertreibung mit Auswirkungen auf unsere Sicherheit? Wie ist einer zweckmäßigen und zeitgemäßen Krisenvorsorge und Konfliktbewältigung mit welchen zivilen und militärischen Kräften und Mitteln im multinationalen Verbund Rechnung zu tragen? Welche Aufträge ergeben sich daraus für die Bundeswehr und auch andere Ressorts? Gibt es Prioritäten oder sind alle Aufträge gleich wichtig?

Um eine bessere Lesbarkeit des Textes zu gewährleisten, haben sich die Autoren dazu entschlossen, generell von Soldaten zu sprechen. Selbstverständlich sind damit auch immer die Soldatinnen mit eingeschlossen.

Diese sicherlich nicht abschließend aufgeführten Fragen an eine zeitgemäße und tragfähige Führungsphilosophie der Bundeswehr muss bei den politisch Verantwortlichen beginnen. Das „Primat der Politik" muss dabei getragen werden von einem überzeugenden, kompetenten und strategischen Handeln. Nur so kann die Politik, als Auftraggeber der Streitkräfte, ihrer Verpflichtung gerecht werden, klare, erfüllbare und zielorientierte Einsatzaufträge zu erteilen. Demgegenüber haben die Soldaten die Grundpflicht zum treuen Dienen zu erfüllen.

Wenn Militär heutzutage und in der Zukunft nur noch ein Mittel der Politik unter vielen anderen ist, dann ist zur Krisenprävention und Konfliktbewältigung ein umfassender vernetzter Ansatz erforderlich, der neben militärischen vor allem politische, wirtschaftliche, entwicklungspolitische und damit zivile Kräfte und Mittel mit einschließt. In Zukunft muss vor Beginn eines Auslandseinsatzes eine ressortübergreifende Konfliktbewältigung mit eindeutiger Aufgabenteilung und verantwortlicher Zusammenarbeit und Partnerschaft definiert werden. Diese ist mit klaren Zielen, dem zu erreichenden politischen Zweck und mit erfüllbaren Aufträgen zu versehen. Dabei ist natürlich eine ständige verantwortungsbewusste politische Begleitung und Kontrolle sicher zu stellen.

Innere Führung fragt nach überzeugenden politischen Gründen, warum gerade dieser Einsatz und nicht ein anderer? Welcher politische Zustand, welche Art und welches Ausmaß von Frieden soll das Ergebnis des Einsatzes sein? Welcher sicherheitspolitische Zweck soll mit dem Einsatz erreicht werden und bestehen überhaupt aussichtsreiche Chancen einer Wiederherstellung des Friedens? Darauf muss die Politik immer wieder Antworten geben, sonst hängt die Innere Führung im wahrsten Sinne des Wortes „in der Luft"!

Militär und Öffentlichkeit erwarten, dass sich die politische Führung eindeutig zu den von ihr beschlossenen Einsätzen und Mandaten bekennt. Es darf nicht sein, dass Politikerinnen und Politiker zwar Mandate bzw. Verlängerungen von Mandaten zustimmen, diese aber in der Öffentlichkeit dann medienwirksam in Frage stellen.[3] Besonders die betroffenen Soldaten müssen den politisch Verantwortlichen vertrauen können und erwarten auch deren Unterstützung im Rahmen des gegenseitigen Loyalitäts- und Treueverhältnisses. Dies macht wiederum deutlich, dass Innere Führung nicht nur eine militärische und gesellschaftliche, sondern vor allem eine zutiefst politische Konzeption ist, die Antworten auf die Fragen der Soldaten geben muss: Warum gehe ich in diesen

Einsatz? Warum erbringe ich dafür persönliche Opfer? Wofür nehme ich Verwundung und Tod in Kauf?

An die Innere Führung werden Fragen nach der Sinnhaftigkeit des Dienens gestellt. Warum ergreife ich diesen Beruf und wofür diene ich letztlich? Innere Führung sucht Antworten, die das Berufsbild, das Selbst- und Rollenverständnis des Soldaten betreffen. Der Soldat muss die politische Bestimmung seines Berufes erkennen und sich diesem Anspruch stellen. Dies verlangt ein hohes Maß an Bildung und Reflektiertheit, politischer Urteilskraft, geistiger Orientierungssicherheit, interkulturellem Einfühlungsvermögen und ein ethisches Koordinatensystem.[4] Vor diesem Hintergrund müssen auch die Diskussionen zur zukünftigen Gewinnung von Personal in den Streitkräften gesehen werden. Die Führungsphilosophie der Bundeswehr setzt ein besonderes Treueverhältnis zum Staat voraus. Diese Frage muss geklärt sein, bevor man sich eventuell dafür entscheidet, die Bundeswehr auch für Nicht-Deutsche zu öffnen. Aber auch der Rückgriff auf gering Qualifizierte bei der Personalgewinnung muss vor dem hohen Anspruch, den die Innere Führung an den „Staatsbürger in Uniform" stellt, bewertet werden.

Die Forderung in der Weisung des Generalinspekteurs zur Durchführung der politischen Bildung in den Streitkräften: „Jeder Soldat muss wissen und verstehen, wofür er ausgebildet und gegebenenfalls eingesetzt wird. Er soll überzeugt sein, dass sein Auftrag politisch notwendig, militärisch sinnvoll und moralisch begründet ist",[5] greift ins Leere, wenn all die oben stehend aufgeworfenen Fragen nicht die entsprechenden Antworten finden. Was soll die Politische Bildung dann leisten? Wie sollen dann die Vorgesetzten die Notwendigkeit und die Sinnhaftigkeit von Einsätzen fern der Heimat erklären? Wie die Soldaten ihren Angehörigen und der Öffentlichkeit Rede und Antwort stehen können? Es greift zu kurz, wenn sich der Soldat allein auf seine professionelle Berufseinstellung zurückzieht und ihm lediglich das Vertrauen in seine nächsten Vorgesetzten und die Kameradschaft Rückhalt bietet und er daraus die alleinige Motivation bezieht.

Die Chance einer Neubelebung der Politischen Bildung ist jetzt zu nutzen und es darf nicht der Beliebigkeit anheim gestellt werden, ob Politische Bildung in den Streitkräften stattfindet oder nicht. Innere Führung steht nach dem Aussetzen der Wehrpflicht vor neuen, tief greifenden Herausforderungen. Wie kann diese Führungsphilosophie in einer Freiwilligenarmee das "erstarrte" Leitbild des Staatsbürgers in Uniform beleben und weiterentwickeln? Der Vorrang der Politik vor dem Militärischen wird in den Streitkräften nicht als Einschränkung empfunden, sondern ist heute nach wie vor unabdingbar ein Teil des demokratischen Verständnisses der Soldaten der Bundeswehr. Politik muss mehr denn je ein originäres Interesse an selbstbewussten, kritischen Staatsbürgern in Uniform haben, denn diese müssen, vor dem Hintergrund aktueller Konfliktszenarien, die militärische Expertise rechtzeitig in die politischen Entscheidungsprozesse einbringen. Mit klaren, ausgewogenen Lageanalysen und als militärische Berater der Regierung und der Politik ist insbesondere die militärische Führung aufgefordert, aufzuzeigen, was Streitkräfte können und was nicht und welche Mittel sie für die von der Politik beabsichtigten Einsatzaufträge benötigen. Hier bedarf es eines partnerschaftlichen Verhältnisses zwischen Politik und Militär und eines gegenseitigen transparenten und verzugslosen Informationsflusses. Soldaten in Spitzenfunktionen tragen Mitverantwortung in der politischen Beratungsfunktion für die Ausgestaltung militärischer Einsätze. Vor diesem Hintergrund müssen allerdings folgende Fragen diskutiert werden: Ist der kritische Staatsbürger in Uniform wirklich gewollt? Wie geht Politik mit ihrer militärischen Führungselite um? Ist der Soldat nur williger Vollstrecker, Gewaltspezialist und Militärfunktionär? Wie verhält es sich, wenn sicherheitspolitische Interessen und Zielsetzungen sowie Auftragslage und dafür notwendige Ressourcen nicht klar definiert bzw. zum Teil nicht vorhanden sind? Wie weit müssen, dürfen und können sich Militärs zu Zielsetzung und Strategie eines Einsatzes äußern, „Klartext nach oben und außen" sprechen?[6] Was ist, wenn Politik sachliche Einsprüche von Soldaten nicht zur Kenntnis nimmt? Welche Störungen verträgt die Politik durch Kritik der Soldaten?[7] Welche Konsequenzen ergeben sich für eine Freiwilligenarmee, wenn mit dem Aussetzen der Wehrpflicht der zivile Bürger nicht mehr als Staatsbürger in Uniform dient? Welche Veränderungen ergeben sich für das Leitbild des Staatsbürgers in Uniform unter Einsatzbedingungen? Welche Konstanten und Variablen der Inneren Führung gelten in einer Freiwilligenarmee, die potentiell zu einer Interventionsarmee entwickelt werden soll?

Innere Führung muss den Zweck einer Armee beantworten. Jahrelang haben sich Politik und Gesellschaft der Debatte über den eigentlichen Zweck von Streitkräften entzogen. Es war bequem, sich nur mit dem Soldaten als bewaffnetem Entwicklungshelfer, Schulenbauer und Brunnenbohrer beschäftigen zu müssen. Wenn sich die politische Führung dazu entschließt, ihr „äußerstes Mittel" einzusetzen mit dem Ziel, ein sicheres Umfeld zu schaffen, die Zivilbevölkerung in einem instabilen, zerfallenen Staat gegen Gewalt von Aufständischen, Söldnern, Privatarmeen, Warlords und Terroristen zu schützen, dann heißt dies natürlich auch immer „kämpfen".[8] Dann muss von vornherein der „irreguläre und asymmetrische Krieg", der „kleine Krieg", wie ihn Clausewitz nennt, in Betracht gezogen werden, denn wer diesen „kleinen Krieg" nicht denken kann oder will, ist dazu verurteilt, ihn unvorbereitet zu erleben! Der Einsatz von Streitkräften kann dann ein Einsatz von Gewalt sein. Die Vorschrift Innere Führung drückt dies auch deutlich aus: „... der militärische Auftrag erfordert in letzter Konsequenz, im Kampf zu töten und dabei das eigene Leben und das Leben von Kameraden einzusetzen."[9] Dies muss der Politik, der Gesellschaft klar sein, vor allem aber den Soldaten, die sich für diesen Beruf entscheiden. Kommt es nicht zu kriegerischen Handlungen, umso besser, dann wird das andere Profil der Soldaten wirksam, schützen, retten, helfen und diplomatisch handeln. Auf den raschen Rollenwechsel vom Kämpfer im Gefecht hin zum zivilen Akteur gegenüber der Bevölkerung als Beschützer, Retter, Helfer und Vermittler kommt es bei heutigen Konfliktszenarien an. Diese Rollen nacheinander oder gar gleichzeitig wahrzunehmen, für diesen ausgesprochen anspruchsvollen Spagat auf den ersten Blick paradoxer Anforderungen müssen Soldaten vorbereitet sein und ihn bestehen. Streitkräfte müssen aber immer auch auf den schlimmsten Fall des Einsatzes vorbereitet sein, auf das „Kämpfen", das auch „Töten", „Fallen" und „verwundet" werden mit einschließt. Vor dieser Tatsache dürfen weder Politik noch Gesellschaft die Augen verschließen. Dabei darf jedoch nicht außer Acht gelassen werden, dass die Grundsätze der Inneren Führung ebenso für kriegerische Handlungen wie im Frieden gelten. Tragen aber die Grundsätze der Inneren Führung im Krieg? Das Berufsbild und das Selbstverständnis einer Armee hängen davon ab.

Der „Kämpfer" gilt als Anforderungsprofil für den Soldaten, denn der Soldat hat sich mittlerweile vom „Vaterlandsverteidiger" zum Soldat im internationalen Einsatz, zum Kriseninterventionsspezialisten und zum Friedens- und Ordnungshüter entwickelt. Gleichzeitig wird aber immer deutlicher, dass Mehrheiten in Parlament und Gesellschaft das „Kämpfen" nach Möglichkeit vollständig vermeiden, mindestens aber auf den Fall der Selbstverteidigung beschränken wollen. Dabei wird aber verkannt, dass auch das „Kämpfen" deutscher Soldaten einer strikten Wertebindung unterliegt. Wird dieser Widerspruch nicht im Rahmen einer umfassenden gesellschaftlichen Debatte aufgelöst, werden Zweck und Einsatz von Streitkräften nicht einsichtig und die Innere Führung nimmt deutlich Schaden.[10] Der Dienst für Sicherheit und kollektive Gewaltfreiheit geht heute aber über die klassische Rolle als „Kämpfer" hinaus und schließt die soziale, kulturelle und diplomatische Kompetenzerweiterung mit ein. Die Spannung zwischen gewaltbereit-kämpferischer und zivil-friedlicher Rolle gilt es auszuhalten. Dies muss in einer Führungsphilosophie für die Bundeswehr berücksichtigt werden.

Innere Führung fragt nach der Legitimität von Einsätzen. Die Grundlage bildet unser Grundgesetz. Nach einer langen Debatte nach 1990 und abschließenden Entscheidungen des Bundestages und des Bundesverfassungsgerichts vom Juli 1994 sind weltweite Einsätze der Bundeswehr, sofern völkerrechtlich legitimiert und parlamentarisch gebilligt, legitim. So beruht auch der Einsatz der Bundeswehr in Afghanistan auf einem völkerrechtlichen Mandat und der jährlichen Billigung durch den Bundestag. Die Bitte der afghanischen Regierung auf Unterstützung für Sicherheit und Wiederaufbau kommt hinzu. Doch über diese grundsätzliche gesetzliche Legitimierung der Einsätze hinaus haben die Soldaten einen Anspruch auf eindeutige rechtliche Regeln und Bestimmungen, die ihren Einsatz flankieren. Dies umso mehr, wenn sie sich im bewaffneten Konflikt durchsetzen müssen, um den Auftrag zu erfüllen, vor allem, wenn sie einem Feind gegenüberstehen, der kein Gesicht hat, der weder Recht noch Gesetz kennt, der nicht einmal Rücksicht auf seine eigene Bevölkerung nimmt und als Terrorist und „selbsternannter Gotteskrieger" seine Bevölkerung ins Mittelalter zurückbomben will. Selbstverteidigung und Reaktion allein erweisen sich als unprobate Mittel.

Innere Führung hat nicht nur danach zu fragen, wie die Integration einer Freiwilligenarmee in der Gesellschaft bewahrt werden, sondern auch, wie die Gesellschaft den Streitkräften Rückhalt in den Auslandseinsätzen geben kann. Soldaten erwarten im Einsatz fern der Heimat eine gefühlte moralische Unterstützung der Gesellschaft, aus der ersichtlich wird, dass ihr Einsatz und ihre Opfer die entsprechende Anerkennung und Würdigung finden.

Durch die Umstrukturierung unserer Streitkräfte in eine Freiwilligenarmee bedarf es noch größerer Anstrengungen, in der Gesellschaft ein „beteiligtes Interesse" an den Streitkräften zu erzielen. Die Bevölkerung aber will von der Richtigkeit und Zweckmäßigkeit der Auslandseinsätze überzeugt sein. Dies muss vor allem unsere Politik leisten durch ständiges, transparentes und nachvollziehbares Darstellen der Ziele unserer Außen- und Sicherheitspolitik, der vitalen deutschen Interessen, der Primäraufgaben einer Armee, der einsichtigen und überzeugenden Begründung jedes einzelnen Streitkräfteeinsatzes. Dabei spielt im heutigen sicherheitspolitischen Umfeld der Beschluss ressortübergreifender Mandate mit einer schlüssigen politischen Gesamtstrategie eine zentrale Rolle, will man dem „vernetzten Politikansatz" gerecht werden. Eine sicherheitspolitische Diskussion in der Öffentlichkeit, an der sich eine selbstbewusste militärische Führung beteiligt, die aber auch der wesentlichen Einbindung anderer Ressorts bedarf, ist dabei der Schlüssel zur Legitimation. Der „vernetzte Ansatz" sollte dabei mindestens durch die so genannten „3 D's" (Defence, Development und Diplomacy) getragen werden.[11] Geschieht dies nicht, dann werden sich Gesellschaft und Streitkräfte zunehmend weiter voneinander entfernen und die Streitkräfte verlieren ihre moralische Legitimation. Zugleich besteht auch die Gefahr, dass bei den Soldaten im Einsatz der Eindruck entsteht, als ganze Person für „halbe Sachen" einstehen zu müssen.[12] Die Bundeswehr genießt, samt ihrer inneren Verfassung, einen großen und stabilen Vertrauensvorschuss. Als Institution beispielsweise wird die Bundeswehr nur noch vom Bundesverfassungsgericht und von der Polizei im Entgegenbringen von Vertrauen übertroffen.

Die Aufmerksamkeit an der Bundeswehr ist in der Öffentlichkeit und in den Medien zwar gestiegen, wenn es um Vorkommnisse aller Art geht, nicht aber das Verständnis für die Spezifika der Streitkräfte. Der Slogan über den Soldatenberuf: "Ein Beruf wie jeder andere" hat schon zu Zeiten des Kalten Krieges nicht getragen und trägt im heutigen Einsatzspektrum gar nicht mehr. Jetzt gilt es die Chance einer breiten friedens- und sicherheitspolitischen Debatte und Verständigung in Politik und Gesellschaft zu nutzen. Wird sie nicht geführt, kann sich eine Freiwilligenarmee schleichend zur einer Art „Sicherheitsagentur" oder "Dienstleistungsbetrieb für riskante Aufgaben" entwickeln und die Distanz zur Gesellschaft verstärkt werden. Im schlimmsten Falle würde zugelassen, dass sich in Politik und Gesellschaft eine „Versicherungsmentalität" einschleicht, die den Soldaten als steuerfinanziertes Instrument begreift, der im Versicherungsfalle in der Konsequenz mit seinem Leben einstehen muss. Eine solche Entwicklung würde der Parlamentsarmee, der Inneren Führung und dem Leitbild vom Staatsbürger in Uniform zuwiderlaufen. Die Kluft zwischen Einsatzwelt und Heimat vertieft sich ohnehin und kann unüberbrückbar werden. Der Soldat einer Freiwilligenarmee wiederum läuft Gefahr, sein Berufs- und Selbstverständnis in erster Linie nur im „Kämpfer" zu sehen, der Ausbildung, Ausrüstung und Bestehen im Gefecht als seine wesentlichen Bezugsgrößen sieht. Ganz abgesehen davon, dass er sich zu einem „Typus" entwickelt, den wir so nicht haben wollen. Entfremdungs- und Desintegrationseffekte wie ein mögliches Kastendenken sind die zwangsläufige Folge. Da die Vorschrift ZDv 10/1 Innere Führung – Selbstverständnis und Führungskultur – ohnehin kaum gelesen wird, aber auch in der derzeitigen Form in vielen Bereichen bereits überholt ist, und der Einsatzsoldat auf viele Fragen bezüglich Fürsorge und Betreuung, Vereinbarkeit von Familie und Dienst, Umgang mit „jungen Veteranen" und deren Eingliederung keine Antworten findet bzw. klare Konzepte fehlen, die auch in die Praxis umgesetzt und finanziert sind oder werden, verblasst auch der Hinweis, dass die Konzeption der Inneren Führung für jede Soldatin und jeden Soldaten verbindlich ist. Ist nicht Innere Führung vor allem auch für den politischen Auftraggeber verbindlich? Innere Führung, ihre Umsetzung der Gestaltungsfelder in die Praxis, hat noch viel gezielter den Soldaten zu berücksichtigen, der stunden- oder tagelang im Feuergefecht steht, vor allem die jungen Soldaten, Mannschaften, Unteroffiziere und Offiziere, die Tod, Verwundung, menschliches Elend tagtäglich im Einsatz erleben, die in die Gesellschaft zurückkehren und etwas vorfinden müssen, was sie trägt, wenn sie aus einer brutalen Erfahrungswelt in die friedliche Welt der Heimat zurückkehren und sich wieder zurechtfinden müssen. Diese jungen Soldaten fragen sich derzeit: Für wen gehe ich nach Afghanistan und für was sterbe ich eventuell in diesem Land? Die Soldaten der Bundeswehr haben Anspruch auf die Beantwortung dieser Frage.

Der in der ZDv 10/1 verwendete Begriff „Gestaltungsfelder"[13] verdeutlicht zwar eine neue Qualität der Weiterentwicklung der Inneren Führung, dennoch reicht eine Beschreibung der Gestaltungsfelder nicht aus. Diese müssen auch eine praktische Umsetzung erfahren durch Konzepte und, als Schlüssel zur Umsetzung, eine entsprechende Finanzierung, wie beispielsweise im Bereich Familie und Dienst sowie Fürsorge und Betreuung. Beruf und Familie geraten zunehmend in eine Konfliktsituation, die sowohl die Nachwuchsgewinnung, die Attraktivität und damit die Leistungsfähigkeit und Motivation im Einsatz wie auch die familienbezogene Befindlichkeit beeinträchtigt. Um glaubwürdig zu sein, wird Innere Führung in der Zukunft folgende Fragen beantworten müssen: Wie steht es um die Behandlung von posttraumatischen Belastungsstörungen, die zum Teil erst Jahre nach Beendigung eines Einsatzes oder des Dienstverhältnisses auftreten können? Welche Betreuung erfahren die „jungen Veteranen"? Wie kann eine bestmögliche medizinische Versorgung sowohl im Auslandseinsatz als auch im Heimatland sichergestellt werden? Wie sieht es mit einer eigenbetrieblichen Kinder- und Familienbetreuung aus, mit Pendlerunterkünften? Inwieweit können Laufbahnen vorgeplant werden, damit die Häufigkeit der Versetzungen reduziert und Stehzeiten verlängert werden können, um auch der systematischen „Erfahrungsvernichtung" Einhalt zu gebieten? Die Inkraftsetzung des Einsatzversorgungs- und des Einsatzweiterverwendungsgesetzes stellen zwar ein erstes Fundament dar, auf dem es aufzubauen gilt, beantworten aber nur einen Teil der gestellten Fragen. Bei einer tragfähigen und akzeptierten Führungsphilosophie der Zukunft geht es vielmehr um die Frage, wie die Konzeption der Inneren Führung in ihrer praktischen Umsetzung der Gestaltungsfelder und in der Lebenswirklichkeit unserer Soldaten greift, um der Vielzahl an Entbehrungen und Opfern unserer Soldaten durch die Auslandseinsätze annähernd gerecht zu werden.

Wenn die Umstrukturierung der Bundeswehr, ihre Organisation, ihre Ausbildung und Ausrüstung, ihre Effizienz vom Einsatz her zu erfolgen hat, dann gilt es ebenso, die Konzeption der Inneren Führung in allen ihren Gestaltungsfeldern vom Einsatz her zu denken und in die Praxis umzusetzen. Ansonsten wird man den Herausforderungen einer Freiwilligenarmee in künftigen Auslandseinsätzen nicht gerecht werden können oder eine Armee bekommen, die wir uns bezüglich aller unserer historischen Erfahrungen nicht wünschen. Der US-amerikanische Psychiater Jonathan Shay hat den Kern der hier angestellten Überlegungen auf den Punkt gebracht. Am Ende seines Buches „Achill in Vietnam – Kampftrauma und Persönlichkeitsverlust" führt er aus: „…wir sollten uns darum kümmern, wie Soldaten ausgebildet, ausgerüstet, geführt und nach der Rückkehr aus dem Krieg in der Heimat empfangen werden." Der Rückzug der Soldaten aus der Gesellschaft und die Gefahr der psychischen Schädigung von Soldaten, so Shay weiter, „…haben ihren Ursprung in der Zerstörung des Vertrauens, und sie führen zur Zerstörung der Fähigkeit zu vertrauen. Wenn Misstrauen [der Soldaten] sich weit und tief verbreitet, dann wird der demokratisch staatsbürgerliche Diskurs unmöglich."[14]

Aber auch zu Beginn seines Buches spricht er vielen Soldaten aus der Seele, wenn er feststellt: „Es liegt kein Widerspruch darin, wenn man den Krieg hasst und den Soldaten ehrt." [15]

Anmerkungen:

[1] Vgl. Schlaffer Rudolf, Schmidt Wolfgang: Einführung. In: Schlaffer Rudolf, Schmidt Wolfgang (Hrsg.): Wolf Graf von Baudissin 1907-1993, München 2007, S. 3.

[2] Vgl. Hoff, Elke: Vortrag im Rahmen des 2. Koblenzer Forum zur Verteidigungspolitik vom 21.01.2011: Die Entwicklung einer nationalen Sicherheitsstrategie als Grundlage der deutschen Außen- und Sicherheitspolitik für unser Land sei vorstellbar.

[3] Vgl. Nachtwei, Winfried: Ergebniszusammenfassung: 3. Kolloquium Freundeskreis Zentrum Innere Führung/Karl-Theodor-Molinari-Stiftung am 01.10.2009 zum Thema: „Wofür ist die deutsche Gesellschaft bereit, ihre Soldaten den Risiken im internationalen Bereich auszusetzen?"

[4] Vgl. Wiesendahl, Elmar: Athen oder Sparta – Bundeswehr quo vadis?, WIFIS-Aktuell 44 Hamburg 2010, S. 40.

[5] Bundesministerium der Verteidigung: Weisung des Generalinspekteurs zur Durchführung der politischen Bildung in den Streitkräften, Bonn 1996.

[6] Vgl.: Köhler, Horst: Rede beim Festakt aus Anlass des fünfzigjährigen Bestehens der Führungsakademie der Bundeswehr , S. 2. Vgl. dazu auch: Grundsatzrede des Bundesministers der Verteidigung, Karl Theodor zu Guttenberg anlässlich des Besuches der Führungsakademie der Bundeswehr und der Kommandeurtagung der Streitkräftebasis am 26.05.2010 in Hamburg: „… in diesem Sinne wünsche ich, dass eine gewisse Kultur des Weichzeichens, auch gelegentlich der „Schönfärberei", auf dem Dienstweg bald ausgedient hat … und wir brauchen mehr Mut, wo in der inhaltlichen Auseinandersetzung Respekt wahrend, ein klares, offenes Wort gegenüber dem Vorgesetzten geboten ist. (…) Was wir heute und für die Zukunft bedürfen, sind Offiziere und Soldaten, die zu einem solchen Dialog fähig und bereit sind."

[7] Dr. Löwe, Hartmut, Evangelischer Militärbischof (1994-2003) stellte etliche dieser Fragen in ähnlicher Form bei einer Diskussion in Berlin am 29.06.2001.

[8] Vgl. dazu: Karl Theodor zu Guttenberg: 1. Panzerdivision in den Einsatz verabschiedet. In: Die Bundeswehr, Magazin des deutschen BundeswehrVerbandes Februar 2011, S. 19: „Sie werden auch kämpfen müssen. Kämpfen um den Erfolg, kämpfen für Ihren Auftrag, kämpfen für Ihre Kameraden."

[9] Bundesminister der Verteidigung, Zentrale Dienstvorschrift ZDv 10/1: Inne-

re Führung, Selbstverständnis und Führungskultur der Bundeswehr, Bonn 2008, Ziff. 505, S. 18-19. Vgl. dazu auch Ziff. 105, S. 7.

[10] Anm. dazu: Kuratorium des Bildungswerks des Deutschen BundeswehrVerbandes – Karl-Theodor-Molinari-Stiftung e.V.: "Koblenzer Erklärung", Koblenz 2011.

[11] Vgl. Naumann, Klaus: Plädoyer für die Neujustierung Sicherheitspolitischer Strukturen. In: Neue Gesellschaft Frankfurter Hefte Berlin, Oktober 2010, S. 49.

[12] Vgl. Naumann, Klaus: Erwartungen der Zivilgesellschaft an eine militärische Führungsphilosophie im 21. Jahrhundert. In: Ergebniszusammenfassung 3. Kolloquium Freundeskreis, Zentrum Innere Führung/Karl-Theodor-Molinaristiftung, Koblenz 2009, S. 19.

[13] Bundesminister der Verteidigung, Zentrale Dienstvorschrift ZDv 10/1: Innere Führung, Selbstverständnis und Führungskultur der Bundeswehr, Bonn 2008. In der Vorschrift sind 10 Gestaltungsfelder der inneren Führung beschrieben: Menschenführung, Politische Bildung, Recht und soldatische Ordnung, Dienstgestaltung und Ausbildung, Informationsarbeit, Organisation und Personalführung, Fürsorge und Betreuung, Vereinbarkeit von Familie und Dienst, Seelsorge und Religionsausübung sowie Sanitätsdienstliche Versorgung.

[14] Shay, Jonathan: Achill in Vietnam – Kampftrauma und Persönlichkeitsverlust, Hamburg 1998, S. 263f.

[15] Ebd., S. 29.

Krieg zur Primetime. Führen im Medienzeitalter

Christian Thiels

War 2.0 – Globale Öffentlichkeit

Die digitale Revolution hat auch vor dem Schlachtfeld nicht Halt gemacht – eine Binsenweisheit, wenn man sie nur auf Entwicklung und Einsatzspektrum von Waffensystemen anwendete. Doch sie gilt auch und vor allem für die Aufmerksamkeit, mit der militärisches Handeln im Fokus der Öffentlichkeit wahrgenommen wird. Das Internet und der damit verbundene globale Informationsaustausch in Echtzeit haben auch für den militärischen Führer und seine Entscheidungen enorme Konsequenzen. Denn alles, was er entscheidet, wird zwangsläufig früher oder später an die Öffentlichkeit kommen – im Zweifel eher früher. Dabei muss man nicht nur an spektakuläre Enthüllungsfälle wie die „Iraq War Diaries" bei Wikileaks denken. Schon ein Blick auf soziale Netzwerke wie Facebook und Kommunikationsmittel wie Twitter, Blogs und Foren macht deutlich, dass die globale Verbreitung multimedialer Inhalte nicht zu stoppen und nur sehr schwer zu kanalisieren oder gar zu kontrollieren ist. Alles, was in digitaler Form vorliegt, kann binnen Sekunden kopiert und millionenfach weitergegeben werden. Das gilt selbstverständlich nicht nur für die harmlosen Fotos aus dem jüngsten Urlaub, sondern auch für sensible militärische Informationen, Bilder und Videos aus Einsatzgebieten sowie Augenzeugenschilderungen. Der alte (journalistische) Grundsatz „Am Ende kommt doch alles heraus" findet auch hier Anwendung. In der Folge bedeutet diese quasi unbeschränkte Verfügbarkeit von Informationen auch deren fast zwangsläufige Verwendung in Massenmedien und ergo weitere Verbreitung über die Grenzen etwa wenig frequentierter digitaler Plattformen im Internet (wie etwa Soldaten-Blogs) hinaus. Der Weg eines Handy-Videos im Netz in die Hauptnachrichtensendung im Fernsehen ist ebenso kurz wie der des Schädelfotos aus dem militärischen Diskussionsforum auf die Titelseite der Bildzeitung. Für den militärischen Führer bedeutet dies, dass sein Handeln potentiell stets im Scheinwerferlicht der Öffentlichkeit stehen und ein einziger Befehl ihn von einem Kommandeur unter vielen zur öffentlichen Person machen kann. So geschehen im Falle von Oberst Georg Klein und dem Luftangriff bei Kunduz am 4. September 2009. Der Fall macht nicht nur deutlich, wie schnell Informationen abseits des militärisch reglementierten Dienstweges an die Öffentlichkeit gelangen, sondern auch, wie wenig die Bundeswehr bislang auf diese Form von globaler Informationsverbreitung vorbereitet ist.

„Splendid Isolation" – Öffentliches Desinteresse und Desinteresse an Öffentlichkeit

Sicherheitspolitik und Bundeswehr leiden in Deutschland in der öffentlichen Wahrnehmung nach wie vor unter einem Mauerblümchendasein. Der frühere Bundespräsident Horst Köhler sprach von „freundlichem Desinteresse" gegenüber der Armee und ihren Soldaten. Die Bundeswehr und alles Militärische haben also ein Imageproblem. Der Pazifismus ist in der intellektuellen Klasse dieses Landes zur persönlichen Staatsräson geworden. Die Armee wird trotz aller Bekenntnisse zum „Staatsbürger in Uniform" immer noch mit großer Skepsis betrachtet. Das ist kaum verwunderlich, denn die Siegermächte haben den Deutschen nach dem Zweiten Weltkrieg das Preußentum gehörig ausgetrieben. Die politisch-gesellschaftlichen Umwälzungen im Zusammenhang mit der Studentenrevolte der 68er haben das Militär mit dem Kainsmal des Anachronistischen versehen. Militär als Mittel der Außenpolitik ist in Deutschland – auch wegen der historischen Erfahrungen – eine mindestens politisch unkorrekte, wenn nicht gar höchst umstrittene Option, wie die intensiven Debatten etwa bei den Grünen um den Balkan-Krieg und die große Ablehnung des Afghanistan-Einsatzes durch die Mehrheit der Bevölkerung zeigen. Die Durchsetzung nationaler Interessen auch mit der Ultima Ratio des Militärs ist hierzulande keine mehrheitsfähige Form der Politik.

Im Mediengeschäft wie in der Politik gilt Sicherheitspolitik auch deshalb als „Igitt"-Thema. Der Journalist, der sich mit Militärs einlässt, sich mit Strategie und Technik beschäftigt, gilt unter vielen seiner Kollegen als potentiell suspekt. Auch für Politiker ist die Beschäftigung mit sicherheitspolitischen Fragestellungen nicht unbedingt das, was man einen Treibsatz für die Karriere nennen könnte – im Gegensatz etwa zur Sozial- oder Gesundheitspolitik. Nur wenige Journalisten und auch wenige Politiker haben selbst Erfahrungen mit der Armee, haben Wehrdienst geleistet oder eine anderweitig entstandene Affinität zum Thema entwickelt. Das bedeutet konkret, dass es sowohl für Fachpolitiker als auch Fachjournalisten schwer ist, abseits vermeintlicher oder echter Skandale um Segelschulschiffe, Initiationsriten oder geöffnete Feldpost öffentliche Aufmerksamkeit für die meist eher diffizilen Fragen der Sicherheitspolitik zu erringen. Es ließe sich einwenden, dass das Verteidigungsressort durch die Berufung von Karl-Theodor zu Guttenberg zum Inhaber der Befehls- und Kommandogewalt im Herbst 2009 wenigstens zeitweise und bis zu seinem Rücktritt im März 2011 mehr Aufmerksamkeit bekam, doch bewegte sich das Interesse meist an der Oberfläche. Es fokussierte vor allem auf die Person des Ministers, seine Auftritte, Leistungen oder Verfehlungen, weniger auf konkrete sicherheitspolitische Fragestellungen. Dass sich große Teile der medialen Öffentlichkeit weitaus intensiver mit Guttenbergs Auftritten bei der Truppe, auf Galaveranstaltungen oder eben mit seiner Dissertation beschäftigten als mit dem zeitgleich aufgetretenen Tod von drei Soldaten in Afghanistan oder der geradezu revolutionären Umgestaltung der Bundeswehr von einer Wehrpflicht- in eine Berufsarmee ist beredtes Zeugnis dafür.

Der erschreckende Mangel an Sachkompetenz bei Berichterstattern wie Politikern führt im Zweifel nicht nur zu Fehleinschätzungen über militärisches Handeln, sondern auch zu Fehlentscheidungen der Politik. In der Vergangenheit hat die Bundeswehr selbst allerdings herzlich wenig getan, um Vermutungen und Vorurteilen eine realistische und transparente Darstellung von dem entgegen zu setzen, was sie leisten kann und was nicht. Der frühere Verteidigungsminister zu Guttenberg formulierte, dass „nicht alle aus der Bundeswehr heraus genug getan haben, um für Akzeptanz der Bundeswehr in der Gesellschaft zu sorgen." Im Klartext: Die Armee selbst zog sich lieber auf das zurück, was ein führender Medienoffizier des Ministeriums einmal als „KSK – Konsequenter Schweigekurs" beschrieben hat. Doch es ist eine weit verbreitete Illusion von Militärs, dass sich Berichterstattung per Befehl kanalisieren oder gar verhindern ließe. In vielen Jahren Berichterstattung über sicherheitspolitische Themen gerät man als Journalist immer wieder an die Offiziere, die auf eine Interviewanfrage oder den Wunsch nach einer Drehgenehmigung ein „Findet nicht statt" in den Telefonhörer bellen, weil sie eine potentielle Gefahr hinter der öffentlichen Befassung mit einem Thema wittern. Doch genau diese Befassung findet eben doch statt – im Zweifel ohne die Sichtweise der Bundeswehr.

Das Schweigen des Lametta – Zwischen Loyalität und Kadavergehorsam

Als unpolitische, der Demokratie dienende Institution, müsste die Armee ein Interesse an der öffentlichen Diskussion um ihre Aufgaben, ihre Ausrüstung und ihre Fähigkeiten haben. In den vergangenen Jahren konnte man beobachten, dass das Parlament bei Krisen eine Tendenz zum zügigen Entsenden von Soldaten entwickelt hat, ohne jedoch gleichzeitig ein schlüssiges politisches Konzept zu entwerfen. Dass Deutschlands Freiheit auch am Hindukusch verteidigt werde, wie es der frühere Verteidigungsminister Peter Struck (SPD) formuliert hat, ist als Begründung allein für die Entsendung von Militär in einen lebensgefährlichen Einsatz in Afghanistan zweifelsohne nicht ausreichend. Dass deutsche Soldaten am Hindukusch zunehmend in Gefechte verwickelt und dabei auch verletzt und getötet werden, ist die direkte Folge des Versagens der deutschen Außen- und Entwicklungspolitik, die nicht ausreichend dafür gesorgt hat, dass in Afghanistan Strukturen selbsttragender Sicherheit entstanden sind. Die Bundeswehr hat dies duldend ertragen, statt auf dieses eklatante Missverhältnis hinzuweisen. Auch wenn die Bundeswehr immer dem Primat der Politik folgen muss und als Parlamentsarmee in der Demokratie stets nur ein Werkzeug deutscher Politik, nie aber ein Selbstzweck sein darf, so müsste sie auch eine eigene Stimme haben und sie erheben. Der Bundeswehrverband als Gewerkschaft der Soldaten kann diese Aufgabe nur unzureichend erfüllen, denn erstens kümmert er sich gemäß seiner Aufgabe vor allem um die Rahmenbedingungen für den Dienst der Soldaten und zweitens kann sein Führungspersonal von der Politik immer mit dem Argument abgebügelt werden, es sei nicht im aktuellen Tagesgeschäft der Armee tätig und könne taktisch-strategische oder gar sicherheitspolitische Erwägungen nicht beurteilen.

Was also fehlt, ist ein Klima, in dem streitbare militärische Führer sich zu Wort melden. Wie die Klinikärzte völlig zu Recht öffentlich ihre miserablen Arbeitsbedingungen anprangern, so müsste auch eine selbstbewusste Armee Bedenken anmelden, wenn sie von der Politik mit unzureichendem Material und sinnlosen Aufträgen in fragwürdige Einsätze geschickt wird. Auch das gehört zum Leitbild des Staatsbürgers in Uniform, wie es in der ZDv 10/1 „Innere Führung" nachzulesen ist. Immer wieder begegnet die Generalität der Forderung nach mehr Mut zur Wahrheit mit dem Argument, dies sei mit Illoyalität gleichzusetzen, die ein Soldat nun mal nicht an den Tag legen dürfe. Andererseits kann das kritiklose Abnicken politischer Vorgaben schon mit Blick auf die deutsche Geschichte kein Vorbild für die Armee in der Demokratie sein. Der frühere Generalinspekteur Ulrich de Maizière, einer der Schöpfer des Konzeptes der Inneren Führung und Vater des heutigen Bundesverteidigungsministers Thomas de Maizière, hatte das klar erkannt. So forderte er in seinem letzten Fernsehinterview am 10. Mai 2006 mit der ARD klare rechtliche Grundlagen für den Einsatz der Streitkräfte im In- und Ausland und mahnte eine verfassungsrechtliche Prüfung von Bundeswehreinsätzen im Inneren an. Er begründete diese für einen Soldaten deutliche politische Positionierung auch und gerade mit der Historie deutscher Streitkräfte: *„Ich kann mir das erlauben zu sagen, weil ich zu einer Generation von Soldaten gehöre, denen man den Vorwurf gemacht hat, dass sie zu viel gehorcht haben."*

Auch heute noch kann falsch verstandene Loyalität zu einer dümmlichen „Jawollherrminister"-Haltung und damit zu politischen Fehlentscheidungen führen – so geschehen, als die Bundeswehrführung dem damaligen Verteidigungsminister zu Guttenberg versicherte, eine sechsmonatige Grundwehrdienstzeit sei problemlos leistbar und mache auch militärisch noch Sinn. Loyal wäre es gewesen, dem Minister klar und schonungslos deutlich zu machen, was machbar und sinnvoll ist und was nicht. Und wenn die politische Führung nicht auf die interne Beratung hören will, dann muss die militärische Führung im Zweifel und mit dem gebotenen Respekt auch die Öffentlichkeit suchen.

Eine fruchtbare sicherheitspolitische Diskussion kann nicht in einem Klima der Angst geführt werden. Jahrzehntelang war diese Diskussion ja auch gar nicht erforderlich. Armee und Gesellschaft konnten sich in der wohligschaurigen Wärme der Übersichtlichkeit des Ost-West-Konfliktes einrichten. Niemand hinterfragte Auftrag und Notwendigkeit der Bundeswehr. Und wo niemand fragte, gewöhnte man sich auch daran, nicht zu antworten – vielleicht ist auch das ein Grund, warum das öffentliche Selbstbewusstsein der Truppe bis heute eher verkümmert wirkt.

Der Ehrliche ist nicht der Dumme – Transparenz führt zu Akzeptanz

„Im Krieg ist die Wahrheit so kostbar, dass sie immer mit einer Leibwache aus Lügen umgeben sein sollte", soll Winston Churchill einmal gesagt haben. Der Konflikt zwischen Medien und Militär liegt auf der Hand: Medien wollen Sachverhalte öffentlich machen, Militärs setzen auf ein Höchstmaß an Geheimhaltung. Das berechtigte Interesse der Öffentlichkeit an Information – gerade in Fragen von Leben und Tod – steht der militärischen Notwendigkeit der Vertraulichkeit entgegen. Und dennoch: Die Öffentlichkeit, die Bürger haben das Recht, mehr über ihre Parlamentsarmee zu erfahren. Schließlich sind sie es, die die Armee bezahlen und die ihre Söhne und Töchter in die Verantwortung des Staates geben. Transparenz bedeutet in einer Demokratie auch Akzeptanz. Wenn Alltag und Einsatz der Truppe hinter verschlossenen Kasernentoren oder fernab vom Auge der Öffentlichkeit stattfinden, führt dies nur dazu, dass sich die Armee aus dem Bewusstsein der Bürger entfernt. Das fördert das Desinteresse. Aus Desinteresse entwickeln sich Vorurteile, und Vorurteile führen zu Fehleinschätzungen, die dann in Fehlentscheidungen resultieren können.

Transparenz und Offenheit dagegen können helfen, Interesse zu wecken, Vertrauen zu schaffen und somit auch mediale Berichterstattung zu generieren. Die Bundeswehr darf dabei auch gerne ihre Leistungsfähigkeit demonstrieren. Die erfolgreiche Evakuierung deutscher Staatsbürger aus Libyen durch die Luftwaffe am 26.02.2011 wäre eine gute Gelegenheit dazu gewesen. Doch bis auf wenige, nichtssagende Fotos fand diese Operation unter Ausschluss der Öffentlichkeit statt – eine vertane Chance. Niemand hätte aus der risikoreichen Mission ein Presseevent machen wollen. Doch schon ein einzelnes Kamerateam hätte – unter Einhaltung der Vertraulichkeit natürlich – für die adäquate öffentliche Wahrnehmung im Nachhinein sorgen können. Zu Vertrauen trägt auch die offene Benennung von Missständen und Fehlverhalten bei. Korpsgeist und Wagenburgmentalität, die Teile der Armee bis heute an den Tag legen, wenn es um kritische Themen geht, nützen niemandem. Genauso wenig übrigens wie eine künstliche Feindseligkeit gegenüber den Medien. Deren Aufgabe ist es nun mal, als Korrektiv zu wirken. Die freie Presse gehört zu den konstitutiven Werten einer freiheitlichen Demokratie und ist eben kein notwendiges Übel. Der Fernsehjournalist Dagobert Lindlau formulierte es so: *„Die Forderung an das Positive im Fernsehjournalismus ist ungefähr so begründet wie die Forderung an einen Klempner, sich doch nicht dauernd um die paar tropfenden Wasserhähne zu kümmern, sondern um die Millionen, die einwandfrei funktionieren.“*

Weil – wie bereits beschrieben – alle Missstände in Zeiten der globalen Informationsverbreitung ohnehin irgendwann ans Tageslicht kommen, gibt es keine sinnvolle Alternative zu Transparenz und Offenheit. Beide sind im Zweifel eher Chance als Risiko, denn es stärkt das Vertrauen in die Wahrhaftigkeit der Institution Bundeswehr, wenn sie auch dann nicht schweigt, wenn es einmal kritisch wird und womöglich kein allzu gutes Licht auf die Armee und ihre Soldaten fällt. Beim Parlament der Wehrpflichtigen des Bundeswehrverbandes formulierte es der damalige Minister zu Guttenberg 2010 so: *„Ich wünsche mir von manchem, der aus den Einsätzen zurückkommt, dass er sich auch mal an seine unmittelbare Öffentlichkeit wendet und er muss deswegen nicht nur vorher mit allen Vorgesetzten abgestimmten Äußerungen von sich geben, sondern er darf ruhig selbst auch seine Realitäten beschreiben. (…) Und dort wo es hakt und auch mal Defizite gibt, diese entsprechend auch* *benennen – im Zweifel ist dies hilfreicher, auch für den Dienstvorgesetzten, als das, was lediglich schön gezeichnet wird."*

Kommando Sozial Kräfte – Die Armee in der Mediendemokratie

Militärisches Führen hat im 21. Jahrhundert nicht nur eine taktisch-strategische, sondern auch eine medial-gesellschaftliche Dimension. Nun kann nicht jeder Kommandeur auch gleichzeitig sein eigener PR-Berater, Krisenkommunikator oder Pressesprecher sein – muss er auch nicht. Denn es wäre unrealistisch und sicher auch nicht erstrebenswert, wenn jede militärische Entscheidung erst einmal mit Blick auf ihre öffentliche Wirkung geprüft würde. Das würde militärisches Handeln zwangsläufig bis zur Handlungsunfähigkeit ausbremsen. Doch die Armee kann sehr wohl viel tun, um nach einer militärischen Entscheidung sowohl die Beweggründe als auch die Folgen so offen wie möglich zu erklären und zu kommunizieren. Um das sicherzustellen, muss sich die Armee für die Herausforderungen der Mediendemokratie wappnen. Eine Professionalisierung der Medienarbeit der Bundeswehr mitsamt der Schaffung einer entsprechenden Laufbahnausbildung wäre dazu ein erster Schritt. Das Prinzip, dass ein deutscher Offizier im Prinzip alles können muss und deshalb auch überall eingesetzt wird (egal, ob er dafür geeignet ist), muss grundsätzlich überdacht werden. Nahezu keine Armee der Welt leistet sich bei Spezialaufgaben, wie sie auch die Medienarbeit darstellt, den angelernten Generalisten, der nach ein, zwei Jahren wieder eine völlig andere Aufgabe übernimmt.

Darüber hinaus braucht die Bundeswehr eine Art „Kommando Sozial Kräfte", also ein Frühwarnsystem, das Ereignisse im Einsatz oder in Deutschland ständig auf ihre politische und mediale Relevanz hin prüft und gegebenenfalls direkt und unter Umgehung der Militärbürokratie nach oben an die Führung von Armee und Ministerium weitergibt. Wohlweislich nicht, um solche Ereignisse zu vertuschen, sondern um dafür zu sorgen, dass die Bundeswehr sie selbst öffentlich machen und bei der Aufklärung die Initiative ergreifen kann. Denn allzu oft erreichten in der Vergangenheit Informationen über kritische Ereignisse die Führung des Ministeriums und der Bundeswehr gar nicht oder nur sehr verspätet und allzu oft hatte das, was Karl-Theodor zu Guttenberg die „Kantenabschleifmaschine" genannt hat, ganze Arbeit bei der Glättung der Darstellung geleistet.

Und nicht zuletzt braucht die Bundeswehr ein Klima der Offenheit und Wahrhaftigkeit, das Realitäten benennt und nicht beschönigt. Die Diskussion um die Kriegsbegrifflichkeit hat eindrucksvoll gezeigt, dass die Vermeidung von vermeintlich unpassenden Umschreibungen der falsche Weg ist. Es ist nicht Aufgabe der Armee, syntaktische Winkelzüge der Politik zu unterstützen. Ehrlichkeit im Umgang mit dem, was ist, ist die Bundeswehr den Bürgern in diesem Land, aber auch ihren Soldatinnen und Soldaten schuldig.

IV. Innere Führung in der militärischen Praxis im Einsatz

Patrouille in Afghanistan auf einem DINGO in Gefechtsbereitschaft

Der Umgang mit Medien gehört heute zum militärischen Alltag

Ein HUSKY im Gebirge von Afghanistan

Eine Long Term Patrol in Afghanistan

Beobachtungshalt im Einsatzland

Ein DINGO der Objektschutztruppe sichert, während ein
TORNADO zu einem Aufklärungsflug startet.

Die Marine im Golf von Aden beim Boarding eines Pira-
tenbootes zur Sicherung von Beweismitteln

Führungsverantwortung im Einsatz und im Gefecht

Hans-Christoph Grohmann

Der Spieß nimmt mich beiseite und will reden. „Herr Oberstleutnant, Sie dürfen nicht immer so weit nach vorne." „Unsinn, ich bin Euer Kommandeur." „Wer führt uns, wenn Sie fallen?"

Wir sind nicht mehr im Gefechtsübungszentrum in der Letzlinger Heide. Es ist Anfang Juni 2009 und wir sind in Kundus in Afghanistan. Erst vor kurzem ist die Lage hier so eskaliert, dass der Kommandeur des Regionalkommandos Nord die QRF geschickt hat. Und nun sind wir seit drei Wochen hier. 300 Männer und Frauen, Jäger, Panzergrenadiere, Aufklärer, Sanitäter. Die Verantwortung für deren Einsatz und deren Leben liegt bei mir.

Wir haben gewusst, dass es gefährlich werden würde. Ich habe den Soldaten schon seit Beginn der Ausbildung vor Monaten gesagt, dass wir ins Gefecht gehen würden. Nur hat das in Deutschland im Winter 2008/2009 kaum jemand geglaubt. Aber „Fallen"? Jeder glaubt doch, dass es ihn nicht treffen wird. Und sind wir dem nahezu unsichtbaren Feind nicht überlegen? Drei Mal standen meine Soldaten zu diesem Zeitpunkt schon im Feuerkampf. Muss ich nicht gerade deshalb mit raus? Mit nach vorne? Ich möchte mit jedem Zug draußen gewesen sein, damit die Männer ihren Kommandeur sehen. Ist das noch richtig? Kann ich dort führen, wenn es darauf ankommt? Keiner möchte getroffen werden, keiner möchte sterben, ich auch nicht. Also doch lieber im Feldlager bleiben? Hier ist der Gefechtsstand, rein objektiv kann ich von hier besser führen. Oder doch nur die Führungsmittel bedienen? Dann also doch nach draußen, aber weiter hinten, wo immer hinten ist? Die Frauen und Männer haben einen Anspruch darauf, dass ich sie so führe, dass sie möglichst unversehrt bleiben – an Körper und Seele – und gleichzeitig gilt es, den Auftrag zu erfüllen. Also muss ich mit raus. Und wenn ich wirklich getroffen werden sollte? Dann übernimmt der Stellvertreter, Major F., ich weiß, dass er das kann.

Aber wenn der Spieß mit diesem Thema kommt, dann muss was dran sein. Er hat mehr Einsätze hinter sich als ich. Und ist es nicht auch ein Vertrauensbeweis, wenn die Feldwebel so denken? Er schaut mich immer noch an. „Spieß, Sie haben recht, ich werde vorsichtiger sein."

Zwei Tage später stehen rund 100 meiner Soldaten bei Basoz und Suljani, keine 20 Kilometer westlich von Kundus, fünf Stunden lang in einem schweren Gefecht. Auf Seiten der Aufständischen gibt es viele Tote und Verwundete. Wieder drei Tage später stehen andere Kräfte von uns erneut in einem mehrstündigen Gefecht bei Gerdan. Diesmal haben wir zwei Verwundete, der Hauptgefreite H. wird schwer verwundet und überlebt den Tag nur knapp. 15 Stunden später ist er in Deutschland im Bundeswehrkrankenhaus in Koblenz.

Die Bilanz nach sechseinhalb Monaten Einsatz: 14 mal standen Soldaten meines QRF-Bataillons im Gefecht. Fünf Verwundete, bei der Bergung des Hauptgefreiten H. hat es auch den Hauptgefreiten J. getroffen, später den Hauptfeldwebel Schultze[1] und den Hauptgefreiten S., und kurz vor dem Ende des Einsatzes den Hauptgefreiten M. bei einem Schießunfall. Dazu kamen sieben psychisch Verwundete. Heute, über ein Jahr später, weiß ich, dass noch weitere psychisch Verwundete hinzugekommen sind. Drei Ehrenkreuze für Tapferkeit, für beispielhafte Taten im Zuge der beiden geschilderten Gefechte und gut 20 Ehrenkreuze in Gold in besonderer Ausführung wurden verliehen. Die Voraussetzungen für die Ende 2010 neu eingeführte „Einsatzmedaille Gefecht" erfüllen weit über 200 Soldaten.

Aus heutiger Sicht ist festzustellen, dass der 29. April 2009 den Beginn der damaligen Taliban-Offensive in Kundus markierte. Bereits seit 2006 war eine Veränderung der Lage und eine stetig zunehmende Zahl der Angriffe auf deutsche Kräfte zu verzeichnen. Im Frühjahr und Sommer 2009 gingen die Aufständischen auch im Norden Afghanistans und besonders in der Provinz Kundus zu einer neuen Taktik und damit einer neuen Qualität der Angriffe auf deutsche Kräfte über. Schon zuvor hatte es Angriffe mit improvisierten Sprengfallen (IED) oder Beschuss deutscher Patrouillen und vor allem Raketenangriffe auf das Feldlager Kundus gegeben. Im Sommer 2009 standen deutsche Soldaten jedoch jede Woche, manchmal nahezu täglich, im Gefecht mit den Aufständischen. Diese Entwicklung führte in der Heimat zu der unter anderem durch den Wehrbeauftragten des deutschen Bundestages angestoßenen Diskussion um den Begriff der „kriegsähnlichen Zustände"[2].

Ausgehend von diesen Rahmenbedingungen sollen im Weiteren die wesentlichen Aspekte des Führens im Einsatz und im Gefecht und der damit verbundenen Führungsverantwortung näher beleuchtet werden. Der Offizier wird lange für die Führung eines Verbandes ausgebildet, er sammelt Erfahrungen in vielen Verwendungen und Führungsfunktionen. Und doch ist es in vielerlei Hinsicht eine Ausnahmesituation, einen Verband nicht nur im Einsatz, sondern im Gefecht zu führen.

Jeder militärische Führer weiß, dass sich seine Planung und seine Entscheidungen unmittelbar als konkrete Gefährdung der eigenen Soldatinnen und Soldaten niederschlagen. Auch wenn der militärische Führer und die ihm unterstellte Truppe alles richtig, ja perfekt machen könnten, kommt es im Gefecht zwangsläufig früher oder später zu Verwundeten oder sogar Gefallenen in den eigenen Reihen. Und obwohl das Wissen darum in der Ausbildung vermittelt wird oder werden sollte, trifft die Erkenntnis, dass die eigene Entscheidung unausweichlich ein Risiko für Leben und Tod der eingesetzten Soldaten nach sich zieht, den militärischen Führer nach dem ersten Gefecht, spätestens nach den ersten eigenen Verlusten, mit unvorstellbarer Wucht. Das damit verbundene Dilemma, nämlich zur Erfüllung des Auftrages die eigenen Soldaten diesem Risiko für Leib und Leben aussetzen zu müssen, ist unauflöslich. Manch Vorgesetzter kann diese Wucht nicht aushalten und muss den Einsatz beenden. Nur der militärische Führer, der sich diese Verantwortung immer wieder bewusst macht, wird daraus die richtigen Konsequenzen für sein Verhalten ziehen und verantwortlich handeln können.

In der Vorbereitung des Einsatzes bedeutet verantwortliches Führen daher, frühzeitig aus einer eigenen Beurteilung der Lage heraus die Ausbildung auf die gefährlichsten Situationen, denen die eigene Truppe begegnen wird, auszurichten. Das Abarbeiten der Vorgaben höherer Führungsebenen reicht dabei nicht. Nach der Auswertung des Auftrages muss der Führer eines Verbandes eigene Vorstellungen davon entwickeln, was auf seinen Verband zukommt. Was daraus als Richtig für die eigene Gefechtsführung abgeleitet wird, gilt es konsequent um- und durchzusetzen. Dazu gehört auch, den Soldaten des Verbandes und deren Angehörigen ehrlich und klar zu sagen, was im Einsatz passieren wird, wie man dem begegnen möchte und die Gefahren nicht schönzureden. Solches Verhalten führt in der Einsatzvorbereitung zu Widerständen, aber die Soldaten danken es, wenn die Situation eingetreten ist.

Im Fall der QRF 3 habe ich den Schwerpunkt der Ausbildung auf die Abwehr und das Verhalten im Hinterhalt gelegt und den Soldaten immer wieder gesagt, dass das Bataillon ins Gefecht gehen wird. Im Gefecht bei Basoz hat sich diese Hartnäckigkeit ausgezahlt und nicht nur das Überleben aller dort kämpfenden Soldaten, sondern auch den Erfolg – ja den Sieg – über den dort angreifenden Feind ermöglicht.

Im Einsatz bedeutet verantwortliches Führen, neben vorausschauender Planung und stetig weiterzuführender Ausbildung, neben dem Durchsetzen von Regeln und Sicherheitsbestimmungen, vor allem Fürsorge. Um die mit der Länge des Einsatzes ansteigende Routine und damit verbundene möglicherweise wachsende Sorglosigkeit in kontrollierte Bahnen zu lenken, sind häufig als unbequem empfundene Entscheidungen zu treffen und Regeln sowie Sicherheitsbestimmungen durchzusetzen. Dass auch dies eine Form von Fürsorge ist, wird von vielen Soldaten nur schwer eingesehen und bedarf daher immer wieder der Erklärung. Ein Gefühl der Dauerkontrolle und der Überwachung gilt es unbedingt zu vermeiden. Mit der Länge des Einsatzes und vor allem mit der steigenden Anzahl gewonnener Gefechte steigt die Gesamterfahrung des Verbandes. Da jeder Einsatz unterschiedlich ist, lässt sich dies nicht nach Zeit oder Zahl der Kämpfe quantifizieren. Früher oder später lassen jedoch Anspannung und Nervosität des neuen Einsatzes nach und weichen dem Gefühl der Erfahrung, der beruhigten Vorbereitung der kommenden Aufträge, des Wissens um ein bevorstehendes Gefecht, in welchem die Soldaten glauben, wie bei den Gefechten zuvor erfolgreich zu sein. Der Verband und mit ihm jeder Einzelne ist kampferfahren geworden. Besonders zu diesem Zeitpunkt kommt es für den militärischen Führer darauf an, Nachlässigkeiten zu unterbinden und Verhaltensauffälligkeiten zu erkennen. Wichtig sind rechtzeitige Ruhephasen für die Einheiten und Teileinheiten des Verbandes. Aber auch der berechtigte Wunsch der Soldaten nach Betreuung, Fürsorge und Abwechslung muss berücksichtigt und erfüllt werden. Dabei muss es möglich sein, die Truppe auch mal kontrolliert feiern zu lassen, ohne dass die Einsatzbereitschaft gefährdet wird. In Filmen wie „Das Boot" finden wir das normal – warum dann nicht auch in Kundus, Faisabad und Mazar-e-Sharif? Dabei muss der militärische Führer, auch der Kommandeur, sich sehen lassen, dann können die Frauen und Männer leichter mit ihm ins Gespräch kommen.

Es kommt daher vor allem darauf an, dass die Führer und Unterführer sich um ihre Soldaten kümmern, dass Gespräche geführt werden und gegenseitig aufeinander geachtet wird. Gerade mit zunehmender Einsatzdauer sind Härten und Belastungen immer wieder zu erklären. Jetzt zahlt sich aus, wenn dies bereits in der Einsatzvorbereitung ehrlich und für die Soldaten erlebbar betrieben wurde.

Im Gefecht bedeutet verantwortliches Führen, die Truppe so einzusetzen, dass der militärische Auftrag erfüllt wird und gleichzeitig die anvertrauten Soldatinnen und Soldaten die größtmöglichen Überlebenschancen haben. Daher muss der militärische Führer genau abwägen, welches Risiko er bereit ist einzugehen und ob seine konkrete Absicht es wert ist, dafür das Leben seiner Soldaten einzusetzen. Dabei hilft es, wenn man sich die Persönlichkeiten der Soldaten der dafür in Frage kommenden Teileinheit vor seinem inneren Auge vorstellt.

Das Gefecht verläuft nach den Berichten der beteiligten Soldaten und meiner eigenen Erfahrung auf allen Führungsebenen zunächst wie in der Ausbildung. Meldungen, Entscheidungen, Befehle – alles wie auf dem Übungsplatz. Und doch lastet immenser Druck auf dem militärischen Führer, denn er weiß, dass es keine Übungsunterbrechung geben wird. Alles, was passiert und gerade gemeldet wird, ist real. Jede Entscheidung, die er jetzt trifft, kann das Leben der eigenen Soldaten gefährden. Keine Entscheidung zu treffen, ist jedoch das Schlimmste, was dem Verband, der Kompanie oder dem Zug passieren kann und gefährdet das Leben der Soldaten noch weit mehr. Die persönliche Furcht vor Feindfeuer oder einem Sprengsatz, welcher das eigene Fahrzeug treffen kann, kommt hinzu, wird aber noch überlagert von der anhaltenden Befürchtung, dass im nächsten Moment die Meldung über eigene Verluste erfolgen kann.

Noch mehr als im Alltag des Einsatzes gilt im Gefecht, dass die Soldaten ihre militärischen Führer erleben wollen. Zwar kann nicht jeder Soldat den Kommandeur sehen, aber viele Soldaten können ihn am Funk hören. Jetzt kommt es darauf an, wie in der Ausbildung zu handeln und vor allem am Funk ruhig zu bleiben. Die unterstellten Führer und alle Soldaten, die den Funk mithören können, schöpfen Zuversicht, wenn jetzt so geführt wird, wie es geübt wurde und so, wie sie ihren Kommandeur kennen. Vor allem kommt es darauf an, von Anfang an keinen Zweifel daran zu lassen, dass der Verband ins Gefecht gehen wird, wie das Gefecht geführt werden soll und dass der Verband es erfolgreich beenden wird.

Von unschätzbarem Wert ist dabei der Erfolg im ersten Gefecht. Hier zeigt sich, ob das Richtige ausgebildet und geübt wurde und ob Führer und Geführte im Feuer bestehen können. Für den Führer entscheidet sich, ob die Soldaten ihm weiter zutrauen, sie erfolgreich im Gefecht zu führen. Wird das erste Gefecht nicht nur überstanden, sondern gewonnen und gelingt dies gar ohne eigene Verluste, dann schöpft die Truppe daraus unbeschreiblich viel Selbstvertrauen. Diese Faktoren entscheiden über die Bereitschaft, sich dem nächsten Gefecht zu stellen, und die Zuversicht, es zu gewinnen. Dermaßen gestärkt steigen dann auch die Chancen der Truppe, im nächsten Gefecht wirklich wieder erfolgreich zu sein.

Der überwältigende Erfolg im Gefecht bei Basoz und Suljani war daher auch die Grundlage für die QRF 3, die Verwundung von zwei Soldaten im folgenden, aus rein taktischer Sicht nicht minder erfolgreichem Gefecht von Gerdan relativ gut zu verkraften.

Der Kommandeur muss deswegen noch mehr als sonst alles daran setzten, dass der Verband gerade im ersten Gefecht erfolgreich ist. Zu seiner eigenen Vorbereitung gehört, dass er das Handwerkszeug des Offiziers, nämlich Taktik, beherrscht.

In belastenden Situationen, insbesondere in der Nachbereitung von Gefechten, bedeutet verantwortliches Führen noch mehr als im Einsatzalltag Fürsorge, Gesprächsführung und Zuhören. Es kommt darauf an zuzuhören, was die Soldaten zu sagen haben. Soldaten, die im Kampf standen, wollen sich mitteilen, und dabei nicht nur die Bilder aus ihren Köpfen loswerden, sondern auch hören, dass sie richtig gehandelt haben. Und dies nicht vom Psychologen, Arzt oder Seelsorger, sondern vom Zugführer, vom Kompaniechef und vom Kommandeur. Die psychologische Nachbereitung durch die „Spezialisten" darf darüber aber nicht vernachlässigt werden, vielmehr bilden beide Nachbereitungsgespräche, das erste unmittelbar nach dem Gefecht mit den Vorgesetzten und das zweite in zeitlichem Zusammenhang danach mit einem Spezialisten, eine Einheit.

Die Nachbereitung der Gefechte fand daher bei der QRF 3 in einer Mischung aus Auswertung der Feindlage, taktischer Nachbereitung der eigenen Operationsführung und Kampfweise sowie Gesprächen mit dem Truppenpsychologen statt. Für den Kommandeur kommt es darauf an, die Bilder, die er im Kopf hat, weil er sie den Soldaten „abgenommen" hat, dort nicht einzuschließen, sondern seinerseits das Gespräch mit seinen Offizieren und Kompaniefeldwebeln, dem Psychologen, dem Arzt, dem Pfarrer und nicht zuletzt anderen Kommandeuren zu suchen. Sonst besteht die Gefahr, den Kopf nicht mehr frei zu bekommen und damit die eigene Führungsfähigkeit zu beeinträchtigen.

„Mein Kommandeur hat während des Einsatzes mehrmals mit mir gesprochen, er hat sich meine Sorgen angehört." Erst nach dem Einsatz habe ich erfahren, dass die für mich selbstverständlichen kleinen Gespräche, besonders mit den Mannschaften, auf dem Weg zum Essen, vor dem Container oder in einer Betreuungseinrichtung und vor allem das Abgehen der Fahrzeuge unmittelbar vor Verlassen des Feldlagers, für meine Soldaten wichtig waren. Der Kommandeur muss sich Zeit nehmen, mit den Soldaten zu reden.

Für die QRF 3 war mit dem Gefecht von Gerdan eine kritische Situation gekommen. Wenn der Verband die ersten Verluste, wie in diesem Fall die zwei Verwundeten, ertragen muss, entscheidet sich, ob Bereitschaft und Zuversicht, das nächste Gefecht anzunehmen und erfolgreich zu führen, erhalten bleiben. Noch schwieriger muss es sicherlich sein, wenn Gefallene zu beklagen sind.

Nach diesem Gefecht habe ich daher den Verband antreten lassen und zu den Soldaten gesprochen. Die Truppe will hören, dass sie erfolgreich war und dass es notwendig war, das Risiko einzugehen. Hilfreich war dabei für uns, dass der Grund des Einsatzes an diesem Tag, nämlich der Entsatz eines in einen Hinterhalt geratenen Zuges des PRT Kundus, jedem einleuchtete. Und letztlich muss der militärische Führer das Gefühl aller Soldaten, etwas tun zu wollen, artikulieren und ihm eine Richtung weg von Vergeltung hin zu „Jetzt-erst-Recht" geben.

Das Dilemma militärischen Führens lässt sich nicht auflösen. Die beschriebene Wucht der Erkenntnis, mit seinen Befehlen die eigenen Soldaten dem Risiko für Leib und Leben auszusetzen, kann nicht jeder Mensch aushalten. Sie führt daher, wie auch bei der QRF 3, zu psychischen Ausfällen – auch auf verschiedenen Führungsebenen. Darauf gilt es, sich einzustellen.

Für den militärischen Führer kommt es daher darauf an, vor seinen Soldaten und sich selbst bestehen zu können, indem er in der Vorbereitung, im Einsatz, im Gefecht und in kritischer Situation alles dafür getan hat, dass die unterstellten Soldaten den Auftrag erfüllen können und gleichzeitig die bestmöglichen Chancen haben, zu überleben.

Dazu gehört, sich als militärischer Führer dieses Dilemma immer wieder vor Augen zu führen, sein eigenes Handeln daran auszurichten und sich darauf einzustellen, dass die eigenen Befehle dazu führen werden, dass Soldatinnen und Soldaten zu Schaden kommen. Der Auftrag erfordert es auch, Risiken und Wagnisse einzugehen. Die Fähigkeiten des militärischen Führers entscheiden dabei wesentlich mit über den Ausgang des Gefechts, wohl auch über die Höhe der eigenen Verluste, nicht aber über die Unversehrtheit des Einzelnen. Wer unter allen Umständen Verluste vermeiden will, zaudert und verpasst den richtigen Moment der Entscheidung. Letztlich setzt er dadurch seine Soldaten höheren Risiken aus und wird die Verluste, die er vermeiden wollte, um-so bitterer erfahren. Nur wer dies für sich akzeptiert, auf Verluste eingestellt ist und gleichzeitig keinen Zweifel an der Entschlossenheit lässt, das Gefecht zu gewinnen, kann seine Truppe zum Erfolg führen.

Die Frage nach dem Platz des militärischen Führers hat sich für mich inzwischen auch beantwortet. Unverändert führt der Kommandeur von dort, wo er das Gefecht am Besten beeinflussen kann. In einem lang anhaltenden Einsatz gegen irregulär kämpfende Kräfte kann er jedoch nicht jeden Tag „draußen" sein, daher stellt sich diese Frage gerade in einem solchen Einsatz nicht nur aus taktischer Sicht. Für meine Soldaten war es wichtig zu wissen, dass ich „draußen" bei ihnen gewesen bin und mich der Gefahr ausgesetzt habe. Gleichzeitig haben mir die erfahrenen Unterführer aufgezeigt, wo die Grenzen des Risikos sind, das der Kommandeur auf sich nehmen darf, indem der Spieß für sie gesprochen hat.

Unverändert gilt also: „Wer führen will, muss Beispiel geben." Der Zugführer des bei Basoz und Suljani im Schwerpunkt kämpfenden Zuges sagt mir noch heute, eineinhalb Jahre nach dem Gefecht, dass es für ihn beruhigend war zu wissen, dass ich mit ihm und seinem Zug nur wenige Tage zuvor in diesem Raum gewesen war und daher das Gelände kannte, in das ich ihn und den Zug geschickt habe.

Anmerkungen:

[1] Während die Namen der betroffenen Soldaten nicht genannt werden, handelt es sich hier um eine Ausnahme, da Hauptfeldwebel Schultze in diesem Buch als Autor selber von seiner Verwundung schreibt.

[2] Die Schutz- und Infanteriekompanien des 19. und 20. Kontingents der deutschen Provincial Reconstruction Teams (PRT) in Kundus und Faisabad sowie die OMLT und die QRF 3 waren die ersten deutschen Kräfte, die regelmäßig im Gefecht standen. Es soll aber festgehalten werden, dass auch vorher bereits deutsche Soldaten besonders im Raum Kundus häufig im Feuerkampf gestanden hatten. 2009 entwickelte sich jedoch insgesamt eine neue Qualität. Die seitdem nachfolgenden Kräfte der PRT, OMLT, QRF und nunmehr AusbSchtzBtl erleben häufig ähnliche Gefechte.

2./QRF 5 – Task Force Baghlan: Kämpfer, Vermittler und Aufbauhelfer

Michael G. Andritzky

Anfang April 2010, Mazar-E-Sharif, Afghanistan. Vor etwa eineinhalb Wochen ist meine Kompanie im Einsatzland eingetroffen. Es geht betriebsam zu im Bereich der 2. Kompanie der Quick Reaction Force 5.

Der Auftrag durch den noch amtierenden Kommandeur QRF 4 wurde bereits gegeben: Schnellstmögliche Übernahme des Auftrags der Eingreifreserve am Observation Post (OP) North in der Unruheprovinz Baghlan, unweit von Pol-E-Khomri und circa 240 km ostwärts von Mazar-E-Sharif, durch ein Kompanieführungselement, einen Infanteriezug und weitere „Force Multiplier", zur Unterstützung der von afghanischen Sicherheitskräften (Afghan National Security Forces, ANSF) und ISAF gemeinsam geführten Operation Taohid II. Seit der Befehlsausgabe steht kein Rad mehr still. Die Vorbereitungen laufen auf Hochtouren.

Am 15.04.2010 kommt es in Baghlan, also genau den Raum, für den sich die 2. Kompanie vorbereitet, zu einem folgenschweren Gefecht, in dem vier deutsche Kameraden fallen, darunter Angehörige eines Operational Mentoring and Liasion Teams (OMLT). Betretene Gesichter bei nahezu allen Soldaten – jedem ist bewusst, dass Baghlan der Bereich sein wird, in dem wir die nächsten Wochen unseren Dienst verrichten werden.

Seit über einem Jahr hatten wir uns zu diesem Zeitpunkt bereits im Heimatland auf diesen Einsatz vorbereitet. Schon im *April 2009*, ein Jahr vor dem eigentlichen Einsatzbeginn, hatte unser Verband, das Gebirgsjägerbataillon 231, die Einsatzgliederung in Deutschland eingenommen. Alle sollten sich bestmöglich auf den härtesten Einsatz in der Geschichte des Bataillons vorbereiten. Unterstützung erhielten wir vom Panzergrenadierbataillon 122, das uns mit einem an Leistungsbereitschaft, -fähigkeit und Motivation herausragenden Panzergrenadierzug (PzGrenZg) verstärkte.

Im Rahmen der einsatzvorbereitenden Ausbildung stand die gesamte Palette möglicher Gefechtssituationen, aber insbesondere das „Verhalten in komplexen Situationen", also in einem Hinterhalt, der in der Regel mit einem gezielten IED-Anschlag ausgelöst wird, im Mittelpunkt. Aber auch andere

Themen wie Gefechtsmärsche oder der Umgang mit der Bevölkerung sowie den afghanischen Sicherheitskräften wurde intensiv geübt.

Im Februar 2010 kamen letztlich die Soldaten auf mich zu und teilten mit, dass es nun allmählich Zeit wird, „dass es jetzt los gehen sollte" – man sah sich wohl bestens vorbereitet und ausgebildet. Ein Moment, der vermutlich jedem Vorgesetzten ein angenehmes, beruhigendes Gefühl beschert. Und dennoch war es eine bislang unbekannte Empfindung, als es dann tatsächlich „los ging".

Juli 2010, OP North, Region Baghlan – Pol-E-Khomri. Die Kompanie hat zwischenzeitlich mehrfach ihre Feuertaufe bestanden. Verschiedene Gefechte waren zu bestehen. Der Auftrag wurde jedes Mal vollumfänglich durchgeführt, eigene Verluste waren glücklicherweise nicht zu beklagen. Meine Soldaten hatten schnell gelernt, dass nicht jede Bewegung außerhalb eines Feldlagers oder des OP North den sicheren Tod bedeutet. Ruhe, Überzeugung sowie Sicherheit im Auftreten und Handeln, hohe Professionalität waren in jeder Handlung zu sehen und zu spüren.

Das erste große Gefecht hat mich auch davon überzeugt, dass meine Männer im ersten Chaos eines jeden Kampfes einen kühlen Kopf bewahren. Äußerst beruhigend empfand ich, es zu sehen, dass meine Soldaten selbst unter direktem Mörser-, Panzerfaust (RPG)- und Maschinengewehr (PKM)-Feuer liegend, diszipliniert das gemeinsam Eingeübte abriefen. Auf die Männer war Verlass: Was für ein gutes und befriedigendes Gefühl war dies für mich als Kompaniechef. Es hat sich ein unsichtbares, nicht trennbares Band zwischen Führern und Geführten entwickelt, ein Band des gegenseitigen Vertrauens in das wechselseitige Können und in die Gemeinschaft. Dies ist für mich ein, wenn nicht der wesentliche Schlüssel zum Erfolg im Einsatz und ganz besonders im Gefecht.

August 2010, Dahande Shahabuddin, Afghanistan. Wir befinden uns im Bereich einer behelfsmäßigen Schule 1500 Meter südostwärts der Ortschaft Haft Aregh und 1400 Meter nordwestlich der Brücke, die später als Pauli-Brücke traurige Bedeutung erlangen soll. Wir sind im sogenannten Highwaytriangle: Dem Gebiet zwischen LOC[1] URANUS und PLUTO, das nördlich an Pol-E-Khomri angrenzt, über Monate als Rückzugsgebiet radikalislamischer Gruppierungen diente, und welches immer wieder für Angriffe auf meine Männer und mich, Verbündete und Zivilisten genutzt wurde.

Nach einer von uns gemeinsam mit ANSF geführten offensiven Operation im August ist das angesprochene Gelände nahezu komplett in der Hand der QRF und somit von ISAF. Sogenannte APRP (Afghan Peace and Reintegration Programm)-Kämpfer („Reintegratees") befinden sich mittlerweile in der Region Shahabuddin und versuchen ihrerseits im Zusammenwirken mit Kräften der QRF 5/Task Force Baghlan sowie der US Army die Stellung zu halten. APRP, das sind eher als gemäßigt zu bezeichnende ehemalige Angehörige der Hiszb-Islami Gulbuddin-Organisation (HIG) von Gulbuddin Hekmatyar, die nun auf Seite der Regierung gegen die Aufständischen ihre Heimatdörfer mit Zustimmung der Dorfältestenversammlung und des Provinzgouvaneurs verteidigen sollen.

In langen Gesprächen mit den Dorfältesten sowie mit den „Reintegratees", zunächst getrennt, später dann gemeinsam, wurde die Idee der neuen Vorgehensweise besprochen und der Versuch unternommen, alle Beteiligten von der nahezu historischen Möglichkeit zu überzeugen, sich endlich von der jahrzehntelangen Unterjochung nachhaltig zu befreien. Gleichzeitig musste allen Beteiligten vermittelt werden, dass gerade in der Anfangsphase eine hohe Frustrationstoleranz erforderlich ist. Nicht alles wird „wie am Schnürchen" verlaufen – wir müssen uns auch auf Rückschläge einstellen. Meine Soldaten waren überzeugt von der Richtigkeit der Installation von zusätzlichen Sicherheitskräften in der Peripherie der üblichen Sicherheitsinfrastruktur der ANSF. Selbst nach Abzug der ANSF aus dem Gebiet zu Beginn des Ramadan waren es meine mir unterstellten Soldaten, die, mitten im Feindgebiet eingesetzt und dabei über fast zwei Wochen von eigener landgestützter Versorgung sowie Verstärkung abgeschnitten, die Stellung bis zum Eintreffen der APRP weiter halten wollten. Die Soldaten hatten die Sinnhaftigkeit ihres Einsatzes erkannt und traten aktiv für dieses höhere Ziel ein.

Doch nicht nur wir wussten um die sich bietende Möglichkeit, den Einfluss des Feindes auf die Region nachhaltig zu stören bzw. gar zu unterbinden. Auch dem Feind war klar, dass eine erfolgreiche Einbindung des APRP ihren Einfluss wesentlich verschlechtern würde. Aus diesem Grund kam zwar der Angriff der Taliban nicht überraschend, Umfang und Koordination suchten jedoch ihresgleichen.

16. September 2010, Tag vor der Kommunalwahl, Highwaytriangle, Afghanistan. Der gut geplante Angriff der inzwischen auch aus Pakistan und anderen afghanischen Landesteilen eingetroffenen Aufständischen beginnt. Zwei Fahrzeuge der US-amerikanischen Infanterie fielen auf dem Weg zu den APRP-Kämpfern am Combat Outpost (COP) Shahabuddin IED-Anschlägen zum Opfer.

Zeitgleich drohte der Feind, die APRP-Kräfte im Bereich des COPs anzugreifen. Ein US-amerikanischer Infanteriezug wurde eingesetzt, um die APRP vor Ort zu verstärken. Der Vorstoß dieser US-Kräfte endete jedoch in den frühen Morgenstunden des darauf folgenden Tages bereits an der Brücke bei Kotub. Ein zäh verteidigender Feind verwehrte jegliches Überschreiten der Brücke durch ISAF-Kräfte.

Die Absicht des Feindes schien klar: Abschneiden der Reintegratees von der Unterstützung der ISAF-Kräfte, Abnutzung dieser ISAF-Kräfte im Bereich der Brücke bei Kotub sowie die Vernichtung aller Reintegratees, hier Schwerpunkt, um so das Reintegrationsprogramm im Bereich Baghlan im Keim zu zerstören.

Allen Beteiligten war bewusst, was dies bedeutete und worauf es nun ankam. Unverzüglich wurde die Stellung der mittlerweile stark abgekämpften Amerikaner mit einem Zug PzGren und einem Zug GebJg verstärkt.

Das Bild vor Ort verhieß nichts Gutes: Die Aufständischen hatten die Brücke bei Kotub gesprengt und griffen nun massiv die im COP eingesetzten Kräfte an. Der im COP verteidigende APRP-Kommandant, Commander Sher, mit dem wir ein knappes Vierteljahr täglich mehrfach in Verbindung standen und das APRP-Konzept gemeinsam in die Realität umsetzten, informierte uns per Telefon, dass er von Aufständischen umringt sei, und dass wir „um Gottes Willen" etwas unternehmen sollen, damit sie den Taliban nicht lebend in die Hände fallen. Kurz darauf war der Kommandant nicht mehr erreichbar.

Nach kurzer fernmündlicher Absprache mit dem COM QRF war klar: „2./QRF 5 greift sofort an und nimmt COP Shahabuddin, dazu:

➢ B (PzGren) bezieht sofort unter Aufrechterhaltung Flankensicherung Stellung bei Brücke Kotub, hält nieder Feind, so dass Panzerschnell-brücke Biber unter Feuer gelegt werden kann, bildet danach Brücken-kopf jenseits Baghlanfluss, hier SP, und weitet diesen aus, um im An-schluss daran weiter auf Befehl Richtung COP anzugreifen.

➢ A (GebJg) folgt B, nimmt auf Biber und weist diesen Einsatzort zu, stellt sich darauf ein, im engen Zusammenwirken mit Kräften Blacks-heep auf Befehl auf COP anzugreifen;

> C (GebJg) führt nach Biber und stellt sicher Offenhalten Anmarschweg sowie Sicherung Schnellbrücke.

Ich befinde mich zwischen B und A!"[2]

Obwohl die Aufständischen wohl nicht mit einer derart schnellen Überschreitung der gesprengten Brücke gerechnet hatten, verteidigte der Feind in diesen Stunden äußerst hartnäckig und wich nur zum Stellungswechsel aus seinen Stellungen. Nur langsam kamen wir, von Hinterhaltstellung zu Hinterhaltstellung kämpfend, voran.

Am darauf folgenden Tag war der COP wieder genommen und konnte einen weiteren Tag später erfolgreich gegen einen Angriff der Aufständischen verteidigt werden.

Doch das Bild, dass sich am COP bot, war an Grausamkeit nicht zu überbieten: Zerfetzte Leichen sowie teilweise hingerichtete Verwundete unserer APRP-Kameraden, einschließlich des Commander Sher, waren über das gesamte Gelände verteilt. Wieder hatten die APRP den größten Blutzoll zu zahlen – doch dem Großteil war es gelungen, auszuweichen. Diese waren unverändert dazu bereit, das Reintegrationsprogramm am Leben zu erhalten und den COP wieder zu besetzen. Zu diesem Zeitpunkt haben meine Soldaten durch ihren mutigen und tapferen Einsatz die einschneidende Möglichkeit am Leben gehalten, dauerhaft die Bewohner der Region Shahabuddin von Tyrannei und Fremdbestimmung zu befreien.

10. Oktober 2010, Mazar-E-Sharif, Afghanistan. Mit dem Gefühl, in den zurückliegenden sechs Monaten tatsächlich etwas bewegt zu haben, verabschiedeten wir uns aus dem Land, das jeder auf seine individuelle Art und Weise kennen, hassen, aber auch lieben gelernt hat.

Die Ausbildung im Heimatland hat uns bestmöglich auf den herausfordernden Einsatz vorbereitet – nur wenig würden wir im Nachhinein ändern. Jeder wusste zu Beginn des Einsatzes, dass auf seine Kameraden und Vorgesetzten Verlass war. Auch auf die uns im Einsatzland zur Verfügung gestellte Ausrüstung, die übrigens im internationalen Vergleich seinesgleichen sucht, konnte man vertrauen.

So bleibt abschließend festzuhalten: Das Gefecht bestimmte den Einsatz wesentlich. Die Soldaten rechneten stets mit Angriffen und verhielten sich der Lage angepasst. Von besonderer Wichtigkeit in der Operationsführung war, nicht in einem übertriebenen Sicherheitsgedanken zu verfallen, sondern als Helfer und Freund des afghanischen Volkes auch Risiken einzugehen. Dies stellte gerade zu Beginn des Einsatzes eine erhebliche Herausforderung dar, die oftmals einen Spagat zwischen Sicherheit und Offenheit erforderte. Zunehmende Erfahrung ließ entsprechende Entscheidungen dann leichter treffen.

Trotz widrigster Umstände, inmitten eines Rückzugsgebietes der Aufständischen, wochen- und monatelang außerhalb von bis dahin üblichen Einsatzliegenschaften und dabei nur mit einfachsten Unterkunftsmitteln (Plane) eingesetzt zu sein, konnte die Kompanie bestehen. Prägende Erlebnisse schweißten die Soldaten zu einer verschworenen Gemeinschaft zusammen. Mit Stolz und der Überzeugung, etwas Gutes geleistet zu haben, blicken wir auf unseren Einsatz, der uns auf ewig verbinden wird, zurück und verbleiben mit dem Wahlspruch der 2./QRF 5 „ruhig, bescheiden und konsequent!"

Anmerkungen:

[1] LOC – Lines of Communication - Verbindungsstraße

[2] Auszug aus Gefechtsbefehl KpChef 2./QRF 5 vom 17.09.2010

Führen unter Feuer

Stefan Schultze

„Wir ziehen ins Gefecht!". Diese Worte des Kommandeurs meines Einsatz-
verbandes, der Quick-Reaction-Force des Regional Command North in Afghanistan, Herrn Oberstleutnant Hans-Christoph Grohmann, sollten mir ihre
wahre Bedeutung erst viel später offenbaren.

Doch war es genau diese Ehrlichkeit und diese realistische Beurteilung
der Lage, welche uns geholfen hat, das Kommende zu meistern. Die Aufgabe
des militärischen Vorgesetzten und Führers ist es, durch Kompetenz, Ehrlichkeit, Ruhe, Gelassenheit, Ernst und Fürsorge die Soldaten zu einer Einheit
zusammen zu schweißen. „Übe, wie Du kämpfst!" war unsere Maxime während der gesamten Einsatzvorbereitung. Sie führte dazu, dass wir in langen und
intensiven Gefechten bestehen konnten. Sicherlich war auch das notwendige
Quentchen „Kriegsglück" dabei, aber einen nicht unerheblichen Anteil an unserem Erfolg spreche ich unserer inneren Einstellung und dem damit verbundenen Zusammenhalt zu. Sie erwirkte eine Professionalität, die uns auch das
„Führen unter Feuer" leicht machte.

Befehle

Jede Operation beginnt mit einer Befehlsausgabe. Hier wird der Grundstein für
den Erfolg der Operation gelegt. Eine gute und vor allem rechtzeitige Befehlsausgabe ersetzt eine Vielzahl an Funksprüchen während des Gefechts.

Der militärische Führer muss sich stets der Tragweite seiner Befehle,
Entschlüsse und Entscheidungen bewusst sein sowie seiner Verantwortung
gegenüber seinen Soldaten. Während der Befehlsausgabe ist Zeit genug, um
alle Unklarheiten zu beseitigen. Vor unserer ersten Operation schaute ich in die
Augen meiner Soldaten und erkannte ihre Nervosität. Für rund 60 Prozent der
Soldaten meines Zuges war es der erste Einsatz. Diese Nervosität und Unsi-
cherheit konnte ich den Soldaten nur durch ruhige Ausstrahlung, sicheres Auftreten, klare Befehle und ehrliche Antworten nehmen. Ich habe stets bei meinen Soldaten und Soldatinnen versucht, das Vertrauen in die eigene Leistungsfähigkeit zu fördern und ihr Selbstbewusstsein zu stärken. Trotz allem war
immer die Frage zugegen „Habe ich an alles gedacht?".

Die größte Gefahr besteht in der Routine. Worte wie: „Wir machen das wie immer…!" sind gefährlich für das Leben der Soldaten und für das Vertrauen der Soldaten in die Führungsqualität des militärischen Vorgesetzten. Jeder militärische Führer muss sich selbst dazu anhalten, besagter Routine mit Konsequenz und Selbstdisziplin zu begegnen.

Im Gefecht

Befehle hängen im Einsatz unmittelbar mit Leben und Tod zusammen. Welches Fahrzeug fährt voran? Wer stürmt als Erstes? Diese Entscheidungen müssen getroffen werden. Wir müssen uns jedoch ständig über die möglichen Konsequenzen im Klaren sein. Mein Bestreben war es, dieses Bewusstsein auch bei meinen Gruppenführern zu fördern.

Am 07.08.2009, ca. 3000 m westlich von KUNDUZ, standen wir im Feuerkampf. Wir setzten dem Feind nach und mussten dazu auch Teile einer Ortschaft durchqueren. Der einzig mögliche Weg war gerade breit genug für einen Pkw. Kurz nach einem Wegeknick stand ein solches, verlassenes Zivil-Kfz auf diesem Weg. Wir mussten dort vorbei. Ich befahl zwei Soldaten der ersten Gruppe zur Kontrolle des Fahrzeugs vor. Der Gruppenführer dieser Gruppe, OFw Christopher T., meldete sofort „Ich gehe…!". Führen von vorn. Das ist es, was ich von meinen Gruppenführern verlangt habe, und auch selbst immer versuchte habe, vorzuleben. Mit einem weiteren Soldaten seiner Gruppe führte er die Kontrolle durch. Es war leer und unverschlossen. Wir konnten den Auftrag weiter durchführen. Wenn das Gefecht läuft, wird nur noch das abgerufen, was geübt und befohlen wurde. Jetzt zeigt sich der tatsächliche Zusammenhalt des Zuges und der damit verbundene Kampfwert. Kein Soldat hat gezögert. Mut und Zuversicht sprach aus den Gesichtern. Der Zug hat funktioniert.

Bei allem Kampfesmut und Willen zur Auftragserfüllung der Soldaten, so muss man sich doch bemühen, dass das Gefecht nicht zur Selbstverständlichkeit oder etwa gewöhnlich wird. Weder für die unterstellten Soldaten, noch für einen selbst. Menschlich bleiben und die Achtung vor dem menschlichen Leben sollten nicht in Vergessenheit geraten. Keiner meiner Soldaten hat Kerben in seine Schulterstütze geritzt oder Striche an seinen Helm gemalt.

In einer Gefechtspause nach intensiven Kämpfen, in deren Verlauf wir dem Feind empfindliche Verluste zugefügt hatten, wurde durch die mit uns gemeinsam operierende afghanische Polizei (ANP) und dem Feind ein zeitlich begrenzter Waffenstillstand ausgehandelt. Dem Feind wurde Zeit gegeben, seine Toten und Verwundeten vom Gefechtsfeld zu bergen. Ich erinnere mich an die Empörung bei meinen Soldaten und auch zunächst bei mir. Unverständnis war die erste Reaktion. Nach einer kurzen Zeit der Besinnung wich dieses Unverständnis jedoch dem Gefühl der Menschlichkeit. Ich sprach mit meinen Gruppenführer, diese mit ihren Soldaten. Am Kopfnicken der Soldaten erkannte ich deren Verständnis. Doch die Toleranz meiner Soldaten und mir wurde an diesem Tag noch einmal auf die Probe gestellt. Ein Fahrzeug der feindlichen Kräfte passierte unsere eigenen Reihen. Es fuhr mitten durch unsere Stellungen. Das Fahrzeug war beladen mit schwer verwundeten Feindkräften. Sie mussten uns passieren, denn wir hatten den einzigen Weg Richtung KUNDUZ und somit den einzigen Weg Richtung ärztlicher Versorgung für den Feind unter Kontrolle. Misstrauisch, aber verständnisvoll ließen wir das Fahrzeug, nachdem es kontrolliert war, durch. Niemand zeigte Häme oder machte sich über den Feind lustig, gleichwohl wir alle in dem Moment uns ihm überlegen fühlten. Achtung vor menschlichem Leben ließ uns Mensch bleiben.

Nach dem Gefecht

Das Gefecht endet nicht mit dem Brechen des letzten Schusses. Es endet auch nicht nach Rückkehr in das Lager.

Die Nachbesprechung des Auftrages ist wichtiger Bestandteil jeder Operation. Welche Beobachtungen wurden gemacht? Welche Schwierigkeiten gab es? Welche Maßnahmen haben sich bewährt, welche nicht? Es hat sich gezeigt, dass es zweckmäßig ist, den Soldaten Zeit zu geben, zunächst über die gewonnenen Eindrücke nachzudenken. Denn erst nach Rückkehr in das Lager wird man sich des Erlebten bewusst. Man realisiert erst jetzt, was alles passiert ist. Für einige Soldaten sind diese Eindrücke jedoch zu viel, um alleine damit zu Recht zu kommen. Vielen tut die Nachbesprechung gut, denn sie merken, dass es anderen Soldaten ebenso geht. Die meisten sind sehr leicht zu stabilisieren. Schnell kommt das Lächeln und die Zuversicht wieder in ihre Gesichter zurück. Einige wenige Soldaten jedoch haben das direkte Gespräch mit mir gesucht und haben sich offenbart: „Hauptfeldwebel, es geht nicht mehr!" Nur zwei Soldaten musste ich persönlich ansprechen, denn in ihren leeren Augen konnte ich ihre Erschöpfung sehen. In meinem Zug hatte ich schon vor den ersten Gefechten jeden Soldaten aufgefordert, sich mir anzuvertrauen, wenn die Belastungen zu groß wurden. Ich bot, neben meiner Hilfe, die Hilfe des Truppenpsychologen und des Militärgeistlichen an. Mir war bewusst, dass dazu von dem Soldaten eine Hemmschwelle überwunden werden musste und so sicherte ich jedem zu, dass niemand als „Drückeberger", „Weichei" oder Ähnlichem bezeichnet werden würde, sondern er sich der Unterstützung des gesamten Zuges sicher sein konnte. Auch diese Maßnahmen haben funktioniert. Stolz kann ich sagen, dass alle Soldaten durch ganz unterschiedliche Maßnahmen wieder aufgefangen wurden. Jedem Einzelnen geht es bis zum heutigen Tage gut.

Wenn plötzlich einer fehlt – Verwundung im Gefecht

Es gibt Geländeabschnitte im Raum KUNDUZ, wo man sich sicher sein kann, dass etwas passieren wird, wenn der Auftrag ihn dort hinführen wird. Nur wann es passiert, weiß man nicht. Die LOC BANANA, welche von KUNDUZ Richtung Westen führt, ist ein solcher Geländeabschnitt.

Am 07.08.2009 führte ein Auftrag uns auf genau diese LOC. Im Verlauf der Operation bekamen die unmittelbar hinter meinem Zug eingesetzten afghanischen Polizisten Beschuss aus nördlicher Richtung. Feind in Stärke von ca. sechs Mann wurde aufgeklärt. Das Gelände war unübersichtlich und der Feind wirkte aus dem Bereich einer Ortschaft auf uns. Mit zwei Halbzügen ging ich links- und rechtsumfassend um die Ortschaft vor. Ich ließ mir die Stellung der vordersten Teile des anderen Halbzuges durch Abschuss der Signalpistole anzeigen. Wir waren etwa auf gleicher Höhe. Verbindung wurde hergestellt, die Sicherung wurde eingenommen, eine Lagemeldung an meinen Kompaniechef abgesetzt. Bei der Kontrolle der Sicherung klärte ich zwei nicht einsehbare Bereiche auf. Ich entschloss mich, selbst vor zu gehen, um mir so eine Übersicht über das Gelände zu verschaffen. Plötzlich klärte ich eine Bewegung im Schatten eines Busches auf: Feindlicher Schütze in Stellung. Er eröffnete unmittelbar das Feuer. Ich wurde am rechten Arm getroffen. Mein Sicherer bekämpfte selbständig den Feind. Zusammen wichen wir aus, wurden durch meine anderen Soldaten aufgenommen. Die Verwundung war „mittelschwer", aber der Blutverlust hoch. Ich teilte die Sicherung ein, befahl, was zu melden ist. Ich selbst war sehr ruhig und versuchte, auch meine Soldaten zu beruhigen, ihnen die Nervosität zu nehmen. Ich machte sogar Witze. So gut es ging, unterstützte ich die Wundversorgung, sagte meinen Soldaten, wo sie zudrücken mussten und wo die Infusion gesetzt werden sollte. Als mein Sanitätstrupp mich erreichte, war ich bereits versorgt. Die Blutung war gestillt, Schmerzmittel verabreicht, die Infusion lief. Erst auf der Rückfahrt in das PRT wurde mir die gesamte Tragweite dieser Verwundung bewusst: „Ich kann doch jetzt meinen Zug nicht alleine lassen! Der Einsatz geht doch noch mindestens 2 Monate! Wie soll das ohne mich funktionieren?" Im Feldlazarett hatte ich genügend Zeit, weiter darüber nachzudenken. Schlussendlich war ich mir sicher: „Meine Soldaten schaffen das! Meine Gruppenführer schaffen das! Auch ohne mich!". Das war es auch, was ich meinem KpChef und meinem KpEinsOffz gesagt habe. Ich bin froh, dass sie mir vertraut haben, denn Sie haben meinen Zug keinem neuen, unbekannten Führer unterstellt. Meine Soldaten erzählten mir später, dass, nachdem der erste Schreck sich gelegt hatte, alle der Meinung waren: „Jetzt erst recht!" Sie haben den Einsatz und die Gefechte, die noch folgen sollten, ohne weitere Ausfälle bestanden. Wir zogen in das Gefecht! Auch weiterhin alle gemeinsam. Denn im Geiste war ich bei meinen Soldaten und Soldatinnen.

Schluss

In Deutschland verlief meine Genesung zügig, aber nicht schnell genug, als dass ich zu meinem Zug in das Einsatzland zurückkehren konnte. Jedoch ließ ich es mir nicht nehmen, jeden Soldaten am Flughafen persönlich abzuholen. Mein Einsatz endete erst, nachdem auch der letzte meiner Soldaten wieder in der Heimat gelandet war.

Erst viel später fand ich eine Textpassage, welche meine innerste Überzeugung und Einstellung sehr gut beschreibt. Mir ist nicht bekannt, von wem diese Worte stammen, gleichwohl möchte ich sie hier als Schlusswort anführen: „Die wichtigste Voraussetzung für eine menschliche Führung ist die unermüdliche und dauernde Fürsorge des Vorgesetzten für seine Untergebenen. Er muss erreichen, dass alle Untergebenen zu ihm volles Vertrauen haben und genau wissen, dass er ihr bester Kamerad ist. Die Mannschaft soll ihn lieben. Insbesondere müssen Zug- und Kompanieführer immer ihren Mannschaften ein Vorbild und Beispiel sein. Je vernünftiger, überlegter und warmherziger eine Truppe geführt wird, umso stärker ist ihr innerer Zusammenhalt und Kampfwert. Ich bitte alle Vorgesetzten, sich dauernd und mit tiefem Ernst zu bemühen, ein solches Verhältnis in der Truppe zu schaffen."

Führen unter unklaren Rahmenbedingungen

Kai-Achim Schönbach

Es ist Nacht, der 05. April 2009, ein deutsches Kriegsschiff im Indischen Ozean. Die Fregatte „Mecklenburg-Vorpommern" befindet sich auf dem Marsch von Muskat, der Hauptstadt des Oman, in Richtung Djibouti. Das Schiff ist am Vortag aus der arabischen Hafenstadt ausgelaufen und läuft nun dem letzten Stützpunkt im Einsatzgebiet der Operation „ENDURING FREEDOM (OEF)" zu, bevor es sich wieder auf dem Heimweg nach Deutschland machen soll. Nahezu sechs Monate sind vergangen, seitdem die Besatzung sich im November 2008 von ihren Angehörigen in Wilhelmshaven verabschiedet hat. In dieser langen Zeit ist viel geschehen.

Schon früh im Jahr hatten die verschiedensten Vorbereitungen für den Einsatz begonnen, Übungen in See, Gefechtsschießen, Notrollen, Sanitätstraining u.v.m. Neben den materiellen und organisatorischen Vorbereitungen im Vorfeld des Einsatzes spielte aber vor allem die gezielte Information über die Umstände am „Horn von Afrika", Landeskunde und die Bedrohung der internationalen Schifffahrt durch die Piraterie eine besondere Rolle. Dazu wurde die Besatzung an mehreren Tagen ganz bewusst abseits des Schiffes in einem Briefinggebäude des Stützpunktes Wilhelmshaven zusammengezogen, um sie intensiv auf den Einsatz vorzubereiten. Mir kam es als Kommandant darauf an, dass jeder, auch der jüngste Matrose an Bord, verstand, warum wir dorthin fahren, was unser Auftrag ist, aber auch, welche Gefahren in See und an Land herrschen. Bereits da, obgleich deutlich gemacht wurde, dass es nicht zu unserem eigentlichen „Aufgabenpaket" gehörte, interessierte sich die große Mehrheit der Besatzung für das Thema Piraterie. Vor allem die Fragen: „Was dürfen wir? Wann dürfen wir eingreifen? Was machen wir, wenn wir oder andere angegriffen werden?" beschäftigten die Besatzung. Das Briefingteam erläuterte eingehend die „ROE-Situation", sprich: die Verhaltensregeln für den Einsatz, unterstützt durch die Rechtsberater der Flotte und des Einsatzführungskommandos.

Rückschauend weiß ich, wie wertvoll und, mit Blick auf die unerwarteten Entwicklungen zum Ende unseres Einsatzes, wie hilfreich gerade diese Stunden in diesem muffigen Unterrichtssaal waren. Das Mitnehmen und Einstimmen der Frauen und Männer nicht nur generell auf den Einsatz, sondern

232

auf die kritischen Situationen, selbst wenn sich daraus keine Kampfhandlungen an sich entwickeln sollten, war der Schlüssel zum späteren Führungs- und Innere Führungserfolg vor der somalischen Küste.

Am 03. November liefen wir schließlich aus in Richtung Englischer Kanal. Nach dem Verlassen der deutschen Gewässer marschierte die Fregatte „Mecklenburg-Vorpommern" entlang der europäischen Westküste, durchquerte die Straße von Gibraltar und erreichte endlich am Abend des 14. November 2008 Port Said, den nördlichen Eingang des Suez-Kanals. In derselben Nacht ging sie Anker auf und durchfuhr den eindrucksvollen Wasserweg durch die Wüste, um am 19. November schließlich den Hafen von Djibouti anzulaufen, den Hauptstützpunkt der Deutschen Marine im Indischen Ozean.

Die Aufgabe für die Einheiten im OEF-Einsatz war klar – die Kontrolle des Seeverkehrs zwischen der arabischen Halbinsel und dem afrikanischen Kontinent. Dazu sollten die Marineschiffe alle Fahrzeuge in ihrem Bereich nach einem vorgegebenen Fragebogen interviewen, um herauszufinden, ob sie Waffen, Drogen oder andere „verbotene" Bannware transportierten. Waren, die von terroristischen Organisationen zur Finanzierung ihrer Aktivitäten in entsprechende Absatzländer der Region verschifft werden sollten. Gab es dabei Unstimmigkeiten mit Informationen, die uns aus dem Hauptquartier in Bahrain zur Verfügung gestellt wurden, oder gab es andere Verdachtsmomente, sandten wir unser eigens eingeschifftes Boarding-Team der „Spezialisierten Einsatzkräfte Marine (SEKM)" an Bord des zu untersuchenden Schiffes und kontrollierten Ladung und Papiere. War alles in Ordnung, zog sich das Team zurück, und das Schiff konnte seine Fahrt fortsetzen. Traten hingegen weitere Probleme auf, konnte das Schiff in besonderen Fällen in einen sicheren Hafen umgeleitet werden, um dort von Spezialisten durchsucht zu werden. Dazu kam es in den seltensten Fällen.

Doch schon kurz nach dem Eintreffen der „Mecklenburg-Vorpommern" in den zugewiesenen Gewässern sahen wir uns einer ganz anderen Herausforderung, einem ganz anderen Gegner gegenüber – Piraten. Doch die Lage und befohlene Vorgehensweise für die sich im mandatierten Einsatz von „OEF" befindlichen Schiffe war eindeutig, und im Besonderen galt dies für die deutschen Einheiten. Nur im Notfall und auf den Hilferuf eines bedrängten Schiffes hatten wir das Recht zu reagieren. Wir durften nicht eigeninitiativ gegen Piraten vorgehen, selbst wenn ihre Identität eindeutig bewiesen war. Dieser Umstand führte in der Folge zu den skurrilsten Situationen, in denen zwar

Piraten durch das Erscheinen des Schiffes oder des vorausgeschickten Hubschraubers von der Kaperung eines Schiffes abgehalten wurden, trieben sie dann aber im Wasser, stellten sie keine unmittelbare Gefahr mehr für das betroffene Schiff dar und durften von „OEF-Schiffen" nicht weiter verfolgt werden. Es kam manchmal soweit, dass die Piraten von einem Schiff abließen und vor einem Kriegsschiff flohen. Nach einer gewissen Zeit hatten sie aber nicht mehr ausreichend Kraftstoff, um an die Küste zurückzufahren. Ihr „Status" als Piraten änderte sich dann in den des „Schiffbrüchigen auf See". Somit waren die Schiffe der Koalition wiederum verpflichtet, aus humanitären Gründen Unterstützung zu leisten. Eine Vorgehensweise, die auch an Bord unseres Schiffes von großen Teilen der Besatzung nicht verstanden und zuweilen scharf kritisiert wurde. Regelmäßig wurde daher die Schiffsführung von Besatzungsmitgliedern oder auch offiziell von den Vertrauenspersonen angesprochen, ob wir nicht anders reagieren sollten und auch müssten.

So hatten wir vor dem Auslaufen wie auch auf dem Marsch ins Einsatzgebiet die Besatzung zwar eingehend über die Einsatzregeln gebrieft und auch stets versucht, über den reinen Text der ROE hinaus die dahinter stehende Absicht zu verdeutlichen. Doch angesichts mancher Situation in See waren nicht alle Besatzungsangehörigen zu erreichen. Ein Ereignis kurz vor Weihnachten 2008 führte zu einer nachhaltigen Verbesserung der Gemütslage und auch zu einer nicht zu unterschätzenden Stärkung des Bewusstseins der Besatzung, „etwas tun und erreichen zu können".

Im Zuge der Patrouille in einem zugewiesenen Sektor vor der jemenitischen Küste beobachteten wir mehrere, mit hoher Geschwindigkeit fahrende Boote. Sie hatten sich noch im Dunst der Morgenstunden aus den Hoheitsgewässern des arabischen Landes gelöst und rasten nun Richtung Süden auf den vor der Küste gelegenen Hauptverkehrsweg für Seeschiffe zu. Wir nahmen mit einem Abstand von 2-3 Meilen (ca. 5 km) die Verfolgung auf. Bei der Analyse des Lagebildes und der Radarinformationen fiel uns auf, dass die Boote auf das sich aus dem Süden nähernde Kreuzfahrtschiff „Astor" zuhielten. Als dies eindeutig war, erhöhten wir die Fahrt und legten uns zwischen die Kreuzfahrer und die vermeintlichen Piraten. Diese reagierten auf keine Anrufe unsererseits, vielmehr liefen sie nun mit hoher Fahrt auf unser Schiff zu – da ließ ich das Feuer eröffnen. Es wurden mehrere Warnschüsse in ihre Richtung abgegeben, woraufhin die Boote kehrt machten und in die jemenitischen Gewässer zurückfuhren.

Diese kurze Episode stärkte die so wichtige Moral der Besatzung, aber auch das Vertrauen in die Führung, dass wir uns bei Gefahr wirklich verteidigen würden. Es waren die ersten scharfen Schüsse eines deutschen Kriegsschiffes im Einsatz seit dem Zweiten Weltkrieg.

Auch in den kommenden Monaten hatten wir ähnliche Erlebnisse, hinderten einige Piratentrupps an der Kaperung von Schiffen, retteten Schiffbrüchige aus Seenot, konnten aber auch mit den Ergebnissen unseres eigentlichen Auftrags (OEF) sehr zufrieden sein. Im Januar 2009 übernahmen wir die Aufgaben als Flaggschiff OEF des nun an Bord eingeschifften deutschen Seebefehlshabers. Wir boardeten zahlreiche Schiffe und konnten somit die Aufklärung im Gebiet deutlich verbessern. Aber wir stellten auch Boote mit Drogen an Bord und konnten so ganz konkret etwas gegen die Finanzierung des Terrorismus tun.

Nach diesen angefüllten, herausfordernden Monaten freute sich nun die Besatzung auf die Heimreise und zugleich auf einen erlebnisreichen Zwischenhalt in Lissabon, bevor wir schließlich die Molenköpfe unseres Heimathafens passieren sollten. Doch es sollte ganz anders kommen.

An diesem besagten schönen Sonntagmorgen des 05. April wurde ich sehr früh von einem Mitglied des Stabes angerufen, ich möge bitte sofort zum Kommandeur kommen, es gäbe eine neue Entwicklung. Nun, „was könnte schon passiert sein?", fragte ich mich und suchte den Admiral in seiner Kammer auf. Dort saß er im Kreise einiger ausgewählter Abteilungsleiter seines Stabes und hieß mich mit sorgenvollem Blick willkommen. Er berichtete von der Lage des deutschen Frachtschiffes „Hansa Stavanger", das am Vortag durch Piraten vor der somalischen Küste gekapert worden war. Sofort schoss mir der Gedanke durch den Kopf: „Jetzt müssen wir ran!" Und, in der Tat, der Admiral skizzierte erste Gedanken der Führung in Berlin, welche Einheiten im Indischen Ozean stünden und bei möglichen Aktionen in Frage kämen.

Das Frachtschiff „Hansa Stavanger" gehörte einer Hamburger Reederei und war schon seit einiger Zeit an der ostafrikanischen Küste im Einsatz. Wir selbst hatten mit unserer Fregatte für einige Tage gemeinsam mit ihr in der kenianischen Hafenstadt Mombasa gelegen und kannten insbesondere einige der deutschen Besatzungsangehörigen aus dieser Zeit. Insofern fühlte man sich sogleich ein wenig selbst betroffen.

Die morgendliche Zusammenkunft mit dem Admiral hatte zu diesem Zeitpunkt noch keine konkreten Hinweise auf die kommenden Wochen geliefert. Es war lediglich bekannt, dass der Frachter auf seinem Weg nach Mombasa 400 Meilen (ca. 700 km) vor der somalischen Küste gekidnappt worden sei und nun auf dem Weg nach Haradere, einem kleinen Hafen an der somalischen Küste, gelotst würde. Ich entschied mich, lediglich den Ersten Offizier, den Wachtmeister und den Sprecher der Vertrauenspersonen über die Möglichkeit eines Einsatzes vor der somalischen Küste zu informieren. Doch schon zwei Stunden später bat mich der Kommandeur um ein neuerliches Gespräch. Die Entscheidung sei gefallen, Fregatte „Mecklenburg-Vorpommern" solle zur „Hansa Stavanger" laufen, sie beschatten und ggf. Unterstützung leisten. Also, Kurs Süd, mit dem Zwischenziel Versorgung in See mit einem militärischen Tankschiff, das ebenfalls auf uns zulief. Wir brauchten Kraftstoff, zudem musste ein Teil der Besatzung und des Stabes abgegeben werden, der mit dem Ende der Operation „Enduring Freedom" ohnehin in Djibouti von Bord gegangen wäre.

Das Entscheidende war jetzt, diese neue Entwicklung mit ihren bis dahin unabsehbaren Folgen der Besatzung mitzuteilen. Ziel war ja gewesen, den Einlauftermin in Wilhelmshaven im Mai zu halten. Ein Nichteinlaufen in Lissabon auf dem Weg nach Hause wäre zwar nach den anstrengenden Monaten zu verschmerzen gewesen, aber ein verspätetes Einlaufen in der Heimat – das tut jedem Seemann weh.

Also rief ich zunächst den Ersten Offizier zu mir und sprach die nächsten Schritte mit ihm ab. Als Erstes sollten die Vertrauenspersonen informiert werden. Unabhängig von allen Lehren, die man aus der Inneren Führung ziehen mag oder welche Empfehlungen von verschiedensten Seiten gegeben werden, das Vorab-Einbeziehen dieses Besatzungsteils war in dieser Lage und auch später immer der richtige Schritt gewesen. Ich machte ihnen die Lage klar und versuchte, soweit ich das zu diesem Zeitpunkt beurteilen konnte, aufzuzeigen, was möglicherweise auf uns zukommen könnte. Als Soldaten denken wir stets in den sog. „worst-case-Szenarien", sprich: was könnte als schlimmster Fall eintreten. So sah ich dann auch, wie sich die Mienen verfinsterten, als ich erklärte, dass wir möglicherweise den gedachten Fahrplan nicht würden halten können. Aber ich konnte auch feststellen, dass alle diese neue Aufgabe, was immer auch kommen möge, als Herausforderung, auch als Verpflichtung sahen. Ich bat alle Anwesenden, die gleich von mir im Anschluss geplante Durchsage in ihren Messen und Wählerkreisen argumentativ zu begleiten.

Als wir aus dem Besprechungsraum traten – es war Reinschiffzeit – , hatten sich einige Besatzungsmitglieder in der Nähe für alle möglichen Tätigkeiten einteilen lassen, um erste Informationen „abzugreifen". Natürlich war schon das eine oder andere bekannt geworden, obgleich keiner wirklich genau wusste, was geschehen war. So traf dann die Durchsage den Einen oder Anderen wie ein Hammerschlag. Aber der zweite, noch härtere Schlag war der Befehl zur Kontaktsperre für alle Besatzungsangehörigen. Empfangen von Nachrichten – Ja, Versenden von E-Mails, Briefen oder das Führen von Telefonaten zu privaten Zwecken – Nein. Hintergrund dieser Entscheidung war die Sorge der vorgesetzten Dienststellen in Deutschland, dass durch Mitteilungen von Besatzungsangehörigen letztlich die Medien zu früh über Planungen militärischer Aktionen erfahren könnten und somit die Crew der „Hansa Stavanger" gefährdeten. Die Folgen dieser Sperre sollten in den kommenden Wochen ein zunehmendes Problem werden, das wir auf verschiedenste Art versuchten zu entspannen, aber letztlich nicht vollends auflösen konnten.

So fuhren wir zunächst weiter mit Höchstfahrt in Richtung somalischer Küste, gaben der Besatzung, soweit dies möglich war, Gelegenheit, ohne zu viel Routinedienst, sich mit der Situation zu arrangieren. Neben den unzähligen Gesprächen, die ich mit Stellen in Berlin führte, waren es die jetzt viel wichtigeren Beratungen mit den Vertrauenspersonen, aber auch die direkten Einzelgespräche mit den Männern und Frauen an Bord, die wissen wollten, wie es weiter gehen sollte und vor allem wie lang. Wir konnten zu diesem Zeitpunkt keine klaren Antworten geben, da wir ehrlicherweise selbst nicht wussten, was im Einzelnen mit uns geplant war.

Spannend wurde es, als wir kurz vor Erreichen unserer Zielposition von Land aus mit zusätzlichen Kräften verstärkt wurden, die der Besatzung auch ohne weitere Erklärungen deutlich machten, „das wird noch lange dauern, bis wir hier weg können". Schließlich erreichten wir die „Hansa Stavanger". Es waren mittlerweile einige Tage vergangen, der Großteil der Besatzung hatte sich mit der Entwicklung der Ereignisse abgefunden. Als Schiffsführung musste es uns möglichst gelingen, die Frauen und Männer für die anstehenden Aufgaben zu begeistern oder zumindest aufkeimenden Unmut in andere Bahnen zu lenken. Eine Besatzung nach fünf Monaten im Einsatz, bereits auf der Heimreise befindlich, für unbestimmte Zeit, möglicherweise einige Wochen, dabei ohne genaue Kenntnis über das Vorhaben, zu motivieren, war, so musste ich feststellen, alles andere als eine leichte Aufgabe.

Zunächst aber konnten wir nichts weiter tun als warten, Wache gehen und Routineaufgaben erledigen. Es war bereits Mitte April, die Tage und Nächte wurden immer heißer und wir lagen in noch-eben-Sichtweite des Frachters, ohne etwas tun zu dürfen. Weil wir den Versorgungsstopp in Djibouti nicht hatten durchführen können, informierte mich die Schiffsversorgung, dass uns in einigen Bereichen, wie Frischwaren, Gemüse und Getränke binnen Kürze die Vorräte ausgehen würden, wenn wir nicht von irgendwoher Nachschub bekämen. Na wunderbar, das auch noch! Es half nichts, wir mussten uns einschränken, Wasser wurde rationiert, alles Verderbliche so verarbeitet, dass wir noch ein paar Tage etwas davon hatten, Fleisch sparsam verbraucht. Hinzu kam, dass wir durch die hohen Fahrtstufen der vergangenen Tage auch mit dem Kraftstoff haushalten mussten. Ich entschloss mich, das Schiff südöstlich in Sichtweite der „Hansa Stavanger" aufzustoppen, die Maschinen abzuschalten und uns durch die entlang der Küste verlaufende nördliche Strömung bis zur Sichtweitengrenze im Nordosten des Frachters treiben zu lassen. Anschließend fuhren wir wieder zur Ausgangsposition und begannen aufs Neue. All dies führte, zusammen mit der allgemeinen Ungewissheit, zu keiner wirklichen Entspannung an Bord.

Das änderte sich schlagartig, als die „Hansa Stavanger" plötzlich Fahrt aufnahm, weil die Piraten an Bord mit dem Schiff schiffbrüchige, andere Freibeuter in der Nähe aufnehmen wollten, die von der gerade befreiten „Maersk Alabama" stammten. Die Besatzung war sofort hellwach, Überlegungen zu einem möglichen Aufstoppen des Schiffes durch Schuss vor den Bug machten die Runde, aber dazu kam es nicht. Wir näherten uns der „Hansa Stavanger" auf wenige Meilen, mussten schließlich aber wieder abdrehen. Für die Besatzung war es aber wichtig, das „Problem" von Nahem zu sehen und nicht nur Mastspitzen am Horizont. Am Ende dieser kleinen Odyssee lag das Schiff wieder auf seinem alten Liegeplatz und unser Treiben – im wahrsten Sinne des Wortes – begann von Neuem. In den nächsten Tagen dann endlich eine neue, so wichtige Abwechslung – der Nachschub kam. Als erstes kam eine weitere Fregatte aus Mombasa geeilt und brachte uns Frischwaren, Wasser und andere Waren, die binnen vier Stunden mit Beibooten und Hubschraubern mühsam an Bord der „Mecklenburg-Vorpommern" gebracht wurden. Bei 37 Grad Celsius und hoher Luftfeuchtigkeit war das für beide Besatzungen eine echte Tortur. Nachts kam ein Tanker und brachte den ebenfalls heiß ersehnten Kraftstoff und weitere Waren. Ich hatte mich für dieses anstrengende Manöver in der Dunkelheit entschieden, weil die Strapazen für die mehrere Stunden an Deck arbeitenden Männer und Frauen am Tage zu groß gewesen wären. Danach waren wir wieder allein.

Mit Zustimmung aus Potsdam hatte ich in den vergangenen Tagen begonnen, in einigen Tagen Abstand sogenannte Sammelmails als Zustandsbericht an die Angehörigen zu versenden. Ich besprach die einzelnen Nachrichten mit den Vertrauenspersonen, wir durften aber nicht zu sehr ins Detail gehen. Entsprechend waren die Reaktionen von der Heimatfront – Mails konnten wir ja weiterhin empfangen. Dort waren die seltsamsten Berichte im Umlauf: Wir würden uns nicht melden, weil die Fregatte von Piraten gekapert worden sei oder es sei etwas anderes geschehen, das man den Angehörigen noch nicht eingestehen wolle. Trotz mancher auch scharf formulierten Mail an die Schiffsführung wurde diese Aktion insgesamt als beruhigend-informative Maßnahme gewertet und anerkannt.

Nunmehr kam aber auch für uns mehr Licht ins Dunkle. Was wir bereits geahnt hatten, hatte sich bestätigt. Es waren Planungen und Überlegungen zu einer Befreiung der „Hansa Stavanger" im Gange. Die an Bord verbliebenen Teile des Stabes erstellten zusammen mit der Schiffsführung einen Plan, inwieweit unser Schiff und ggf. andere heranzuführende Kräfte einen Beitrag leisten konnten. Wenn ich auch aus dienstrechtlichen Gründen nicht auf weitere Details eingehen kann, so sei hier gesagt, dass mit dieser Absicht, die wir selbstverständlich an die Besatzung weitergaben, ein massiver Stimmungsumschwung einsetzte. Jetzt hatten wir eine konkrete Aufgabe, auf die wir uns sehr intensiv vorbereiten mussten. Insbesondere Gefechtsdienst, Brände löschen, Wassereinbrüche und Sanitätsdienst standen täglich im Fokus. Alle schienen wie ausgewechselt. Die täglich steigenden Temperaturen und die nur noch bedingte Erholung in der Nacht bereiteten zwar immer noch große Schwierigkeiten, aber alle dachten nur noch an die bevorstehenden, jeden einzelnen an Bord fordernden Tage bis zum Einsatz.

So waren wir auch innerhalb weniger Tage nicht mehr alleine vor Haradere. Andere Schiffe kamen zur Verstärkung, ein amerikanisches Landungsschiff sowie Einheiten der Bundespolizei wurden zusammengezogen. Nun war Führung fast ein „Selbstläufer". Zu einer sich stets verstärkenden Motivation gesellte sich nun auch der Stolz bei vielen, bei einer solchen Aktion dabei zu sein.

Natürlich, und das muss an dieser Stelle auch gesagt sein, galt das nicht für alle. Auf der einen Seite gab es diejenigen, die hier gegen Ende der Reise die Chance sahen, im Rahmen der Operation „Atalanta" an einer Befreiungsaktion beteiligt zu sein. Andere sahen mit jedem weiteren Tag die Möglichkeit schwinden, zeitgerecht wieder in Deutschland zu sein. Nachdem klar war, dass wir den Einlauftermin nicht mehr halten konnten, aber die Befreiung auch noch auf sich warten lassen sollte, wurde die Frustration bei diesen sehr stark. Nach weiteren Gesprächen mit der Führung in Deutschland gab ich die Erlaubnis, dass jeder, der wollte, eine Mail an einen Angehörigen schreiben könnte, allerdings mit der Auflage, nichts über die hiesigen Planungen zu berichten. Ich hatte die Pflicht, die Mails hinsichtlich des Vorhabens hier zu prüfen, was ich auch jedem Schreibwilligen vorher sagte, der mir dazu entsprechend seine Erlaubnis gab. Insgesamt war alles recht unaufgeregt, aber einige machten aus ihrem Herzen keine Mördergrube und ließen ihrem Unmut freien Lauf. Es war zuweilen bitter, was da zu lesen war, aber im Moment war das nicht zu ändern. Dennoch nahm ich mir das Eine oder Andere zu Herzen und änderte in manchen Punkten die „Policy" hinsichtlich der Informationsteilhabe an Bord.

Trotz aller Vorbereitungen, die wir an Bord unternahmen, der vielen Einzelgespräche, Übungen und Rehearsals schlichen die Tage in bleierner Hitze dahin. Jetzt musste bald etwas passieren, ansonsten wäre die gesamte Vorspannung dahin. Täglich nun wurden für die Führungen der Schiffe und aller Kräfte Sitzungen und Besprechungen anberaumt. Letzte Änderungen im Ablauf, neue Weisungen, neue Erkenntnisse, wieder Umstellungen der Einheiten. Die Besatzung sah mich, den Stab und die Schiffseinsatzoffiziere regelmäßig, manchmal mehrfach am Tage zum „Amerikaner" hinüberfahren. Würde man mit einem Plan oder einer Entscheidung zurückkehren, wann ginge es los und was würde geschehen und die über allem stehende Frage: Wann geht es zurück?

Der 30. April, der Tag vor der geplanten Aktion. Ich rufe die Besatzung im Hangar zusammen, Befehlsausgabe für die kommende Nacht. Jetzt soll es losgehen! Zufriedene Gesichter und aufgeregtes Gemurmel. Beim Befehl zum Wegtreten sieht man Spannung, Freude und Erwartung in den Gesichtern.

Dann, die Entscheidung. Abbruch aller Vorbereitungen. Die Befreiungsaktion wird nicht durchgeführt. Dies löste bei der Besatzung die unterschiedlichsten Reaktionen aus. Vielerorts Enttäuschung und Wut, völliges Unverständnis, aber auch Erleichterung und die Gewissheit, dass es nun für uns heimwärts ging. Und, in der Tat, nachdem das bei uns eingelagerte Material und zusätzlich an Bord befindliche Personal an die verschiedenen Stellen zurückgegeben worden war, entspannte sich die Situation zusehends. Nach einigen Tagen verließen wir dieses Seegebiet und erreichten wenige Tage später Djibouti, versorgten ein letztes Mal und marschierten in die Heimat. Selbstverständlich hatten wir alle diese Entscheidung zu akzeptieren. Es folgten noch viele Gespräche, Erklärungsversuche, aber spätestens nachdem die Kontaktsperre aufgehoben worden war, besserte sich die Stimmung an Bord wieder. Dennoch blieb bei nahezu allen ein schales Gefühl, dass man die Besatzung der „Hansa Stavanger" im Stich gelassen hatte, zurück.

In der Rückschau war dies für uns alle eine aufregende, eine zuweilen schwierige, vor allem aber eine lehrreiche Zeit gewesen. Ich, für meinen Teil, kann sagen, dass ich nach schon einigen Jahren in Führungsverantwortung gerade in diesen Wochen nochmals sehr viel über das Führen von Menschen dazugelernt habe.

Der Lufttransport im Einsatz

Karl Trautvetter

September 1985, der SAR-Hubschrauber vom SAR Kommando in Jever befand sich wenige Minuten nach seiner Alarmierung über der Nordsee. Diese hatte sich an diesem Tag zu einem Hexenkessel aus fünf Meter hohen Wellen und schneeweißer Gischt verwandelt, die ein heulender Nord-West Sturm mit bis zu 150 Stundenkilometer am Kochen hielt und einer Jacht mit Ruderschaden in der Nähe des Großen Knechtsand zum Verhängnis wurde. Ein Mann, eine Frau und ein Kind kämpften dort um ihr Überleben.

Trotz ungenauer Positionsangabe konnte die Besatzung des Rettungshubschraubers schnell eine rote Rettungsinsel, die allerdings leer war, ausmachen und kurze Zeit später, nachdem die Besatzung vom Fundort Kurs in den Wind nahm, die weiße Jacht erkennen. Deren Mast, die zerfetzte Segel, die Drähte des Riggs schlugen für jeden in Reichweite unberechenbare und sehr gefährliche Kreise. Schnell wurde für die Besatzung des Hubschraubers klar, dass eine Aufnahme der zu Rettenden unter diesen Umständen mittels Winde nicht möglich war. Der Luftretter, Teil der dreiköpfigen Besatzung, musste an Bord und Hilfestellung geben. Nach einem ersten Fehlanflug konnte der Bordtechniker, der die Rettungswinde bediente, den Luftretter direkt ins Boot absetzen, wo dieser sich sofort den zehnjährigen Jungen schnappte und mit ihm durch die wild um sich schlagenden Hindernisse der Takelage zum Hubschrauber hochgezogen wurde.

Nächster Anflug, selbes Verfahren, aber dieses Mal stürzte der Luftretter, verursacht durch die Schlingerbewegungen der Jacht, zusammen mit der zu rettenden Frau ins Wasser. In der tobenden See gelang es dem Luftretter, die Schiffsbrüchige in die Rettungsschlinge zu bringen und so deren Rettung zu ermöglichen. Der Skipper selbst wollte zu diesem Zeitpunkt seine Jacht noch nicht aufgeben und wurde später durch einen Rettungskreuzer abgeborgen. Die Frau und das Kind wurden 30 Minuten nach ihrer Rettung im Krankenhaus Cuxhaven zur weiteren Behandlung übergeben.

Mai 1994, die Stimmung im Gefechtsstand des Lufttransportkommandos in Münster war angespannt. Der Grund dafür war die Sorge um das Wohlergehen einer Besatzung einer C-160 Transall, die während eines Routinefluges in Sanaa, der Hauptstadt Jemens, von Bürgerkriegshandlungen überrascht wurde. Seit Tagen konnten sie das Hotel nicht verlassen. Nun meldete der Kommandant, dass sich die Besatzung zum Flugplatz durchschlagen will.

Etliche Zeit später erreichte ein weiterer Anruf den Offizier vom Gefechtsstand. Die Besatzung war wohlbehalten am Flugzeug angekommen, die Maschine jedoch durch die Kampfhandlungen beschädigt worden. Im Flughafengebäude standen mehrere Dutzend europäische Botschaftsangehörige, die auf eine Evakuierungsmöglichkeit in ein sicheres Gebiet warteten. Nach einer Lagebeurteilung und -bewertung der Besatzung mit der Einsatzführung im Lufttransportkommando in Münster wurde die C-160 Transall als flugtauglich eingeschätzt und mit der Evakuierung der Botschaftsangehörigen nach Djibouti begonnen. Während des Beladungsvorganges und der Startvorbereitungen bestand Funkkontakt mit der Besatzung, der akustisch immer wieder von Gewehr- und Artilleriefeuer überlagert wurde. Die Evakuierung verlief erfolgreich, und nach Reparatur des Flugzeuges wurde der Routineflug von Djibouti aus weitergeführt.

Februar 2002, am 12. Februar wurde in Taschkent, der Hauptstadt Usbekistans, mit der Unterzeichnung eines Abkommens zwischen den Regierungen Deutschlands und Usbekistans die vertragliche Grundlage für die Stationierung und den Einsatz deutscher Soldaten auf dem Flugplatz Termez gelegt.

Faktisch wurde eine Start- und Landebahn, Abstellflächen für Flugzeuge und Material sowie *ein* Raum in vorhandener Infrastruktur für etwa 70 Mann übernommen. Küche und sanitäre Anlagen, Fehlanzeige! Die Verpflegung wurde über den sogenannten „Termez-Burger", Fladenbrot gefüllt mit dem, was gerade auf dem örtlichen Basar angeboten wurde, sichergestellt.

Trotz der vorherrschenden extremen Temperaturen, ständig wiederkehrender Sandstürme, vereinzelter Erdbeben und einer schier unüberwindbaren usbekischen Bürokratie konnte der Kommandoführer bereits sechs Tage später, am 18. Februar 2002, die volle Einsatzbereitschaft des Lufttransportstützpunktes 3 melden.

First in, last out

Diese drei geschilderten Vorfälle stehen exemplarisch für eine seit dem Aufbau der Luftwaffe (ab 1956) ununterbrochene Aneinanderreihung weltweiter militärischer und humanitärer Einsätze des Lufttransports. „First in, last out" ist das Motto der Transportflieger. Ob bei Wetterkatastrophen, Hungersnöten oder Evakuierungsoperationen, stets sind sie, wie auch beim Aufbau und der Folgeversorgung von Einsatzkontingenten, schnell vor Ort und erfüllen teilweise unter Lebensgefahr ihren Auftrag.

Die dabei vorherrschenden Rahmenbedingungen und das eingesetzte Fluggerät erfüllten dabei selten die dafür notwendigen Voraussetzungen optimal. Vielmehr war es das eingesetzte Personal, das den Unterschied zwischen Scheitern und Gedeihen einer Mission ausmacht. Ihre Einstellung, ihre Überzeugung und die daraus resultierende Motivation, unabhängig der zugewiesenen Aufgabenverteilung, sind die wahren Stellgrößen für den Erfolg eines Einsatzes. Es geht um die Bereitschaft, Pflichten gewissenhaft zu erfüllen, Verantwortung zu übernehmen und im Team zusammenzuarbeiten.

Der Lufttransport hat schon immer den Anspruch an sein Personal gestellt, in kleinen Teams und auf sich alleine gestellt weltweit zu operieren. Unterstützung kann, wenn überhaupt, nur durch deutsches Botschaftspersonal bzw. befreundete oder freundlich gesinnte Streitkräfte erhalten werden. Ansonsten ist Kreativität und Improvisationsvermögen zur Lösung entstehender Herausforderungen gefordert. Gemachte Erfahrungen fließen immer unmittelbar in die Aus- und Weiterbildung des fliegenden Personals ein. Neben fachlicher Kompetenz sind charakterliche Eignung und Führereignung Auswahlkriterien, die es nachzuweisen gilt.

Der Lufttransport glaubt fest an das Clausewitzsche Diktum, dass die Ungewissheit ein Element des Einsatzes (des Krieges) ist und am ehesten durch die freie Initiative von Untergebenen auf allen Ebenen gemeistert werden kann. Die Anwendung von Auftragstaktik im Lufttransport ist deshalb nicht nur ein Weg, um mit Hilfe der Kreativität unserer Soldatinnen und Soldaten situationsbedingte Herausforderungen im übergeordneten Sinne zu lösen, sie ist vielmehr auch die einzige Möglichkeit, um mit den vorhandenen Ressourcen die bestehenden Aufträge erfüllen zu können.

Respekt überwindet Hierarchien

Eine zeitgemäße Menschenführung ist dafür die entscheidende Grundlage. Sie setzt ein vertrauensvolles Verhältnis zwischen dem Vorgesetzten und seinen Untergebenen voraus und ist immer dann besonders erfolgreich, wenn der Vorgesetzte durch Gesprächsbereitschaft, persönliche Zuwendung, kameradschaftliche Zusammenarbeit, beispielhafte Pflichterfüllung und fachliche Qualifikation überzeugt.

Begegnungen im gegenseitigen Respekt lassen Dienstgradunterschiede in den Hintergrund rücken. Gespräche auf gleicher Augenhöhe und gegenseitiges Vertrauen über die Führungsebenen hinweg sind genereller Standard in den Lufttransportgeschwadern. Die Pflicht zum Gehorsam und zur Loyalität schließt konstruktive Kritik nicht aus. Vielmehr wird von den Angehörigen im Lufttransport erwartet, eigene Vorstellungen und Auffassungen mit einzubringen.

Schon Scharnhorst war der Überzeugung, dass nur der kritisch denkende Offizier eine Lage korrekt beurteilen kann und daher mit Führungsverantwortung betraut werden sollte. In diesem Sinne empfinden wir es als illoyal, der Führung die eigene Ansicht vorzuenthalten.

Realitäten kritisch hinterfragen

Pflichten sind festgelegte Handlungen, die überschaubar und erfüllbar sein müssen. Private Planungshorizonte von weniger als 14 Tagen sind in Krisenzeiten hinnehmbar, dürfen aber nicht zur Regel werden. Die Vereinbarkeit von Familie und Dienst darf nicht zu einer „Worthülse" verkommen. Berufszufriedenheit und Motivation sind wesentlich von familienfreundlichen Rahmenbedingungen abhängig.

2007 berichtete die „Hannoversche Allgemeine Zeitung", dass zivile Fluggesellschaften immer mehr Piloten aus den Lufttransportgeschwadern abwerben. Allein bei der Flugbereitschaft in Köln hätten 36 Flugzeugkommandanten gekündigt, um besser bezahlte Posten anzunehmen.

Der Bundeswehrverband forderte ein „Attraktivitätsprogramm" für den Dienst bei der Luftwaffe. Es dürfe nicht dabei bleiben, dass die Bundeswehr die Piloten teuer ausbilde, sie aber so schlecht bezahle, dass die boomenden Airlines leichtes Spiel hätten, gute Flugzeugführer abzuwerben. Als Sofortmaßnahme wurden einseitige finanzielle Lösungen gesucht und gefunden. Die grundsätzlichen Rahmenbedingungen aber wurden nicht verändert.

Attraktivität und Familienfreundlichkeit werden durch finanzielle Vergütungen, die ohnehin im Wettbewerb mit den zivilen Konkurrenten (Airlines) nicht konkurrieren können, nur kurzfristig Wirkung zeigen. Langfristig zählen attraktive Standorte, Schulen, Arbeits- und Ausbildungsplätze zu den maßgeblichen Faktoren, sich längerfristig an einen Arbeitgeber zu binden. Sind diese

Rahmenbedingungen erfüllt, werden auch zukünftig die interessanten und fordernden Einsätze des Lufttransportes, davon bin ich überzeugt, trotz teilweise unattraktiver Waffensysteme (C-160, UH-1D) genügend qualifizierten Nachwuchs generieren.

Die dafür notwendige Motivation erwächst aus der Wertschätzung, für gute Arbeit Anerkennung zu bekommen, und der Selbstverwirklichung, bei der es vereinfacht formuliert darum geht, wie sich Menschen selber sehen. Diese Sichtweise wird vielfach anhand des Erfolgs und/oder der Herausforderung bei der Arbeit gemessen. Wenig hilfreich waren Formulierungen, die, als andere fliegende Waffensysteme der Luftwaffe in den ISAF-Einsatz kamen, nun von der „echten" Luftwaffe im Einsatz sprachen. Es wäre allerdings vermessen, davon direkte Einflüsse auf das Kündigungsverhalten der Kommandanten abzuleiten.

Anspruch und Realität

Ebenso unangebracht wäre es, aus dieser verbalen Entgleisung auf ein Integrationsproblem des Lufttransportes innerhalb der Luftwaffe schließen zu wollen. Tatsache ist, dass der Lufttransport als Dienstleister immer am aktuell stattfindenden Flug gemessen wird. Einsatzwert und Effizienz sind dabei die zu erfüllenden Parameter. Die Voraussetzungen dazu werden geschaffen durch unzählige technische Überstunden, um den notwendigen Klarstand der eingesetzten Waffensysteme zu produzieren, durch einen exzellenten Ausbildungsstand der Besatzungen und einem, ohne weiteres mit bekannten zivilen Fluggesellschaften vergleichbaren, hervorragenden Flugsicherheitsstandard.

Diese über Jahrzehnte erbrachte beispielhafte Leistung wird vom „Kunden" als „normal" angesehen und Abweichungen davon – weil persönlich erlebt – als wenig operationell empfunden und entsprechend lautstark kritisiert. Die Tatsache, dass seit 2002 über 50% aller Transportflüge für ISAF über Afghanistan durch unseren Lufttransport geleistet werden und es dabei zu keinerlei Verlusten an Personal und Material kam, soll hier nur am Rande erwähnt werden.

Kritik an den Unzulänglichkeiten unserer eingesetzten Waffensysteme ist berechtigt, darf aber den Besatzungen – insbesondere im Einsatz – nicht angelastet werden. Es spricht vielmehr für deren Selbstbewusstsein, dass sie sich nicht durch Kritik, auch aus höchsten militärischen und politischen Kreisen, von Sicherheitsstandards abbringen lassen, die z.B. systembedingt durch nur zwei Triebwerke gegeben sind. Wie fatal solche Abweichungen sein können, beweist der verhängnisvolle Flugunfall der polnischen Regierungsmaschine in 2010.

Zukunft aktiv gestalten

Der Lufttransport zeichnete sich in den letzten 40 Jahren – seit Aufstellung des Lufttransportkommandos – durch eine bewährte Führung „aus einer Hand" und damit als Garant für hohe Reaktionsfähigkeit, Effizienz und Standardisierung aus. Viele wegweisende Entwicklungen wurden initiiert und vorangetrieben, um als Dienstleister für die gesamte Bundeswehr zukunftsorientiert und situationsangepasst die aus unserer Sicht notwendige Angebotspalette für eine Armee im Einsatz aufzustellen und zu komplettieren.

Als Stichworte seien „Combat Search and Rescue", „Luftbetankung" und die längst überfälligen Nachfolgemuster „A400M" und „NH-90" genannt. Grundlagenarbeit, Besatzungs- und Ausbildungskonzepte und vieles mehr wurden erarbeitet, umgesetzt und weiterentwickelt. Entscheidungen, die nicht durch den Lufttransport zu verantworten sind, führten zur heutigen Realität.

Am 15. Oktober 2010 hat das Europäische Lufttransportkommando EATC (European Air Transport Command) in Eindhoven/Niederlande das operationelle Kommando über einen Großteil der Lufttransportflugzeuge der Luftwaffe übernommen. Aus dem EATC, zur Zeit unter Führung eines deutschen Generalmajors, wird künftig der Einsatz des Großteils der militärischen Lufttransportflotte der vier beteiligten Nationen Belgien, Frankreich, Niederlande und Deutschland geplant und geführt. Das multinationale EATC übernahm damit die Verantwortung für die Planung und Führung der deutschen Lufttransport- und Luftbetankungskapazitäten. Das Lufttransportkommando in Münster wurde aufgelöst.

Lufttransport ist einer der fundamentalen Eckpfeiler für eine Armee im Einsatz. Ohne diese Fähigkeit sind Mobilität, Flexibilität und Logistik sowie eigene nationale Schwerpunktbildung, wenn überhaupt, nur bedingt umsetzbar.

Die Sicherheitspolitik Deutschlands ist mehrdimensional, vernetzt und strategisch ausgerichtet. Diesem Grundsatz folgend ist die Aufstellung des EATC ein Versuch, erweiterte Kompetenzen in einer multinationalen Einrichtung zu konzentrieren. Es bleibt abzuwarten, inwieweit dieser Ansatz die hohen Erwartungen vor dem Hintergrund unterschiedlicher nationaler Interessenlagen und Ambitionen zu erfüllen vermag.

Erfahrungen als Militärseelsorger bei der Truppenbegleitung von Soldaten und Soldatinnen von ISAF

Stefan Jurkiewicz[1]

Aktuell – Zeitung für die Bundeswehr – 21.03.2011: EKD Ratsvorsitzender Nikolaus Schneider auf die Frage von Sylvia Jaeck und Frank Pflüger: Wie wichtig ist die Militärseelsorge gerade in den Einsatzländern? Nikolaus Schneider: Sehr wichtig! Die Angehörigen der Bundeswehr bedürfen gerade angesichts ihrer besonderen Situation unserer aufmerksamen und umfassenden seelsorglichen Begleitung. Deshalb danke ich der Seelsorge in der Bundeswehr ausdrücklich für ihren wichtigen und gefährlichen Dienst in Afghanistan und bei anderen Auslandseinsätzen der Bundeswehr. Es ist wichtig, dass die Militärseelsorger für Soldaten aller Dienstgrade gleichermaßen auf Augenhöhe ansprechbar sind. Wir wollen uns sehr bemühen, gerade auch dann besonders nahe zu sein, wenn es gefährlich wird.

Vorbemerkung

Zwei statistische Befunde bestimmen gegenwärtig unter anderem die Lage der Seelsorge in der Bundeswehr. Nach heftigen Schüben gesellschaftlicher Entwicklung in den Jahren nach 1945, die bestimmt waren von Aufklärung, Emanzipation, Vergangenheitsbewältigung, Säkularisierung und Individualisierung, ergänzt und gesteigert durch das historische Ereignis der Wiedervereinigung, stellt sich der religionssoziologische Befund der Bundeswehr ungefähr deckungsgleich mit dem der Gesamtgesellschaft so dar, dass 30 Prozent der Soldaten und Soldatinnen der evangelischen Kirche, weitere 30 Prozent der römisch-katholischen Kirche zugehören und die verbleibenden 40 Prozent ohne kirchliche Bindung sind.

Gleichzeitig ergibt sich, gestützt durch die Auswertung der Einsatzerfahrungen der letzten Jahre, eine überraschend hohe Akzeptanz und Wertschätzung der seelsorgerlichen Begleitung der Einsatzkontingente durch die Militärseelsorgen der beiden großen Volkskirchen – unabhängig von Dienstgrad, Funktion und religiös-konfessioneller Bindung. Anscheinend wird die Anwesenheit eines Menschen, der weder eine Waffe trägt noch durch das Tragen eines Dienstgrades zur militärischen Hierarchie mit ihrem geordneten Meldewesen gehört und auch nicht durch das Prinzip von Befehl und Gehorsam gebunden ist, als wohltuende Bereicherung empfunden.

Vorbereitung und Rahmenbedingungen

Von März 2009 bis Juli 2009 begleitete ich als Seelsorger die Soldaten und Soldatinnen des 19. Deutschen Einsatzkontingents ISAF.

Meine Einsatzorte waren mit Schwerpunkt Mazar-e-Sharif, wo sich der Stab des RC North befindet, der Strategische Luftumschlagsplatz Termez in Usbekistan und das HQ in Kabul sowie das Camp Spann, dem Dienstort der ISAF-Ausbilder (OMLTs) der ANA.

Gemäß dem Militärseelsorgevertrag führe ich keine Waffe und trage keinen Dienstgrad. Mein als Schutzanzug deklarierter Fleckentarnanzug ist lediglich mit den Schulterklappen der Militärseelsorge gekennzeichnet. Mir stehen im Einsatz Infrastruktur in Form von Büro und Besprechungszimmern zur Verfügung. Personell ist mir ein Pfarrdienstfeldwebel zugeordnet, der infanteristische Schutzfunktion, organisatorische, administrative und persönliche Unterstützungsfunktionen wahrnimmt.

Vor dem Einsatz durchlaufe ich weitestgehend die vollständige einsatzvorbereitenden Ausbildungsmaßnahmen inklusive der Impfungen und der sanitätsdienstlichen Anteile. Von besonderem Wert war die Teilnahme an einer Stabsrahmenübung, bei der ich das militärische Schlüssel- und Führungspersonal einschließlich des Kontingentführers, dem ich zur direkten Zusammenarbeit zugeordnet bin, kennenlernen konnte.

Das Camp Marmal, in der Nähe der afghanischen Großstadt Mazar-e-Sharif gelegen, bildet personell, infrastrukturell und aufgabenmäßig eine extrem komplexe und weitläufige Situation ab. Das Lager mit seinen Ausmaßen 2 km mal 1 km und seinen unterschiedlichen, in sich selber umfangreichen und eigenständigen Teilen, stellt eine besondere Herausforderung an die konzeptionelle Arbeit dar – sowohl in quantitativer als auch in qualitativer Hinsicht. So lassen sich unter anderem folgende Großverbände mit jeweils unterschiedlichen militärischen Binnenkulturen, eigens abgebildeten Führungsgrundgebieten und häufig einer eigenen Stabs- und Versorgungskompanie identifizieren:

Im *LogUBtl* leisten rund 600 Soldaten und Soldatinnen einen wichtigen Dienst in der Wartung, Bereitstellung und Instandhaltung des für den Einsatz benötigten technischen Groß- und Kleingeräts. Hier werden in weitläufigen Werkstätten zehntausende von „Schraubstunden" geleistet.

Das *EG MeS* bildet mit seinem rund 800 Menschen starken Personalkörper eine wiederum eigene Welt ab. Dazu gehören drei Waffen- bzw. Flugsysteme, ein Flughafen mit PAX- und Frachtbereich, drei Organisationsbereichen (EinsKräfte (Flug) – EinsUst (Technik) – Objektschutz (Infanterie)).

Die Planungszentrale des gesamten RC North liegt in den Händen der Mitarbeiter und Mitarbeiterinnen des *Stabs*, dessen 280 Mitglieder in einem extra gesicherten Compoundkomplex ihren wichtigen fordernden Dienst in internationaler Kooperation erfüllen.

Die für das Vertrauen und das Sicherheitsbedürfnis so wichtige *sanitätsdienstliche Versorgung*, die im Betreiben einer Klinik und im Bereitstellen von MEDEVAC und Beweglichen Sanitätstruppen abgebildet wird, bietet mit ihrem hochqualifizierten und ausdifferenzierten Personal einen wichtigen Pool an wertvollen Ansprechpartnern für die Militärseelsorge.

Ein solch komplexes logistisches und militärisches Unternehmen in dieser großen Distanz zur Heimat bedarf natürlich auch eines hohen Verwaltungsaufwands. Unter dem Dach der *Einsatzwehrverwaltung* leisten auch Handwerker des technischen Betriebsdienstes und Mitarbeiter eines stark auftragsbelasteten Baubüros ihren unverzichtbaren Dienst am ständigen Aufbauprozess des sich im Aufwuchs befindlichen Lagers.

„Gäste" mit besonderem Auftrag, großer Homogenität und eigener Stehzeit von insgesamt sechs Monaten sind die Soldaten und Soldatinnen der *QRF*, die von MeS zu ihren oft mehrwöchigen gefährlichen Einsätzen ausrücken.

Dieser unvollständige Überblick soll genügen, um einen Eindruck der Vielschichtigkeit, Heterogenität und Komplexität des Arbeitsfelds Mazar-e-Sharif zu illustrieren, das im Soldatenjargon u.a. als Moloch bezeichnet wird.

Abschließend seien hier noch zwei anschauliche Zahlenbeispiele für die quantitative Herausforderung der seelsorgerlichen Arbeit in Mazar-e-Sharif genannt: Die Spieß-Runde besteht aus 27 Spießen, die Gemeinschaft der Vertrauenspersonen aus nahezu 60 Soldaten und Soldatinnen.

Zusammenfassend lässt sich sagen, dass sich das Lager in Mazar-e-Sharif in Größe und Umfang mit einer voll funktionsfähigen politischen Gemeinde in Dorfgröße vergleichen lässt. Wir haben hier ein Krankenhaus, einen Flughafen, einen Bauhof, Handwerker, Polizei, ein Bürgermeisteramt, eine Stadtverwaltung, eine Post, ein Geschäft mit einem Umsatz von 2,5 Mio € Umsatz, eine Radiostation, ein Bistroviertel, zwei Sport- bzw. Fitnesshallen, eine Kirche und eben Militär. Dieses komplexe und umfangreiche Gebilde wechselt bei laufendem Betrieb alle vier Monate 90 Prozent seines Personals. Dass dies alles so reibungslos von statten geht, sollte uns mehr wundern als das Aufkommen von Problemen, auf die ich noch zu sprechen komme.

Aus all dem wird deutlich, wie komplex und differenziert sich ein Einsatzkontingent darstellt. *„Den"* Einsatz generell gibt es nicht. Die Lebens- und Dienstbedingungen hängen von dem jeweiligen Zeitraum, dem konkreten Aufenthaltsort (Lager), dem jeweiligen Status und der spezifischen Funktion stark ab und können immer wieder variieren.

Regelmäßig wiederkehrende Veranstaltungen

Zu den regelmäßig wiederkehrenden Veranstaltungen gehören die montäglichen Kinoabende im Rahmen der allgemeinen kulturellen Freizeitbetreuung, die wöchentlichen Chorproben, die Abendmeditationen im Rahmen der Verkündigung, die sonntäglichen Gottesdienste und die Radiobeiträge bei Radio-Andernach. Sie umfassen außerdem die Teilnahme an Briefings des Stabes, die „INFÜ- bzw. „Seelenrunde", bei der sich Vertreter der Psychologie, der Psychiatrie, des Sanitätsdienstes, der Militärseelsorge und der militärischen Führung regelmäßig über die aktuelle Stimmungslage des Kontingents austauschen.

Die Anwesenheit eines Raumes, der sowohl für die individuelle Einkehr genutzt werden kann, an dem die Menschen ungestört zur Ruhe kommen können, ist von unschätzbarer Wichtigkeit inmitten einer von Betriebsamkeit einerseits und Eintönigkeit andererseits bestimmten Lager- und Einsatzwirklichkeit. Auch das Erleben gestalteter Spiritualität, die sowohl aus Elementen des Vertrauten und Traditionellen, wie auch aus Elementen des Überraschenden, Neuen, der Situation geschuldeten und von den Umständen inspirierten besteht, wird dankbar angenommen. Gemeinsames Singen, Beten und Feiern des Heiligen Abendmahls ist oft von großer Intensität geprägt. Aufmerksam erwarten die Gottesdienstteilnehmer geistige und geistliche Impulse in den Lesungen und der Verkündigung.

Seelsorge und Beratung

Neben der Unterstützung des Kontingents bei der notwendigen Gestaltung von diversen Besuchsprogrammen für teils sehr hochrangige Repräsentanten aus dem Bereich der Politik (Kanzlerin, Außenminister, parlamentarische Staatssekretäre, Wehrbeauftragter des Deutschen Bundestages), der Kirche

(Militärbischof), des Militärs (Generalinspekteur, Beauftragter für Erziehung und Ausbildung des Generalinspekteurs) und der Presse (ZDF, ARD, Spiegel, taz, FAZ, BILD, …) bildet natürlich die Seelsorge den Hauptanteil meines Auftrags.

Ein Charakteristikum der seelsorgerlichen Kontakte im Auslandseinsatz liegt sicherlich darin, dass sie häufig unter der Hand, unvermittelt, mitten im „Alltagssmalltalk" und geradezu eruptiv aufbrechen, um dann manchmal am Ende des Gesprächs genauso unvermittelt wieder im „Alltagssmalltalk" zu verebben. Nichtsdestotrotz entwickeln sich aus vielen Erst- und Einzelgesprächen notwendige Folgegespräche zum Teil mit den Betroffenen selber, zum Teil mit vielen Un- bzw. am Rande Beteiligten. Entweder um das Lagebild zu verdichten oder um ein Netzwerk der Hilfe zu errichten. Gründe für die zum Teil sehr intimen Lebensprobleme, mit denen man als Seelsorger konfrontiert wird, sind: Das Herausgenommen- und Herausgehobensein aus der militärischen Hierarchie mit ihren spezifischen Meldezwängen, das Seelsorgegeheimnis, unter dem der eigene Berufsstand steht, und die einsatzspezifische Balance zwischen Intimität und Anonymität.

Als weitere Rahmenbedingung der emotionalen und psychischen „Großwetterlage" in einem Einsatzkontingent möchte ich auf die Beobachtung eines Regressionsmechanismusses hinweisen. Meines Erachtens gibt es einen Zusammenhang zwischen den typischen repressiven Rahmenbedingungen des Alltagslebens im Lager mit all seinen autoritären Regularien und unserer seelischen Erinnerung. Wann sind wir das letzte Mal so reguliert und bevormundet worden? Wahrscheinlich in der Zeit unserer Adoleszenz bzw. Pubertät. Anscheinend ist daran ein Mechanismus gekoppelt, dass Menschen dann ihr Sozialverhalten, das ebenfalls aus dieser Phase ihrer Entwicklung stammt, reaktivieren. So erlebe ich manche Verhaltensweisen als eine Art von Renaissance der Adoleszenz. Das heißt, die Pubertät feiert im Einsatz fröhliche Urstände. Dies schlägt sich unter anderem in folgenden charakteristischen Phänomenen nieder: „Peergroup Verhalten", „Gruppenidentitäten", „Abzeichensammeln", „Machokult", „Flirt-, Imponier- und Partygehabe", „Körperkult", „Kräftemessen", „Blödeleien" sowie Kompensationsversuche in Witzen, Satiren und Sarkasmen und Versuche der Rebellion gegen vorgesetzte und vorgefundene Autoritäten und deren Entscheidungen.

Im Rückblick lassen sich unschwer vier unterschiedliche Seelsorgeschwerpunkte identifizieren, die sich ebenso ungezwungen den vier Quartalen des Kontingents zuordnen lassen und damit eine Art innere Dramaturgie eines Kontingents beschreiben.

Phase 1: Erster Monat – „langer Schatten von zu Hause" oder „keiner geht mir belastet in den Einsatz"

Für die Masse der Kontingentteilnehmer sind die ersten Wochen bestimmt durch angespannte Neugier und das Gefühl, dass es jetzt nach langen, manchmal nervenaufreibenden Wochen der Vorbereitung, dienstlich und privat, endlich losgeht und die Uhren endlich wieder für sie ticken. Daneben gibt es eine qualifizierte Minderheit von Menschen, die von ihren kalkulierbaren Alltagsproblemen eingeholt werden, weil sie der gewiss gutgemeinten, aber natürlich auch naiven Mahnung ihrer Vorgesetzten, dass keiner belastet in den Einsatz gehen soll, keinen Glauben geschenkt haben und statt dessen den menschlich verständlichen Weg der Flucht vor berechenbaren Problemen in den Einsatz eingeschlagen haben.

„Die Zeitbomben" bzw. „Altlasten", die diese Personen vermeintlich in der Heimat hinter sich gelassen haben, erweisen sich als hartnäckiger und nachhaltiger als vermutet. Sie schlagen in Form von Dienst- bzw. Familienkonstellationen, Wirtschaft- bzw. Gesundheitsproblemen dann im Einsatz auf. Sie schränken dort die Dienstfähigkeit ein und machen unter Umständen ein Repatriierungsverfahren notwendig, da Menschen mit einem solchen Hintergrund auch Kräfte im Kameradenkreis binden und die gesamte Einsatzfähigkeit einer ganzen Abteilung schwächen können.

Phase 2: Zweiter Monat – „heartbreak hotel"

In diesem Zeitraum treten die meisten Beziehungsprobleme auf. Sowohl die Partner in der Heimat als auch die Partner im Einsatz haben vielleicht zum ersten Mal seit vielen Jahren so lange Zeit, sich unbeeindruckt und unbeeinflusst vom jeweiligen Partner Gedanken zu machen über die „wirkliche" Qualität und den „wirklichen" Zustand ihrer Beziehung. So muss ich immer wieder Verlassende und Verlassene trösten, begleiten und beraten. Ein nicht zu unterschätzender Faktor bildet dabei auch die Tatsache der räumlichen Distanz. Viele trennungswillige Partner beugen sich ihrer „Feigheit" und nutzen die räumliche Entfernung, um sich unberechenbaren psychischen, physischen und sozialen Reaktionen zu entziehen, und hoffen, dass in den verbleibenden zwei

Monaten die spontane Erregung und die damit verbundenen unberechenbaren Wogen der Emotionen und Reaktionen etwas abgeklungen sind. Ein nicht geringer Anteil dieser Beratung nimmt die Frage nach dem richtigen Kommunikationsmedium, den richtigen Tonfall und den angemessenen Stil ein. Selbstredend bilden die Themen Schuld, Angst und Scham wichtige Anteile dieser oft bewegenden Gespräche.

Phase 3: Dritter Monat – „Mobbing – bossing-staffing" – „Wir werden dünnhäutig"
Während in den ersten Wochen das Selbstbewusstsein vieler Soldaten und Soldatinnen geprägt ist von dem Gefühl, dass *„ohne sie hier gar nichts läuft"*, und die ungewohnte Nähe und das durch die Uniformen gleichgeschaltete Lebensgefühl mit einer Euphorisierung der Kameradschaft einhergeht, kippt nach dem *„Bergfest"*, das die Einsatzhalbzeit markiert, häufig die Stimmung. Die berühmt berüchtigte *„Haut wird dünner"*, der vielfach zu Recht beschworene *„gläserne Vorgesetzte und Untergebene"* wird zur belastenden Wirklichkeit. Kein Mensch kann sich vier Monate lang rund um die Uhr verstellen. Die Masken fallen unwillkürlich. Es wird schmerzhaft offenbar, dass jeder Mensch aus einer Mischung aus Stärken und Schwächen besteht.[2] Es wird deutlich, dass vor allem die jüngeren Kontingentteilnehmer als Einzelkinder in einer durchindividualisierten Multioptionsgesellschaft mit scheinbar unendlichen Freiheiten sozialisiert wurden.

Über Vorfälle, über die man acht Wochen lang gelacht und geschmunzelt hat, werden nun Beschwerden, Eingaben und Klagen geführt. Die Zahl der Disziplinarmaßnahmen geht in die Höhe und die Stimmung wird zunehmend gereizter. Die Seelsorgegespräche nehmen immer mehr den Charakter von Beichtgesprächen an. Daneben werden immer häufiger Vermittlungs- und Mediationskompetenzen beim Seelsorger nachgefragt. Es muss immer wieder um die Möglichkeiten und Chancen eines Perspektivwechsels geworben werden. Gerade hier ist ein kooperatives Verhältnis zu den psychologischen Fachkräften im Einsatz unabdingbar. Auch hilft hier ein inzwischen hoffentlich bestehendes Vertrauensnetzwerk zu den militärischen Hierarchien, da gerade in diesen Fällen eine Verdichtung des Lagebildes dringend erforderlich ist.

Phase 4: Vierter Monat – „Bilanzierungskrisen" – „Abschiedsblues"

Bevor im letzten Monat die Heimat erneut ihren Schatten auf den Einsatz voraus wirft, sorgen die Streitkräfte durch ihr System der Dienstbeurteilungen für innere und äußere Unruhe. Fasst jeder möchte am Ende seiner Zeit eine Bilanz ziehen. Diese unterscheidet sich jedoch nicht selten von der Bilanz, die unter anderem der Vorgesetzte bezüglich der erbrachten Leistung zieht. Wie so oft klaffen Selbst- und Fremdwahrnehmung weit auseinander. Oft höre ich Sätze, die diese Bewertungsdiskrepanz schmerzhaft beklagen und manchmal zu tiefen Selbstwert- und Motivationskrisen führen. Hinzu kommt, dass viele jetzt besonders müde und am Rande des „Ausgebranntseins" sind und damit empfindlicher auf vermeintlich mangelnde Wahrnehmung und Wertschätzung reagieren. Nie höre ich bittere Klagen der fehlenden Wahrnehmung häufiger als jetzt.

Die Stimmung in den Abschiedstagen und -stunden ist durch eine seltsam anmutende Wehmut und Melancholie geprägt, die sich manchmal auch durchaus tränenreich äußert. Vielen wird plötzlich bewusst, dass sie das Kontingentleben mit dem wirklichen Leben verwechselt haben, und dass sie das wirkliche Leben mit seinen viel komplexeren und viel realeren Problemen gerade einmal für nur drei Monate vergessen durften. Umso härter wirkt nun die Wirklichkeit, die auf die Soldaten zu Hause wartet. Mal ist es mehr die dienstliche Welt, mit ihrem leider unverändert unzufriedenstellenden Arbeits- und Dienstbedingungen, mal ist es mehr die private Welt mit ihren komplexen Unwägbarkeiten und nicht zu vergessen der unvermeidliche Spagat, den die Vereinbarkeit von Privatleben und Dienst mit sich bringt. Das Herstellen einer vielfach beschworenen *„work-life-balance"* wird oft als beängstigende nur schwer zu bewältigende Herausforderung gesehen. Es ist dieser Negativfond, vor dem dann auch die Nähe, die immer auch eine bedrückende Enge im Einsatz ist, teilweise vorschnell und unreflektiert zur sentimentalen *„Kameradschaft"* verklärt wird.

Ein weiterer bedrückender Faktor ist die antizipierte Ahnung, dass die Heimat im Großen wie im Kleinen mit relativ wenig Verständnis für das Erlebte und Geleistete im Einsatz auf die Soldatinnen und Soldaten warten wird. Das reicht von der kritischen veröffentlichten Meinung in den Medien über die niederschmetternden Meinungsumfragen bezüglich der Akzeptanz für den ISAF-Einsatz bis hin zu öffentlicher Missachtung in Alltagssituation oder genervter Gereiztheit im persönlich-familiären Umfeld, das vorerst mal nichts oder nichts mehr „über Afghanistan" hören will. Die Fallstricke der Reintegration in die Situation der entsendenden Gesellschaft und der heimatlichen Beziehungsgeflechte sind vielfältig, und die Ahnung davon so bedrückend, dass der Abschied oft nachhaltig davon geprägt ist.

Tod und Verwundung – die unübersehbare neue Einsatzwirklichkeit

Am 29. April 2009 ist der erste deutsche Soldat seit dem Ende des Zweiten Weltkrieges gefallen. Seitdem ist die neue Einsatzqualität mit ihren unübersehbaren Folgen auch nicht mehr aus der medialen und politisch-gesellschaftlichen Diskussion wegzudenken. Töten, Getötetwerden und das Zumuten beider Extremhandlungen sind seither weder eine Theorie noch eine erwähnenswerte Ausnahme, sondern gehören nun fast zur täglichen Dienstroutine.

Es folgten drei Gefallene am 23. Juni 2009, die folgenreiche Anforderung eines Close-Air-Support-Schlags durch Oberst Klein am 04. September 2009, die Gefallenen vom 1. April 2010 und vom 15. April 2010 und eine nicht abreißende Kette von zur Routine gewordenen täglichen Gefechten mit an Leib und Seele verwundeten Kameraden.

Die neue Einsatzqualität findet unter anderem ihren Niederschlag in verarbeitenden selfmade-blogs und youtube-Sequenzen, in Podiumsdiskussionen, in auf dem Buchmarkt publizierten Erfahrungsberichten, in Kriegsreportagen, ja sogar in belletristischen deutschsprachigen Neuerscheinungen hat die in Vergessenheit geratene Figur des „Veteranen" ebenso Einzug gehalten wie in die Drehbücher von zur Primetime ausgestrahlten Unterhaltungssendungen des Deutschen Fernsehens.[3]

Insgesamt musste ich während meines Einsatzzeitraumes neunmal an Särgen von gefallenen ISAF-Soldaten stehen. Jeder Gefallene und jeder verwundete Kamerad stellt eine besondere Herausforderung dar. Hier muss sich das Miteinander des oben erwähnten Psychosozialen Netzwerkes bewähren, hier kommt in besonderer Weise die vertrauensvolle Zusammenarbeit zwischen den softskills der Betreuungskräfte mit den militärischen Führungskräften zum Tragen. Aufmerksam und sensibel wird über die Professionalität, die Wahrhaftigkeit und die Sensibilität der Ausführenden durch die unvermeidliche Öffentlichkeit des Kontingents gewacht.

Die Organisation und Durchführung der Trauerappelle leistet durch die Ritualisierung einen unschätzbaren Beitrag zur kollektiven Bewältigung dieser für die Mitglieder der postheroischen Gesellschaft als heftige Herausforderung empfundenen Krise. Der Ablauf muss funktionieren, die Worte müssen passen und sitzen, die große Zahl der unmittelbar mit den Gefallenen und Verwundeten konfrontierten Kameraden und Helfer darf nicht aus den Augen verloren werden. Last but not least muss der Auftrag fortgeführt werden, muss der dienstliche Alltag wieder weitergehen.

Die besondere Herausforderung für den Prediger besteht in dem theologischen und politischen Wahr- und Ernstnehmen der jeweiligen Situation. Was bedeutet die Botschaft von Kreuz und Auferstehung für die hier versammelte bzw. angetretene Gemeinde aus Nichtchristen und Christen, aus Jungen und Älteren, aus Offizieren und Nichtoffizieren, aus deutschen und internationalen Soldaten, aus Menschen, die den Verstorbenen nicht kannten und Menschen, die den Verstorbenen kannten, aus Männern und Frauen, die ihren Auftrag fortsetzen müssen, die aus Gesellschaften kommen, deren Parlamente bzw. Regierungen sie entsenden und deren Bevölkerung nichts bzw. wenig über den Auftrag weiß oder wissen will? Was bedeutet die Botschaft für eine Streitkraft, deren Soldatenbild auf dem Prüfstand des scharfen Gefechtes inmitten eines sogenannten asymmetrischen Konflikts steht, um dessen korrekte Bezeichnung zuhause eine heftige Debatte entbrannt ist? Es ist ein Balanceakt, den richtigen Punkt auszutarieren zwischen den Extremen der „Wehrkraftzersetzung" auf der einen Seite und den ebenso unverantwortlichen „Durchhalteparolen" auf der anderen Seite, ohne dabei in die Falle der belanglosen politisch und theologisch korrekten Allgemeinplätze zu tappen.

Auch muss ich hier daran erinnern, dass die unerwartete schwere Erkrankung oder der (plötzliche) Tod eines Angehörigen oder nahen Menschen in der Heimat mit Rückgriff auf die im Kontingent befindlichen Kompetenzen „bearbeitet" werden muss. Dies reicht von der angemessenen Überbringung dieser „schlechten Nachrichten" bis zum Vorhalten von Trauerritualen in Abwesenheit des Sarges und der professionellen Begleitung der anstehenden individuellen Trauerprozesse. Gerade hier kommt es wieder auf ein abgestimmtes interdisziplinäres Vorgehen im psychosozialen Netzwerk an. Dabei ist es immer wieder notwendig, für eine *Einzelfallbetrachtung* jedes menschlichen Schicksals zu werben und notfalls zu kämpfen, um vorschnellen Standardisierungen und Automatismen entgegenzuwirken.

Ausblick

Abschließend will ich darauf hinweisen, dass der Begriff und das Phänomen der „Beziehung – Freundschaft – Kameradschaft – Geschwisterschaft auf Zeit" einer Durchdringung und Reflexion bedarf, damit diese nicht voreilig moralisch abwertend diffamiert werden. Zumal einige begonnene Vertrauensbeziehungen ungeachtet der räumlichen Trennung bis weit über den Einsatzzeitraum hinaus den seelsorgerlichen Begleiter verfolgen und in vielen heimatlichen (Telefon-)Gesprächen, Mailkontakten, Briefen, Besuchen und kirchlichen Amtshandlungen ihre Fortsetzung finden.

Aus meiner Erfahrung erweist sich die Konzeption der Inneren Führung mit ihrem Leitbild des Staatsbürgers in Uniform gerade auch in den unterschiedlichsten Herausforderungen der Einsatzwirklichkeit als unverzichtbar. Denn gerade aus der Perspektive des begleitenden Seelsorgers bewahrheitet sich immer wieder die Einsicht, dass kein Mensch nur Soldat ist, sondern weiterhin ganzer Mensch bleibt, mit individuellen Prägungen und Neigungen, mit seinen ureigenen Geschichten und Bedürfnissen, mit seinen eigenen Begabungen und „Versuchbarkeiten", mit seinem eigenen politischen Bewusstsein und seinem eigenen Gewissen. Eine zeit- und einsatzgerechte (Menschen-)Führung kann nur erfolgreich und zielgerichtet stattfinden, wenn dieser Einsicht in vollem Umfang Rechnung getragen wird. Dazu bedarf es auch auf allen Führungsebenen Menschen, die immer wieder einüben, mit anderen Menschen im Team zu arbeiten und zu führen und auf die in Menschengestalt vorgehaltenen Fachressourcen vertrauensvoll zuzugehen.

Abrunden will ich diesen fragmentarischen Überblick über meine Einsatzerfahrungen als begleitender Militärseelsorger mit einem Bild und einem spirituellen Bekenntnis: Der Einsatz und das Leben und Wirken mit der Einsatzgemeinde gleicht einer großen brechenden Welle, deren Tosen äußerst real, absolut bestimmend und einnehmend ist. Doch muss man gewahr bleiben, dass, wenn die Welle verebbt und die Sonne einen Augenblick auf den Strandabschnitt der eben noch tosenden Welle scheint, es so aussieht, als ob sie nie da gewesen wäre.

So fordert und fördert jedes pastorale Engagement im Einsatz die Tugend der Demut und tiefen Dankbarkeit. Es gilt, trotz der fehlenden Garantie auf Erfolg oder gar Nachhaltigkeit, im Bemühen, die Nachfolge Christi zu beschreiten, nicht nachzulassen.

Anmerkungen:

[1] Die Äußerungen geben die persönliche Meinung und Erfahrung des Autors wieder.

[2] Vgl.: ZDv 10/1 Ziff. 609.

[3] Siehe beispielsweise Brinkmann, Sascha, Hoppe, Joachim (Hrsg.), Generation Einsatz, Berlin 2010; Kurbjuweit, Dirk, Kriegsbraut, Berlin 2011; Julian Reichel, Jan Meyer, Ruhet in Frieden, Soldaten, 2010.

Der Sanitätsoffizier und die Anforderungen der modernen Einsatzmedizin. Entscheidung zwischen militärischer Notwendigkeit und medizinischer Ethik

Willi Schmidbauer

Viele Offiziersbewerber, die sich dem Auswahlverfahren der Offiziers-bewerberzentrale mit dem Ziel der Übernahme in das Dienstverhältnis eines Sanitätsoffizieranwärters unterziehen, kennen diese spitzfindige Frage: „Besteht für Sie ein Widerspruch zwischen dem Berufsbild des Offiziers und des Arztes?" Die Antwort, die letztlich jeder Sanitätsoffizier für sich selbst finden muss, ist durch das erweiterte Aufgabenspektrum der Bundeswehr und den damit einhergehenden Auslandseinsätzen jedoch noch komplexer und tief-gründiger geworden. Denn tatsächlich sind in der Funktion des Sanitätsoffiziers zwei sehr verschiedene Berufe vereint, die aber auch über Gemeinsamkeiten verfügen, wie etwa dem deutlich ausgeprägten Standesbewusstsein im Spiegel einer langen traditionsreichen Geschichte. Die vermeintliche Brisanz der einleitenden Frage liegt jedoch sicherlich nicht so sehr in den Gemeinsamkeiten, sondern vielmehr in den vermeintlichen Gegensätzen, die sich möglicherweise aus der Doppelfunktion Arzt/Offizier ergeben könnten. Um einer möglichen Antwort näher zu kommen, ist ein Blick auf Grundsätze des ärztlichen Selbstverständnisses unverzichtbar.

In der Musterberufsordnung von 2006 der Bundesärztekammer sind die wesentlichen Aufgaben ärztlichen Handelns in § 1 beschrieben:[1]

(1) Ärztinnen und Ärzte dienen der Gesundheit des einzelnen Menschen und der Bevölkerung…

(2) Aufgabe der Ärztinnen und Ärzte ist es, das Leben zu erhalten, die Gesundheit zu schützen und wiederherzustellen, Leiden zu lindern, Sterbenden Beistand zu leisten und an der Erhaltung der natürlichen Lebensgrundlagen im Hinblick auf ihre Bedeutung für die Gesundheit der Menschen mitzuwirken.

(3) Ärztinnen und Ärzte üben ihren Beruf nach ihrem Gewissen, den Geboten der ärztlichen Ethik und der Menschlichkeit aus. Sie dürfen keine Grundsätze anerkennen und keine Vorschriften oder Anweisungen beachten, die mit ihren Aufgaben nicht vereinbar sind oder deren Befolgung sie nicht verantworten können.

Deutlich wird, dass neben der fachlichen immer auch die ethische

Komponente ein wesentlicher Bestandteil jeder medizinischen Versorgung ist. Es darf aber in diesem Zusammenhang nicht unerwähnt bleiben, dass medizinische Versorgung letztendlich immer eine Gemeinschaftsleistung des gesamten medizinischen Teams ist, also sowohl des ärztlichen als auch des nichtärztlichen Personals. Gerade deshalb ist anstelle von ärztlicher zutreffender von medizinischer Versorgung, Leistung und auch Ethik zu sprechen. Aber was ist nun eigentlich medizinische Ethik? Allgemeine Definitionen beschreiben sie als sittliche Normsetzung für das Gesundheitswesen. Es ist das Verdienst von Beauchamp und Childress mit ihrer Einführung von vier Prinzipien des ethischen Handelns in der Medizin[2], verständliche sowie in der täglichen Praxis messbare Werte geschaffen zu haben:

- Prinzip der Selbstbestimmung des Patienten

  Keine Behandlung ohne Einwilligung des Patienten.

- Prinzip der Schadensvermeidung

  Keine medizinische Maßnahme darf zusätzlichen Schaden verursachen.

- Prinzip der Fürsorge gegenüber den Patienten

- Prinzip der (Versorgungs-) Gerechtigkeit

Dabei ist diese auch im Originaltext verwendete Reihenfolge keineswegs als Rangfolge zu betrachten. Vielmehr gelten diese Prinzipien gleichberechtigt nebeneinander. Es ist aber durchaus denkbar, dass in gewissen Situationen Prinzipien sich gegenseitig widersprechen können und hier eine Abwägung bzw. Gewichtung erforderlich ist. Dies wird später noch am Beispiel der Triage besprochen. Bemerkenswert ist, dass im Grunde genommen diese vier medizinethischen Prinzipien in vielen Bereichen eine auffallende Übereinstimmung mit den Grundsätzen der Inneren Führung zeigen. In diesem Zusammenhang sei dann auch die Schlussfolgerung erlaubt, dass die sanitätsdienstliche Versorgung erkrankter und verletzter Soldaten im Rahmen des täglichen Routinedienstes in der Heimat bei Einhaltung der bekannten medizinethischen Vorgaben den Ansprüchen der Inneren Führung entspricht. Damit ergibt sich hier wesentlich häufiger eine Synergie zwischen ärztlichen und soldatischen Pflichten als ein – mit der einleitenden Frage angedeuteter – Widerspruch.

Mit der Teilnahme der Bundeswehr an internationalen Militäreinsätzen ist aber eine deutliche Veränderung der Lage eingetreten, die einer gesonderten

Betrachtung bedarf. Wesentliche Merkmale, die Bedeutung für die sanitätsdienstliche Versorgung im Ausland haben, sind die mittlerweile deutlich erhöhte Bedrohungslage, die nahezu nie vorhandene medizinische Infrastruktur im Einsatzland, die erhebliche Entfernung zu Deutschland und Sanitätseinrichtungen, die trotz aller personellen und materiellen Bemühungen niemals den heimatlichen Versorgungsgrad erreichen können. Dies machte eine Neubewertung militärischer, logistischer und sanitätsdienstlicher Grundsätze zwingend erforderlich. Eine ethische Beurteilung des Sanitätsdienstes im Einsatz kann auf verschiedenen Wegen erfolgen. Eine Möglichkeit ist der teleologische Ansatz, der auf die Beurteilung von Zielen und Folgen von Handlungen baut. Übertragen auf die medizinische Versorgung bedeutet das, den Behandlungserfolg zu betrachten, in der Sprache des medizinischen Qualitätsmanagements auch als Ergebnisqualität bezeichnet. Unter diesem Aspekt ist die 1995 erlassene Maxime des Sanitätsdienstes der Bundeswehr als Grundlage der sanitätsdienstlichen Versorgung in den Einsätzen zu betrachten:[3] *Maxime der sanitätsdienstlichen Auftragserfüllung ist es, den Soldaten im Falle einer Erkrankung, eines Unfalls oder einer Verwundung eine Versorgung zuteil werden lassen, die im Ergebnis dem fachlichen Standard in Deutschland entspricht.*

Der darin formulierte Anspruch an den Sanitätsdienst bedeutet, dass unabhängig von den jeweiligen Besonderheiten des Einsatzlandes jedem Soldaten eine dem deutschen Standard angemessene medizinische Ergebnisqualität zu gewährleisten ist. Damit sind zweifelsfrei nicht nur die berechtigten Bedürfnisse der Soldaten, sondern auch grundlegende medizinethische Forderungen hinreichend erfüllt. Aber Medizinethik fordert eben nicht nur die Formulierung theoretischer Grundsätze, sondern eben auch deren praktische Umsetzung. Deshalb mussten nach Formulierung der Maxime anschließend die Voraussetzungen geschaffen werden, diese auch erfüllen zu können. Zu diesem Zweck wurden zwei wesentliche Prinzipien formuliert und umgesetzt, die den Sanitätsdienst im Einsatz nachhaltig prägten und diesem im internationalen Vergleich eine bis heute bestehende führende Rolle zukommen ließen. Das erste Prinzip ist die eindeutige individualmedizinische Auslegung, d. h. der einzelne Patient steht im Mittelpunkt des medizinischen Handelns. Damit verbunden ist der Aufbau und Unterhalt der verschiedenen modularen Sanitätseinrichtungen der Versorgungsstufen 1 - 4 sowohl im Einsatz als auch in der Heimat mit dem Schwerpunkt der raschen chirurgischen Versorgung jedes Verwundeten. Neben einem hohen materiellen Einsatz macht dies aber auch die Schaffung eines entsprechenden Personalpools erforderlich, indem immer mehr einsatzerfah rene Spezialisten benötigt werden, wie z.B. Fachärzte, Fachpfleger, Medizinisch- Technische Assistenten und Medizintechniker. Das zweite prägende Prinzip der Einsatzmedizin ist die uneingeschränkte Sicherstellung der raschen Verlegung nach Deutschland, die nach einer schnellen und effektiven medizinischen Stabilisierung im Einsatzland bei entsprechender Schwere der Verletzung oder Erkrankung zwingend erforderlich ist, um im Heimatland das gesamte Spektrum einer modernen Medizin zur Verfügung zu haben. Damit sind tatsächlich die Bedingungen geschaffen worden, um die sanitätsdienstliche Versorgung im Einsatzland sowohl auf fachlich hohem Niveau als auch den ethischen Vorgaben entsprechend nicht nur rund um die Uhr, sondern auch weltweit durchführen zu können.

Trotz dieser guten Voraussetzungen kann aber der Sanitätsoffizier im Einsatz auch mit Situationen konfrontiert werden, die eine große ethische Herausforderung darstellen. Stellvertretend dafür steht das sanitätsdienstliche Management beim Massenanfall an Verwundeten. Diese Lage ist maßgeblich dadurch gekennzeichnet, dass für den Augenblick die Anzahl der zu versorgenden Verwundeten die zur Verfügung stehenden Behandlungskapazitäten deutlich übersteigt. Damit müssen zumindest für einen gewissen Zeitraum die bereits erwähnten Prinzipien der Individualmedizin aufgegeben werden. Das Ziel ist dabei, für möglichst viele Betroffene unter den gegebenen Umständen eine ausreichende Therapie zu gewährleisten. Ein entscheidendes Instrument zur Beherrschung dieser schwierigen Situationen ist die ärztliche Triage, womit eine Behandlungsreihenfolge festgelegt wird, die sich ausschließlich an der Verletzungsschwere, der Lebensgefahr und der Überlebenswahrscheinlichkeit orientiert und explizit nicht an dem Behandlungsanspruch des Einzelnen. Die Aufgabe des Sanitätsoffiziers besteht darin, alle Verletzte zu sichten und jeweils einer von insgesamt vier Sichtungsgruppen zuzuweisen. Dies führt in der Praxis dazu, dass weniger schwer Verletzte im Vergleich zur Individualmedizin deutlich verzögert und meistens auch weniger intensiv behandelt werden, solange keine akute Lebensgefahr besteht. Andererseits müssen aber auch Schwerstverletzte ohne Überlebenschance identifiziert werden, die neben einer suffizienten Infusions- und Schmerztherapie keine zusätzliche Behandlung erhalten können. Obwohl über die ethische Reichweite einer Triage sicherlich vielschichtig diskutiert werden kann, steht zweifelsfrei fest, dass damit eine Methode zur Anwendung kommt, wodurch die Versorgungsgerechtigkeit *aller Verletzten* trotz Limitationen des *Einzelnen* optimiert wird. Dass zumindest derzeit für den Massenanfall keine ethisch besser untermauerten Alternativen existieren, unterstreicht auch die Tatsache, dass in der zivilen Katastrophenmedizin exakt die gleichen Prinzipien zur Anwendung kommen.

Eine weitere wichtige, ethisch nicht immer leicht zu lösende Frage ist der Umgang mit der Zivilbevölkerung im Einsatzland. Eingesetzt in Ländern mit keiner oder schlecht ausgebauter eigener medizinischer Infrastruktur ist die Übernahme der Behandlung ziviler einheimischer Patienten nahezu immer ein Thema, mit dcm der Sanitätsdienst sich konfrontiert sieht. Dabei besteht einerseits die ärztliche Pflicht, kranke und verletzte Patienten unabhängig von ihrem Status zu behandeln, andererseits darf aber dadurch keinesfalls eine Einschränkung der Versorgung der Soldaten entstehen. Um diesen vermeintlichen Widerspruch erst gar nicht aufkommen zu lassen, muss der Übernahme ziviler Patienten immer eine individuelle Prüfung vorausgehen. Entscheidungskriterien sind neben der grundsätzlichen Durchführbarkeit der erforderlichen Maßnahmen in den Sanitätseinrichtungen auch die Dauer des vermuteten Aufenthaltes sowie der dazu benötigte materielle und personelle Aufwand. Andererseits sollte man sich der Versorgung ziviler Patienten nicht nur aus medizinethischen Gründen zuwenden. So kann die positive Wirkung von konkreten Hilfeleistungen für die Zivilbevölkerung nicht hoch genug eingeschätzt werden, um dem erklärten, auch international im Rahmen der NATO formulierten Ziel „winning hearts and minds" näher zu kommen. Wann immer möglich, sollte dabei versucht werden, eine möglichst enge Kooperation mit zivilen medizinischen Einrichtungen auf- und auszubauen, um im Idealfall eine gemeinsame Behandlung der Patienten zu erreichen und auch nach dem Ende der jeweiligen Mission dauerhafte und effektive Strukturen zu hinterlassen, von denen die Bevölkerung noch lange profitiert. Gleichzeitig ist aber auch klar und nicht zu ändern, dass mit dieser Form der zivilmilitärischen Zusammenarbeit nie alle bedürftigen Patienten erreicht werden können und zwangsläufig eine Auswahl der zu versorgenden Patienten erfolgen muss. Dieses leidvolle Phänomen ist gleichfalls aus der zivilen Entwicklungshilfe bekannt und muss schweren Herzens akzeptiert werden, denn letztlich ist es auch ethisch betrachtet besser, wenigen als gar niemandem zu helfen.

Zusammenfassend kann geschlussfolgert werden, dass der Sanitätsoffizier grundsätzlich unabhängig von seinem Einsatzort nicht nur an die Grundsätze der Medizinethik gebunden ist, sondern sich auch unter Rahmenbedingungen bewegt, um diesen ethischen Ansprüchen genügen zu können. Damit kann die anfangs gestellte Frage nach dem Widerspruch zwischen Arzt und Offizier aus Sicht des Autors überzeugend mit „Nein" beantwortet werden.

So ist der Sanitätsoffizier eben nicht nur Staatsbürger in Uniform, sondern entsprechend seiner Doppelrolle auch der Arzt in Uniform.

Anmerkungen:

[1] (Muster-)Berufsordnung für die deutschen Ärztinnen und Ärzte (Stand 2006). http://www.bundesaerztekammer.de/page.asp?his=1.100.1143

[2] Beauchamp, T.L., Childress, J.F., Principles of Biomedical Ethics, New York-Oxford: Oxford University Press 1994.

[3] Schoeps, S., Die Entstehung der Maxime des Sanitätsdienstes der Bundeswehr als Grundlage der sanitätsdienstlichen Versorgung in den Einsätzen. In: Willy, C. (Hrsg.), Weltweit im Einsatz - der Sanitätsdienst der Bundeswehr, beta Verlag, Bonn 2010.

Als Truppenpsychologe im Einsatz

Sven Buß

Wie soll man einen Bericht über den Einsatz beginnen? Man könnte den Einsatzort beschreiben. Jedoch: Ein militärischer Einsatz beginnt nicht am Einsatzort und er endet auch nicht dort. Es ist in der Tat am Einsatzbeginn auch nicht mit dem „Einsatz vor dem Einsatz", also der zeitraubenden, aber auch notwendigen Vorbereitung getan. Der Einsatz beginnt mit dem Selbstverständnis und dem Berufsbild des Soldaten. Der Einsatz beginnt vor allen Dingen auch mit einer inneren Auseinandersetzung des Soldaten, ob er bereit ist, sich den besonderen Herausforderungen und Belastungen eines militärischen Einsatzes zu stellen. Am Anfang des Einsatzes steht aber auch die Entscheidung des Umfeldes des Soldaten, das ihn stützt oder von der Entscheidung für eine Einsatzteilnahme abzuhalten versucht, was durchaus erhebliche Auswirkungen haben kann. Und der militärische Einsatz ist auch erst dann beendet, wenn der Soldat und sein Umfeld ihn innerlich abschließen können.

Ein weites Feld also, das hier zu beschreiben ist. Also nehmen wir einen Ausschnitt und beschreiben die persönlichen Eindrücke eines Truppenpsychologen im Einsatz in Afghanistan, ohne Details zu vertiefen. Der Truppenpsychologe wird begleitet und unterstützt vom Truppenpsychologiefeldwebel; daraus erklärt sich die „wir"-Form der Beschreibung.

Einsatzvorbereitung

Abseits aller militärfachlichen Vorbereitungsaspekte wurde uns deutlich, dass die eigentliche Auseinandersetzung mit den zu erwartenden Gefährdungen vor allen Dingen davon abhängt, wie weit man die Nachrichten und den „smalltalk" während der Vorausbildung an sich heran lässt. Aber auch davon, wie sich die Einsatzvorbereitung strukturell und inhaltlich gestaltet. Durch die eigenen Ausbildungsanteile vor dem Einsatz, die der Truppenpsychologe neben seiner Hauptarbeit bewältigt, waren wir so ausgelastet, dass Reflektieren und Grübeln ohnehin nur eine untergeordnete Rolle spielen konnten. Es half hier sicherlich, sich auf die Ausbildung und Vorbereitung zu konzentrieren, ohne sich durch „Nebenkriegsschauplätze" ablenken zu lassen.

Der besonderen Gefahren waren wir uns trotzdem bewusst, schritten also an die eigene Einsatzvorbereitung und bereiteten parallel die Truppe auf die zu erwartenden Belastungen vor. Obwohl die Soldaten neben der praktischen Ausbildung sehr komprimiert durch Fachkräfte mit dem Wissen über das Einsatzland und über sonstige Aspekte des Einsatzes (Umgang mit Stress und Belastung, religiöse Fragestellungen, rechtliche Hintergründe usw.) konfrontiert wurden, war das Interesse an psychologischen Themen hoch, es wurden Fragen gestellt und auch Einzelgespräche eingefordert. Auch wurden die zusätzlich angebotenen einsatzvorbereitenden Gespräche mit Führungspersonal in den Einsatzeinheiten mit dem Psychologischen Dienst nach und nach recht gut angenommen. Wir versuchten, die Inanspruchnahme von Hilfestellungen schon früh zu normalisieren. Eine „Scheckkarte" mit Hilfsadressen des Verbandes und weiterer Hilfsadressen – bspw. im Internet – wurde in großer Anzahl verteilt. Das Signal sollte sein, dass es genauso normal ist, den Pfarrer oder den Truppenpsychologen bei seelischen Fragestellungen aufzusuchen wie den Truppenarzt bei Magenbeschwerden oder den Sozialen Dienst bei finanziellen Problemen. Dieses Vorgehen der Betonung ständiger multiprofessioneller Präsenz von Fachkräften deckt sich mit dem Dreiphasenmodell/Drei-Ebenenkonzept der Hilfe bei Belastungen, bei dem deutlich wird, dass fachliche Hilfe bei seelischen Belastungen schon vor Einsätzen beginnt und auch erst nach der Nachsorge endet. In der Nachbetrachtung halten wir die Präventionsarbeit und die Präsenz der Fachdienste schon im Vorfeld des Einsatzes allein schon wegen der Senkung von Hemmschwellen für einen der wesentlichen Wirkfaktoren in der fachlichen Begleitung von Einsätzen durch den Truppenpsychologen.

Erste Erkenntnis: Die möglichst frühe und umfassende Normalisierung der Inanspruchnahme von professionellen Hilfeleistungen bei psychischen Belastungen ist ein wesentlicher Aspekt der späteren tatsächlichen Nutzung.

Einsatzbegleitung

Nun mag man ja denken, dass der dann folgende Einsatzbeginn für einen Truppenpsychologen eine leichte Übung ist. Weit gefehlt, die menschlichen Bindungsbedürfnisse sind eben ein allgemein menschliches Merkmal, und sich von seinen Bezugspersonen für eine lange Zeit zu verabschieden, ist für keinen leicht. Allerdings halfen die vielfältigen neuen Eindrücke und die Konzentration auf die Arbeit, recht schnell Tritt zu fassen. Im Einsatz konnte man dann nach einer guten kollegialen Einarbeitung durch den Vorgänger dort beginnen, wo man aufgehört hat: Präsenz zeigen, Hemmschwellen senken und Hintergrundwissen vermitteln. Wir boten an, in jeder neuen Einheit am Einsatzort die Führungskräfte als Multiplikatoren hinsichtlich des Umgangs mit Belastungsfaktoren zu beraten, was in der Regel zeitnah angenommen wurde. Gleichzeitig warben wir bei den Führungskräften für die Normalisierung der Inanspruchnahme fachlicher Hilfe aller Dienstgradgruppen bei Bedarf, und mit Aushängen machten wir für jeden Soldaten an zentralen Orten des Lagers auf die Möglichkeit unserer Unterstützung aufmerksam. Die zentrale Bedeutung der Führungsberatung kann an dieser Stelle gar nicht hoch genug bewertet werden. Wir gingen dann auch dazu über, ankommenden Soldaten persönlich den Psychologischen Dienst vorzustellen. Da befanden wir uns in guter Nachbarschaft zum Militärpfarrer, der ebenfalls für jeden ersichtlich Unterstützungsleistungen anbot. Wir gründeten dann am Einsatzstandort gemeinsam mit Arzt und Pfarrer auch ein „Bonsai-PSN" (PSN= Psychosoziales Netzwerk, an den Heimatstandorten i.d.R. bestehend aus Truppenarzt, Truppenpsychologe, Militärpfarrer und Sozialem Dienst) und trafen uns regelmäßig zu Austausch und zur sinnvollen Koordination der Arbeit. Da die Ärzte häufiger wechselten, mussten stets neue Einladungen zum PSN-Treffen ausgesprochen werden, was sich aber unkompliziert gestaltete, da auch die Mediziner anscheinend die Kooperation im PSN schon für selbstverständlich hielten.

Die vor Ort anwesenden Peers (Peer = in psychosozialer Selbst- und Kameradenhilfe nach Belastungen geschulter Soldat) beriefen wir zu regelmäßigen Treffen ein, um diese als Multiplikatoren für die professionelle Unterstützung der Soldaten zu gewinnen. Recht schnell kam dann die eine oder andere Einladung zu einem Essen oder Kaffeegespräch durch die Truppe; gerade die informellen Kontakte bahnten dann auch den Weg zum Einzelgespräch oder zur Führungsberatung.

Zweite Erkenntnis: Truppenpsychologie im Einsatz ist eine proaktive Tätigkeit, ist ständiges Zugehen auf die Truppe, ist im Idealfall die Präsenz eines professionellen Dienstleisters.

Bald nach der ersten Orientierung wurde es auch schon sehr ernst. Als wir nach Gefechten eigene Todesfälle und weitere schwierige Situationen zu bewältigen hatten, ging das nur gemeinsam mit anderen Fachkräften, mit Peers und im guten Kontakt mit der militärischen Führung. Wir versuchten dabei, sehr stark bedarfsorientiert vorzugehen. Plötzlich wurden alle möglichen fachlichen Kompetenzen innerhalb kürzester Zeit abgefragt: Führungsberatung, Krisenintervention, Gruppengespräche, Psychoedukation, Einzelfallberatung, Einleitung weiterer Hilfsmaßnahmen, Anleitung von Multiplikatoren, Arbeit im Fachkräfteteam (PSN) usw. Dazu kam noch der Wunsch nach Hilfsleistung für befreundete militärische Kräfte einer anderen Nation und auch die Beratung im Sanitätsbereich hinsichtlich des Umgangs mit betroffenen zivilen Personen. Also schnell noch psychologische Begriffe übersetzen und dann los...

Fachlich orientierten wir uns dabei an bewährten notfallpsychologischen Methoden der Krisenintervention und Stabilisierung, vermieden es aber, „invasiv" vorzugehen und Hilfsangebote nach Rezept aufzudrängen, da unseres Erachtens bei der Intensität der Ereignisse hier der Schaden möglicherweise den Nutzen überstiegen hätte.

Eins soll vorweg genommen sein: Die Kameraden, welche oft außerhalb des Lagers unterwegs sind, tragen die Hauptlast eines Einsatzes, weil sie eben auch noch die starken emotionalen Belastungsfaktoren der unmittelbaren Bedrohung ertragen müssen. Der Psychologische Dienst bewegt sich nur selten außerhalb des Lagers. Man kann aber unschwer erkennen, dass das unkontrollierbare Einsatzgeschehen auch für eine nicht schichtfähige Einheit wie den Psychologischen Dienst eine Dauerbelastung über Monate war, zumal auch in der Nacht die Erreichbarkeit gegeben sein musste und das Lager bspw. aufgrund von Beschuss eben auch kein gänzlich ungefährlicher Ort ist. So versuchten wir, nach bedeutenden Belastungsphasen selbst das durchzuführen, was wir auch den Soldaten oft geraten hatten: Möglichst bald zur „Normalität" des Einsatzes zurückkehren und Ressourcen nutzen (Sport, Ruhephasen, Entspannung, Hobbies im möglichen Rahmen des Einsatzes, Pflege sozialer Kontakte, Gespräche mit Fachkräften und Peers etc.). Retrospektiv war dies sehr wertvoll; ohne die Nutzung eigener Ressourcen und auch fachlicher Supervision hätten wir nach dem Einsatz sicherlich nicht unbeschadet in den Dienst zurückkehren können.

Dritte Erkenntnis: Helfer sind nur dann in der Lage, angemessen zu unterstützen, wenn sie auch selbst stabil sind. Belastung macht auch vor Dienstgraden und Fachkräften nicht Halt. Der Truppenpsychologe hat auch Psychohygiene zu betreiben.

Die durch das Einsatzgeschehen belasteten Kameraden haben uns immer wieder beeindruckt. Trotz aller Trauer und allem Schmerz wollten auch die Soldaten nach der Trauerfeier für gefallene Kameraden und einer kurzen zurückgezogenen Zeit mit Gesprächen und Begleitung recht schnell wieder zum militärischen Alltag zurückkehren. Insbesondere intensive kameradschaftliche Gespräche unter den Soldaten halfen neben den beschriebenen Hilfsangeboten dabei, wie wir selbst immer wieder feststellen durften. Die Soldaten wollen schnell wieder handlungsfähig sein. Dazu war es aber auch wichtig, sie emotional zu entlasten, was wir in einigen Fällen recht gut bei den unmittelbaren militärischen Führungskräften beobachten konnten, die ihren Soldaten nach der Rückkehr ins Lager für die Leistung Respekt zollten und sie in ihrem angemessenen Handeln bestärkten.

Vierte Erkenntnis: Professionelle Einsatzbewältigung der Soldaten ist offensichtlich die zeitnahe Unterstützung bei der Herstellung einer möglichst „normalen", alltäglichen Lebensstruktur nach Belastungsphasen, in der man sich bei Bedarf gegenseitig unterstützen oder auf fachliche Unterstützungsangebote zurückgreifen und individuelle Lösungsmodelle für den Umgang mit den Belastungen entwickeln kann.

In der Tat hilft am besten gegen die Hilflosigkeit in den Belastungsphasen, selbst etwas tun zu können, nie hilflos zu sein. Bei manchen Soldaten war aber auch deutlich geworden, dass fachliche Unterstützung in der Heimat notwendig werden würde. Auch gab es Rückkehrer aus persönlichen Gründen, die sich nach den Ereignissen nicht mehr auf das Einsatzgeschehen einlassen konnten. Wir hatten großen Respekt vor den Soldaten, die weiter ihren Dienst vor Ort versahen, aber auch vor denen, die offen bereit waren, über ihre Belastungen zu sprechen und Hilfe anzunehmen. So etwas ist nur möglich, wenn das offene Gespräch nicht gescheut wird. Neben der großen Unterstützung aus der Heimat, die für viele Soldaten sehr wertvoll war, gab es natürlich, wenn auch eher selten, das Gegenteil: Familien, die aus Angst um ihre Angehörigen zusätzlich zum Einsatzgeschehen emotionalen Druck aufbauten, damit die Kameradinnen oder Kameraden zurückkehren. Das ist einerseits verständlich, andererseits war dies für die betroffenen Soldaten wirklich nicht einfach und – das haben wir gelernt – man kann wirklich nur, möglichst schon in der Vorbereitung der Einsätze, an die Soldaten und die Familien appellieren, den Soldaten unbeeinflusst diese Entscheidung selbst zu überlassen, wenn auch die Angst vor dem Hintergrund der Einsatzgeschehnisse in bestimmten Regionen Afghanistans sicherlich berechtigt ist.

Vor der Heimkehr gibt es beim Truppenpsychologen im Einsatz das Angebot der sogenannten Abfliegergespräche, in denen ein Impulsvortrag mit anschließender Möglichkeit zur Beantwortung von Fragen gehalten wird. Die Stimmung war hier in der Regel recht gut und die Soldaten freuten sich merklich auf die Rückkehr. Wir mussten dann manchmal etwas Wasser in den Wein schütten, ohne die Freude zu verderben, was einen schmalen Grat darstellt. Aber besser realistische Vorstellungen von der Rückkehr als enttäuschte Gesichter und Partnerschaftskonflikte oder große Einsamkeit nach der Landung.

Da hatten wir auch das Glück einsatzerfahrener Soldaten, die uns in diesen Gesprächen oft zur Seite standen und deutlich machten, dass sie viele ähnliche Erfahrungen gemacht hatten, wie wir sie vorstellten (bspw. Probleme und Lösungsansätze beim Umgang mit Überraschungen zu Hause, mit eigenen Erwartungen, mit Genussmitteln, mit belastenden Symptomen usw.). Trotz allem wurde hier viel gelacht, ein doch merkliches Aufatmen nach vielen Einsatztagen.

Nach dem Einsatz…

Persönlich bin ich dankbar und froh, dass wir unseren Einsatz mit Kameradinnen und Kameraden erleben durften, die anscheinend allgemein eine enorme Leistungsbereitschaft und inzwischen gleichzeitig eine große Offenheit gegenüber den fachlichen Hilfestellungen mitbringen. Dies zeigt sich auch in den nachfolgenden Einsatznachbereitungsseminaren, an denen immer mehr Partnerinnen teilnahmen. Ich habe viel gelernt über die Themen Kameradschaft, Mut und Uneigennützigkeit. Und vor allem habe ich gelernt, dass Menschen an Belastungen auch wachsen können, selbst wenn sie eine Wunde davontragen. Wissenschaftlich gibt es hierzu bereits den Begriff des „posttraumatischen Wachstums". Längst nicht jeder Soldat wird im Einsatz traumatisiert. Wenn es jedoch so ist, soll er die Möglichkeit bestmöglicher Hilfestellung haben. Es ist kein Zeichen von Schwäche, im Gegenteil ist es eher mutig, zu belastenden Symptomen zu stehen. Und die PTBS (Posttraumatische Belastungsstörung) ist nicht alles, was die Seele belasten kann, es gibt auch Depressionen, Suchterkrankungen, Angststörungen usw. und dies nicht ausschließlich im Zusammenhang mit dem Einsatz, sondern auch bspw. im Rahmen von Partnerschaftskonflikten, privaten Schicksalsschlägen, Einsamkeit und Erkrankungen.

Wenn der Soldat aber tatsächlich von sich sagen kann, dass er trotz der normalen Belastung nach einer solch fordernden Zeit gestärkt aus den Belastungen hervorgegangen ist, was in der Regel auch geschieht (nicht zuletzt auch oft im Rahmen eines gesunden sozialen Umfeldes), dann sollte man ihm nicht das Gegenteil einreden, ganz im Sinne des derzeitigen Focus der medialen Berichterstattung auf Psychotraumatisierung. Es ist kein Soldat unnormal, wenn er unbeeinträchtigt aus dem Einsatzgeschehnissen zurückkehrt. Wenn er einen Sinn erkennen kann, sollte man nicht versuchen, ihm diesen abzusprechen.

Fünfte Erkenntnis: Menschen, die bereit sind, militärische Einsatzbelastungen zu tragen, sind entschlossen und mutig, weil sie wie auch andere Einsatzkräfte (Polizei, Feuer-

wehr etc.) im Ernstfall bereit sind, das Höchste einzusetzen, was sie haben – ihr eigenes Leben. Sie gewinnen manchmal existenzielle Einsichten, kennen neben ihrem Mut ihre Ängste und Grenzen gut und können auch anderen Menschen ein Vorbild sein.

Ausblick

An dieser Stelle möchten wir uns maßgeblich dafür einsetzen, dass neben der bestmöglichen Hilfestellung für belastete Soldaten auch Prozesse weiter erforscht und ausgewertet werden, die das Thema psychischer Widerstandsfähigkeit (Resilienz) unter Einsatzbedingungen berühren. Bei allem Einsatz für die gute Versorgung belasteter Soldaten sollten wir uns vor dem Hintergrund sich ständig wandelnder Einsatzbedingungen auch präventiv darauf konzentrieren, fortlaufend zu erforschen und das anzuwenden, was Menschen in solchen Extremsituationen hilft, was sie stärkt und schützt. Wir wissen nicht, welche Zukunft auf unsere Soldaten wartet.

Abschließende Erkenntnis: Die Soldaten psychisch weiter gegen mögliche zukünftige belastende Situationen zu wappnen und hierbei aktuell förderliche Prozesse zu erforschen und effektiv umzusetzen, ist aus psychologischer Sicht sicherlich eine der wesentlichen Aufgaben, die unseren Soldaten und deren Angehörigen zugute kommt. Dabei sollten weiterhin das Wohl und die Psychohygiene des einzelnen Soldaten im Vordergrund stehen.

Erklärung: Drei-Phasen-Drei-Ebenen-Konzept der Stressbewältigung in der Bundeswehr

Das Drei-Phasen-Drei-Ebenen-Konzept der Stressbewältigung in der Bundeswehr (u.a. Fü S I, Rahmenkonzept zur Bewältigung psychischer Belastungen von Soldaten, Anlage, HFüKdo, 2007) hat zum Ziel, „die psychische Belastbarkeit des Soldaten im Rahmen der Einsatzvorbereitung zu stärken, die psychische Belastbarkeit des Soldaten im Einsatz zu stabilisieren (…) und Folgeschäden zu verhindern und erforderlichenfalls zu behandeln". Es sieht die psychosoziale Unterstützung von Soldaten und Angehörigen vor, während und nach einem Auslandseinsatz vor (3 Phasen). Dabei wird die Hilfe gestuft (3 Ebenen) angeboten: Zunächst greifen auf der ersten Ebene die in der Vorausbildung erworbenen Kompetenzen der Selbst- und Kameradenhilfe sowie die Hilfe durch Vorgesetzte. Auf einer zweiten Hilfsebene sind die Fachkräfte des Psychosozialen Netzwerkes (Truppenarzt, Truppenpsychologe, Sozialarbeiter, Militärseelsorger) verfügbar, hier kann erforderlichenfalls auf die 3. Ebene der Hilfe weiter verwiesen werden (Facharztebene bzw. Psychotherapie). Die Krisenintervention stellt dabei einen Sonderfall dar, bei dem die notwendigen Fachkräfte ergänzt durch Peers (im Stressmanagement ausgebildete Soldaten) unmittelbar Hilfe bereitstellen.

Als Reservist im Einsatz

Alexander Faas

Flughafen Köln-Wahn, 11.08.2010. Jetzt sitze ich hier mit vielen anderen Kameraden in der Abfertigungshalle des militärischen Bereiches des Flughafens und warte darauf, dass mein Flug nach Afghanistan aufgerufen wird. Wie alle anderen Anwesenden trage auch ich die obligatorische Uniform und habe meine notwendigsten Habseligkeiten in einer kleinen Tasche dabei. Keiner beachtet mich besonders und ein jeder hängt seinen Gedanken nach. Gedanken, die uns alle umtreiben. Gedanken über die Familie, die Freunde, über das Bevorstehende und vielleicht auch über das Vergangene. Aber trotz der äußeren Uniformität sowie bestimmt auch der gleichen Gedanken in diesen Augenblicken gibt es einen Unterschied zwischen mir und den anderen: Ich bin Reservist.

Doch was macht das für einen Unterschied? Welche sind die Merkmale, die einen Reservisten vom aktiven Soldaten unterscheiden? Sind es die von Vorurteilen beladenen, stereotypen Verdächtigungen aktiver Soldaten, dass alle Reservisten lange Haare und einen dicken Bauch haben, sich die Uniform nicht mehr richtig anziehen können und alles mit Phantasieabzeichen behängen, alles militärische Wissen ihrer aktiven Zeit vergessen haben und nur Schießen, Saufen und Schlauchboot fahren können?

Nun, ein Funken Wahrheit steckt wohl in jedem Gerücht. Und es mag wohl auch den einen oder anderen Reservisten geben, auf den diese Beschreibung passt. Doch was macht den wahren Unterschied aus? Diesem Gedanken folgend, sitze ich immer noch in der Wartehalle des Flughafens in Köln-Wahn und schaue in die Runde, ob ich nicht doch noch ein bekanntes Gesicht entdecke. Mit etwas Wehmut beobachte ich andere, wie sie in Gespräche mit ihren Kameraden vertieft sind. Vorgesetzte, Offiziere wie Unteroffiziere, vor allem aber die Kompaniefeldwebel verabschieden ihre Soldaten in den Einsatz. Zeigen damit die Verbundenheit zu einer Einheit, die doch gerade in diesen Situationen von großem, besonderen Wert ist.

Da man als Reservist, also als inaktiver Soldat, in der Regel nicht einem aktiven Verband angehört, ist die Situation hier anders. Das fängt schon mit den ersten Schritten an. Die Entscheidung, in einen Auslandseinsatz zu gehen, ist für einen Reservisten eine freiwillige. Gut, generell kann niemand zu einem Auslandseinsatz gezwungen werden, doch spielen die Karrierechancen, Gruppenzwang und andere Faktoren für den aktiven Soldaten hier eine größere Rolle. Als ich mich für die Teilnahme an einem Auslandseinsatz entschied, saß ich als Zivilist zu Hause und habe ohne jede Form von Zwang darüber entschieden. Als diese Entscheidung gefallen war, fängt, wie bei jedem anderen Soldaten auch, der Verwaltungsakt an, welcher einem jeden Einsatz vorhergeht. Doch wo liegt hier der Unterschied?

Der Flug wie auch die Nacht in Termez, Uzbekistan, verlief ereignislos. Doch der nächste Tag sollte die eine oder andere Überraschung bereit halten. Kunduz, im Norden Afghanistans gelegen, war diesmal mein Einsatzort. Dort angekommen, wird man vom Transportzug am Flughafen abgeholt und in das nicht weit entfernte PRT gebracht. Am sogenannten „Hauptbahnhof" warten dann die Vorgänger, die Kompaniefeldwebel oder aber auch befohlene Soldaten der jeweiligen Einheiten auf die Neuankömmlinge. Als dann alle anderen Neuankömmlinge unter der Führung ihrer Kompaniefeldwebel oder Vorgänger fort waren, ich aber als einziger zurückblieb, ohne dass sich einer für mich verantwortlich zeigte, überkam mich ein bekanntes Gefühl der Einsamkeit.

Eben diese Einsamkeit unterscheidet hier den aktiven Soldaten vom Reservisten. Der zu einer aktiven militärischen Einheit gehörende Soldat kann auf eine bestehende Infrastruktur zurückgreifen, welche ihm im Rahmen der Einsatzvorbereitung und Einsatzplanung unterstützt und berät. Natürlich steht dies auch dem Reservisten zur Verfügung, aber nicht jeder Reservist wohnt in der Nähe seines Truppenteils, zu dem er beordert ist. Also bleibt einem nichts anderes übrig, als sich notgedrungen um die meisten Dinge selbst zu kümmern. Terminieren der Einkleidung, der Voruntersuchungen, der Impftermine, der Sanitätsausbildung, der ABC-Schutzmasken Dichtigkeitsprüfung, des Schießens und so weiter. Alles Dinge, ohne die der Einsatzverband einen nicht in den Einsatz ziehen lässt. Also selber telefonieren, Termine abstimmen und hoffen, dass man an einen gerät, der Verständnis und Erfahrung mit der besonderen Situation eines Reservisten hat. Zum Glück lebe ich in einer Gegend, in der die Bundeswehr noch mit einigen Standorten vertreten ist. Andernfalls hätte ich für alles durch die halbe Republik fahren dürfen. Auch dass dies nicht mein erster Auslandseinsatz war, half mir, die eine oder andere Klippe zu umschiffen, auf die ich vorher schon aufgelaufen war.

So hatte ich es doch nun endlich geschafft. Seit einigen Wochen gehe ich schon meinem Auftrag nach, Afghanen zu Polizisten auszubilden. Dazu bin ich als einziger deutscher Soldat in einem Polizeiausbildungslager mit US-amerikanischen Soldaten, Mitarbeitern eines US-amerikanischen Sicherheitsunternehmens sowie mehreren hundert afghanischen Ausbildern untergebracht. War ich noch in meinem ersten Afghanistaneinsatz mit der 1. deutschen QRF im Norden Afghanistans unterwegs, so war ich diesmal doch mehr stationär eingesetzt. So verschieden beide Einsätze waren, eines hatten sie doch gemeinsam. Mein persönlicher Anspruch in Bezug auf mein militärisches Auftreten erlaubt es mir nicht, einen spürbaren Unterschied zu einem aktiven Soldaten zu zeigen. Weder in Auftreten, Fachwissen sowie physischer und psychischer Belastbarkeit will ich mich unterscheiden. Das ist zumindest mein selbst gesetztes Ziel. Dass ich dies erreiche, zeigt sich an dem Umstand, dass ich immer wieder überraschte Gesichter sehe, wenn ich mich als Reservist zu erkennen gebe. Da ich den Umstand, Reservist zu sein, nicht als Ausrede oder Entschuldigung für schlechte Leistungen oder mangelndes Können nutze, sondern mich an den Normen und Werten eines aktiven Offiziers orientiere, sehe ich hier keine Notwendigkeit, mich als Reservist zu „outen". Schließlich hat mich der Dienstherr nicht als Reservist nach Afghanistan entsandt, sondern als Offizier. Während meiner Zeit in Afghanistan trage ich ja schließlich die gleiche Uniform, die gleichen Dienstgradabzeichen und die identische Ausrüstung wie ein jeder auch. Damit einher gehen zwar dann auch die gleichen Rechte, wie sie einem aktiven Soldaten zustehen, aber auch die gleichen Pflichten.

Gerne erinnere ich mich immer noch an eine Situation in meinem Einsatz in Bosnien. Damals wurde ich zu meinem Disziplinarvorgesetzten gerufen, welcher mit mir eine Beschwerde zweier Feldwebel (der Reserve) besprechen wollte. Der Sachverhalt wurde schnell geklärt und ich wurde gebeten, doch Verständnis gegenüber den zwei Kameraden zu zeigen. Schließlich seien dies ja Reservisten und da müsse man doch toleranter sein und andere Maßstäbe ansetzen. Als ich dies vehement verneinte und erklärte, hier nicht mir zweierlei Maß zu messen, zeigte sich mein Vorgesetzter doch etwas irritiert. Und als ich ihn mit dem Umstand vertraut machte, dass ich auch Reservist sei, bemerkte er lediglich: „Jetzt habe ich mich aber in ein Fettnäpfchen gesetzt".

Gerade in der heutigen Zeit sollte aber der Selbstanspruch eines jeden, ob aktiver Soldat oder Reservist, den jeweiligen Rahmenbedingungen eines Auslandseinsatzes entsprechen. Als Reservist in den Einsatz zu gehen, unterscheidet sich in keinem Punkt von dem eines aktiven Soldaten. Dem feindlich gesinnten Gegenüber, sei es in Afghanistan oder sonst wo auf der Welt, ist es herzlich egal, auf wen er anlegt oder wer auf seine Sprengfalle fährt. Daher sollte es auch in unseren Reihen keine Unterschiede geben. Als Reservist möchte man schnell in eine gewachsene Einheit integriert werden und als vollwertiger Teil einer solchen anerkannt werden. Besondere Rücksicht und das ständige Unterscheiden zwischen Aktiven und Reservisten wirkt sich hier kontraproduktiv auf die Gesamtsituation aus. Häufig habe ich am Ende eines jeweiligen Einsatzes erst erfahren, wer außer mir auch noch Reservist ist.

Der wahre Unterschied ist, dass ich vor dem Abflug der Herr Faas war, während des Einsatzes der Major Faas bin und nach Einsatzende wieder zum Herrn Faas werde.

Abkürzungsverzeichnis

APRP   **A**fghan **P**eace and **R**eintegration **P**rogramm: Nationales Aufbau- und Friedensprogramm mit dem Ziel, der Gewalt abzuschwören, die Taliban politisch einzubinden, die Wirtschaft zu entwickeln und die Regierung handlungsfähig zu machen („selbsttragende Sicherheit").

COIN   Unter **Co**unter**in**surgency versteht man Aufstandsbekämpfung; sie beinhaltet verschiedene Taktiken und Strategien zur Bekämpfung von bewaffneten Aufständen. Sie ist Bestandteil der Asymmetrischen Kriegsführung.

Coaching   Coaching ist die lösungs- und zielorientierte Begleitung und Beratung von Menschen, vorwiegend im beruflichen Umfeld, zur Förderung der Selbstreflexion sowie der selbstgesteuerten Verbesserung der Wahrnehmung, des Erlebens und des Verhaltens.

COP   **C**ombat **O**ut**p**ost: abgesetzter Gefechtsstand

CISM   **C**ritical **I**ncident **S**tress **M**anagement: US-Konzept von Mitchell und Everly. Standardisierte Verfahren, die nach erheblichen Stressbelastungen eingesetzt werden. Das mehrteilige Modell ist anerkannt. In Deutschland ist es die am weitesten verbreitete Methode bei der psychosozialen Notfallversorgung.

FMO   **F**ührungsbegleitung in **m**ilitärischen **O**rganisationen; Ziel ist es, Menschenführung, Führungsstil und Führungskompetenzen zu verbessern und somit die Teamleistung zu stärken.

IED   „**I**mprovised **E**xplosive **D**evice"; es bezeichnet eine unkonventionelle Spreng- und Brandvorrichtung.

ISAF   Die Internationale Sicherheitsunterstützungstruppe, kurz ISAF (aus dem engl. **I**nternational **S**ecurity **A**ssistance **F**orce), ist eine Sicherheits- und Aufbaumission unter NATO-Führung im Rahmen des Krieges in Afghanistan seit 2001.

KFOR   **K**osovo **Forc**e: internationale Friedenstruppe unter UN-Mandat (Sicherheitsratsresolution 1244) im Kosovo. Die KFOR rückte am 12.6.99 unter Führung der NATO mit ca. 60.000 Soldaten im Kosovo ein.

PTBS	**P**ost**t**raumatische **B**elastungs**s**törung: (engl.: Posttraumatic Stress Disorder, Abk.: PTSD) dabei werden unterschiedliche psychische und psychosomatische Symptome zusammengefasst, die als Langzeitfolgen eines Traumas oder mehrerer Traumata auftreten können. Vgl. Belastung im Einsatz.
Peers	(engl.=gleichrangig) ausgebildete Personen in Einsatz-organisationen, die Einsatzkräften helfen, psychisch belastende Einsätze und den Stress besser zu bewältigen und in der Folge das Erkrankungsrisiko an PTBS zu senken.
PRT	**P**rovincial **R**econstruction **T**eams, abgekürzt PRTs, sind in den Provinzen Afghanistans operierende militärische Einheiten (Wie-deraufbauteams), deren Auftrag es ist, den Wiederaufbau der Infrastruktur zu unterstützen und zu schützen.
QRF	Ein QRF-Verband ist als schneller Eingreifverband (**Q**uick **R**eaction **F**orce) die operative Reserve des Kommandeurs einer regio-nalen Verantwortungszone (RAC = Regional Area Command) der ISAF in Afghanistan.
ROE	**R**ules **O**f **E**ngagement: Einsatzregeln bzw. -grundsätze (niederge-legt z.B. als Taschenkarte für den Einsatzsoldaten).
RC North	**R**egional **C**ommand Nord: regionaler Kommandobereich Nord
SOWI	**So**zial**wi**ssenschaftliches Institut der Bundeswehr; befasst sich mit streitkräftebezogener empirischer Sozialforschung (Studien) und der Militärsoziologie.
ZInFü	**Z**entrum **In**nere **F**ührung (Koblenz): Zentrale militärische Dienststelle der Bundeswehr zur Weiterentwicklung der konzep-tionellen Grundlagen („think tank"); teilstreitkraftübergreifende Aus- und Weiterbildungsstätte für militärische Führer; beteiligt an der einsatzbezogenen Führerausbildung; umfassendes Seminar-angebot auf allen Gestaltungsfeldern der Inneren Führung.

Register

Zu den Autorinnen und Autoren

Abel, Bernd

Dipl.-Psychologe; Lehrpsychologe am Zentrum Innere Führung, Koblenz.

Andritzky, Michael G.

Hauptmann; Dipl.-Pädagoge, KpChef 3./GebJgBtl 231, Bad Reichenhall; Einsatz als KpChef 2./QRF 5 – Task Force, Baghlan.

Bach, Alois

Brigadegeneral; Kommandeur Zentrum Innere Führung, Koblenz; davor 12/2001 bis 06/2002 Kommandeur der Multinationalen Brigade „SÜD" in Prizren/Kosovo und deutscher Befehlshaber im Einsatzland.

Beck, Hans-Christian

Generalmajor a.D.; zuletzt Kommandeur der Führungsakademie der Bundeswehr, Hamburg, 1. Vorsitzender Freundeskreis Zentrum Innere Führung e.V., Koblenz, Mitglied im Kuratorium der Karl-Theodor-Molinari-Stiftung, Bildungswerk des Deutschen BundeswehrVerbandes, Berlin.

Braun, Hans Walter

Dipl.-Psychologe; Lehrpsychologe am Zentrum Innere Führung, Bereich Menschenführung, Betreuung und Fürsorge, Koblenz.

Buchner, Peter

Fregattenkapitän, Dozent Politische Bildung am Zentrum Innere Führung, Bereich 3, Koblenz.

Buß, Sven

Oberregierungsrat, Offizier d. R. und Truppenpsychologe.

Dörfler-Dierken, Angelika, Dr.	Sozialwissenschaftliches Institut der Bundeswehr, Strausberg. Apl. Prof. für Evangelische Theologie an der Universität Heidelberg u. Lehrbeauftragte an der Helmut-Schmidt-Universität/Universität der Bundeswehr Hamburg.
Faas, Alexander	Major d.R., als Reservist im 7./8. DEU Einsatzkontingent EUFOR in Bosnien sowie im 22./23. Einsatzkontingent ISAF in Afghanistan, Kunduz.
Elßner, Thomas R.., Dr.	Pastoralreferent beim Kath. Militärpfarramt, Koblenz III und Dozent am Zentrum Innere Führung, Koblenz; Professor für „Altes Testament" an der Philosophisch-Theologischen Hochschule Vallendar.
Fröhling, Hans-Günter, Dr. phil.	Oberstleutnant, Dozent für politische Bildung im Bereich 3, Zentrum Innere Führung, Koblenz.
Gorski, Peter Hans	Oberstleutnant, Dipl.-Pädagoge, seit Mai 2002 Dozent am Zentrum Innere Führung, Bereich Menschenführung/Team Lehre, Koblenz, Personalratsmitglied ZInFü; insgesamt 11 Jahre Erfahrung als KpChef in der Panzergrenadiertruppe, KpChef 1./Gep Eins Vbd., 3. Folgekontingent SFOR von März-August 1999, KFOR und ISAF Erfahrung.
Grohmann, Hans-Christoph	Oberstleutnant, Dipl.-Pädagoge, Dezernatsleiter Einsatzführung in der Einsatzgruppe Afghanistan im Einsatzführungskommando der Bundeswehr, Potsdam; davor MA beim COS ISAF IV, Oktober 2003-Februar 2004, Kommandeur QRF 3, April 2009-Oktober 2009.

Hertel, Sven Oliver	Oberstleutnant, Dipl.-Pädagoge, Lehrstabsoffizier und Dozent Internationale Kooperation am Zentrum Innere Führung, Strausberg; davor Stv. Kommandeur im Feldjägerbataillon 152; 2003 Einsatz im Kosovo.
Illauer, Ralf	Oberstleutnant, Dipl.-Kaufmann, Referent im Bundesministerium der Verteidigung, Teilnehmer 1. und 4. ISAF-Kontingent J1 KMNB /G1 NSE, Kabul.
Jurkiewicz, Stefan	Ev. Militärdekan, Ev. Militärpfarramt Koblenz III, seit 2001 bei der Militärseelsorge, Auslandseinsätze: 2004 sechs Monate 9. Deutsche Kontingent KFOR Prizren, 2009 vier Monate 19. Deutsches Kontingent ISAF MeS, KBL, TMZ; seit 2005 im Rahmen seines Militärseelsorgeauftrages kooptierte Mitarbeit am Zentrum Innere Führung, Bereich 1.
Kemmer, Ralf	Oberstleutnant, Lehrstabsoffizier Beteiligungsrechte am Zentrum Innere Führung, Koblenz.
Liepold, Frank	Hauptmann (MilFD), Führungscoach FMO, Bereich 2, Zentrum Innere Führung, Koblenz; davor Chef StabsKp HA, Ltr CIMIC (14. GE EinsKtgt KFOR).
Naumann, Klaus, Dr.	Historiker, Wissenschaftlicher Mitarbeiter, Hamburger Institut für Sozialforschung, Hamburg.
Portugall, Gerd, Dr.	M.A., Politikwissenschaftler mit dem Schwerpunkt Internationale Beziehungen/Sicherheitspolitik. Verschiedene Bundeswehrverwendungen; z.Zt. am Sozialwissenschaftlichen Institut der Bundeswehr, Strausberg; davor u.a. Zentrum Innere Führung, Koblenz.

Sauer, Walter	Oberst a. D., zuletzt Bereichsleiter Menschenführung, Lehrstabsoffizier und Lehrgangsleiter, Leiter Coachingprojekt „Führungsbegleitung" am Zentrum Innere Führung, Koblenz; Teilnehmer 3. (GE) KFOR-Kontingent im Stab MNB (S), Prizren; 2. Vorsitzender Freundeskreis Zentrum Innere Führung e.V., Koblenz.
Scherer, Stephan	Oberstleutnant, Dipl.-Pädagoge, Lehrstabsoffizier Bereich Menschenführung, Grundsatzfragen und Weiterentwicklung im Coachingprojekt „Führungsbegleitung in militärischen Organisationen" (FMO) sowie Einsatznachbereitung, Zentrum Innere Führung, Koblenz.
Scherm, Martin, PD Dr.	Wissenschaftlicher Mitarbeiter am Zentrum Innere Führung, Bereich Menschenführung, Koblenz und an der Helmut-Schmidt-Universität/Universität der Bundeswehr Hamburg; Psychologe mit Schwerpunkt Methoden der Führungskräfteentwicklung, insbesondere Evaluation der „Führungsbegleitung".
Schleicher, Cathérine Lisa	Oberregierungsrätin, Rechtsdozentin am Zentrum Innere Führung mit Tätigkeitsschwerpunkt im Bundespersonalvertretungsrecht sowie Gleichstellungs- und Gleichbehandlungsrecht für Soldatinnen und Soldaten, Koblenz.
Schmidbauer, Willi, Dr.	Oberfeldarzt, Oberarzt Rettungsdienst am Bundeswehrkrankenhaus Berlin.
Schmitz, Stefan	Oberstleutnant, Dipl.-Kaufmann, Teamleiter FMO und Führungscoach, Bereich 2, Zentrum Innere Führung, Koblenz; davor Kdr PzGrenBtl 352, dabei Kdr DeuEinsVbd (8. EinsKtgt ISAF).

Schneider, Paula B., Dr.	Dipl.-Psychologin; Lehrpsychologin am Zentrum Innere Führung, Bereich Menschenführung, Betreuung und Fürsorge, Koblenz.
Schönbach, Kay-Achim	Fregattenkapitän, Dipl.-Pädagoge, Dozent im Fachbereich Führungslehre Marine, Führungsakademie der Bundeswehr, Hamburg; zuvor: Kommandant einer Fregatte
Schultze, Stefan	Hauptfeldwebel, Jägerfeldwebel und Zugführer bei 3./Jägerregiment 1, Schwarzenborn; Teilnahme bei der 2./Quick-Reaction-Force 3 als Infanteriezugführer im Rahmen des 19./20. Kontingentes ISAF/AFG (2009). Vorher Einsatzerfahrung bei:

- 2./EinsBtl 2, TF ZUR, Orahovac/KOS, 3. Ktgt KFOR (2001) als stv. Zugführer Sicherungszug;
- StVersKp DEU EinsVbd, Kabul/AFG, 9. Ktgt ISAF (2005/2006) als Kompanietruppführer;
- 4./EinsBtl 1, TF PRIZREN, Prizren/KOS, 17. Ktgt KFOR (2007) als Zugführer Sicherungszug.

Senger, Rainer	Oberst a. D. und Dipl.-Pädagoge; zuletzt Stellvertreter des Kommandeurs und Chef des Stabes Zentrum Innere Führung, Koblenz; 09/2006 bis 02/2007 Chief Public Information/Pressesprecher des Kommandeurs Kosovo Force (KFOR).
Singer, Christian	Oberstleutnant d. R., Dipl.-sc.pol. Univ./Dipl. Betriebswirt (FH); Geschäftsführer Karl-Theodor-Molinari-Stiftung, Bildungswerk des Deutschen Bundeswehr Verbandes, Berlin.

Trautvetter, Karl	Oberst, Bereichsleiter Internationale Kooperation und hauptstadtgebundene politische Bildung am Zentrum Innere Führung, Strausberg; davor Kommodore Lufttransportgeschwader 62; Besondere Einsätze: 1998 SFOR, 2000 Mozambique, 2007 ISAF, 2008 ISAF.
Thiels, Christian	Fernsehkorrespondent ARD-Hauptstadtstudio Berlin; Ressortleiter Verteidigung und Sicherheitspolitik, Berlin.
Ulrich, Uwe, Dr.	Oberstleutnant, Dipl.-Pädagoge, ist seit Dezember 2008 verantwortlich für den Aufbau und Betrieb der Zentralen Koordinierungsstelle Interkulturelle Kompetenz am Zentrum Innere Führung, Koblenz.
Weber, Stephan, Dr. iur.	LL.M. (U.E.A.), Leitender Regierungsdirektor, Bereichsleiter 4 (Recht und Soldatische Ordnung), zugleich Leiter der Zentralen Ausbildungseinrichtung für die Rechtspflege der Bundeswehr (ZAR) am Zentrum Innere Führung, Koblenz.
Wilke, Carl-Mathias	Oberstleutnant, Dipl.-Kaufmann, Leiter Zentrale Ansprechstelle für die militärische Ethikausbildung, Zentrum Innere Führung, Koblenz.
Wolf, Ingo	Fregattenkapitän, Dipl.-Pädagoge, Lehrstabsoffizier und Dozent Internationale Kooperation am Zentrum Innere Führung, Strausberg; davor Dezernatsleiter Intelligence Plans & Policy beim NATO Maritime Command Northwood; 2002 als Kommandant mit Flottendienstboot OSTE Teilnahme an Operation „Active Endeavour".

Carola Hartmann Miles-Verlag

- **Dietrich Ungerer,** *Der militärische Einsatz. Bedrohung – Führung – Ausbildung,* Potsdam 2003.
- **Jens Bargmann,** *Ethik in der Offizierausbildung,* Münster 2004.
- **Silvio Gödickmeier, Martin Schlossmacher,** *Soldatenfamilien im Einsatz,* Berlin 2006.
- **Hans-Günter Fröhling,** *Innere Führung und Multinationalität,* Berlin 2006.
- **Christian Walther,** *Im Auftrag für Freiheit und Frieden. Versuch einer Ethik für Soldaten der Bundeswehr,* Berlin 2006.
- **Uwe Hartmann,** *Innere Führung. Erfolge und Defizite der Führungsphilosophie für die Bundeswehr,* Berlin 2007.
- **Dietrich Ungerer,** *Militärische Lagen. Analysen – Bedrohungen – Herausforderungen,* Berlin 2007.
- **Uwe Hartmann, Claus von Rosen, Christian Walther (Hrsg.),** *Jahrbuch Innere Führung 2009. Die Rückkehr des Soldatischen,* Eschede 2009.
- **Kay Kuhlen,** *Um des lieben Friedens willen. Als Peacekeeper im Kosovo,* Eschede 2009.
- **Helmut R. Hammerich, Uwe Hartmann, Claus von Rosen (Hrsg.),** *Jahrbuch Innere Führung 2010. Die Grenzen des Militärischen,* Berlin 2010.
- **Peter Heinze,** *Bundeswehr „erobert" Deutschlands Osten,* Berlin 2010.
- **Sascha Brinkmann, Joachim Hoppe (Hrsg.),** *Generation Einsatz, Fallschirmjäger berichten ihre Erfahrungen aus Afghanistan,* Berlin 2010.
- **Schwitalla, Artur,** *Afghanistan, jetzt weiß ich erst… Gedanken aus meiner Zeit als Kommandeur des Provincial Reconstruction Team FEYZABAD,* Berlin 2010.
- **Dieter E. Kilian,** *Politik und Militär in Deutschland. Die Bundespräsidenten und Bundeskanzler und ihre Beziehung zu Soldatentum und Bundeswehr,* Berlin 2011.

www.miles-verlag.jimdo.com